カラー図解

ミニ庭園つくり コツのコツ

岡田文夫 著

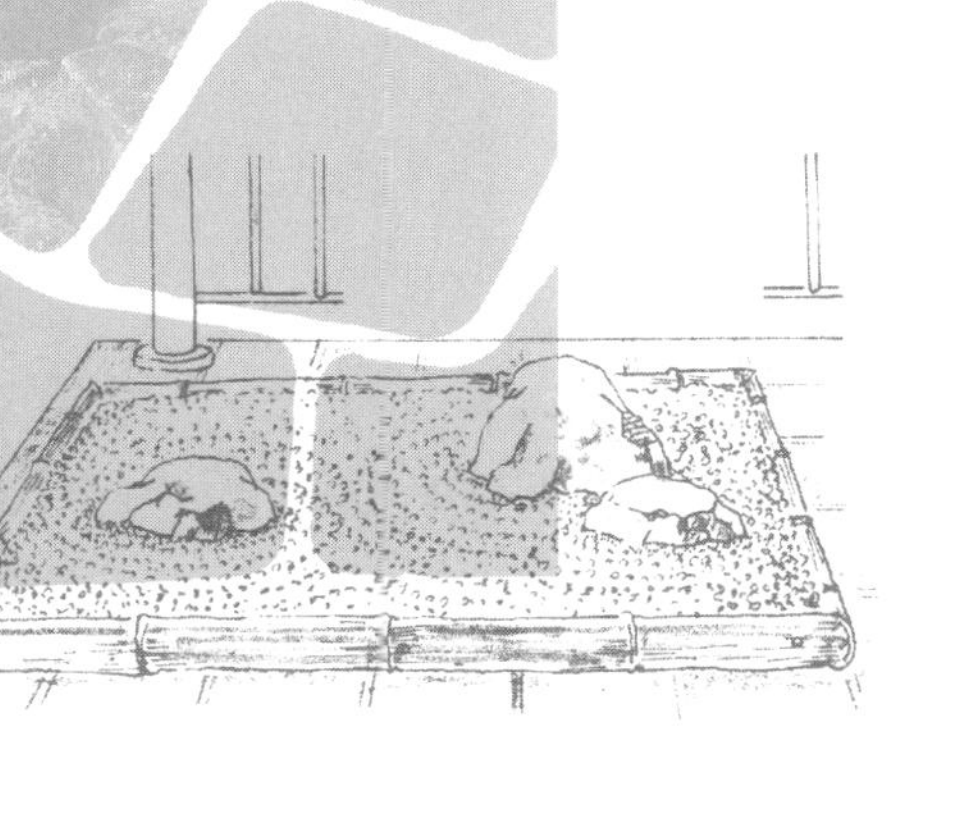

農文協

はじめに

造園の設計を行なっていると「私の家の庭は狭くて」という言葉をよく耳にします。実際に庭づくりをする現場に出かけてみると、敷地いっぱいに建てられた住宅が隣接して日当たりや風通しが悪かったり、生活に必要な設備（ボイラー、エアコンの室外ユニットなど）が玄関や通路の脇に露出して、庭の景観をこわしていることが少なくありません。

また、庭に駐車スペースを設けると庭木や草花を植えるスペースがいちだんと減り、居間からの眺めに奥行きや広がりを感じるような庭づくりができにくくなります。

しかし、あきらめないでください。日当たりが悪ければ悪いなりに、狭ければ狭いなりに庭をつくる方法はたくさんあります。玄関先、軒下、アプローチ脇、ベランダ、車庫、裏庭、庭の角など、ちょっとした空間でも工夫しだいで立派な庭づくりが楽しめます。日当たりや風通しが悪くても、その場所の環境に適した庭木や草花を選べばいいのです。どんなに狭い庭でも引き立て役となる石や竹や下草、木材などを添景物として配置すれば、奥行きや落ち着きがうまれます。逆に狭い場所だからこそ、ちょっとした工夫でまとまりのある庭づくりができるのです。

この本では、どこの家にもある１㎡くらいの狭い場所でも、新緑、花、実や紅葉と四季の変化が楽しめるミニ庭園づくりのアイデアや作業例を、イラストを中心にわかりやすくまとめてみました。それぞれに難易度を示しましたが、ほとんどが自分でできるものばかりです。

これから庭づくりを計画している方や現在ある庭を改造してみたいという方に少しでも参考になれば幸いです。

なお、本書は『ミニ庭園つくりコツのコツ』（Ａ５判　農文協刊）を再編し、カラー化するとともに判型もＢ５変形と大きくして発行させて頂きました。

二〇一五年十二月

岡田　文夫

目次

はじめに……1
本書を読むにあたって……4
四季を楽しむ玄関先1㎡の庭つくり――5
水瓶を置きスイレンを楽しむ庭つくり――6
玄関先の前庭――8
窓ごしに観る庭――9
石や水を楽しむ庭――10
花壇をつくる――12

第1章 ミニ庭園入門 13

1 狭い空地を生かしてつくるミニ庭園――14
どんな庭がお好みですか……14
日当たりが悪くても大丈夫……16
狭い場所も工夫しだい……18
目の錯覚で広く見せる……20
こんな場所も立派なスペース……22

2 これだけは知っておきたい基礎知識――24
狭くても場所にあわせて……24
計画的につくりたい……26
庭木の種類と選び方……28
庭木配植のテクニック……30
庭木の植え方……32
庭石の据え方……34
芝生の張り方・花壇のつくり方……36
垣根のつくり方……38
土は大丈夫ですか……40
◆あると便利、こんな用具、こんな材料――42

第2章 ミニ庭園つくり41例 43

1 木を楽しむ――44
四季を楽しむ玄関の前庭……44
窓ごしに観る落葉樹……46
掃き出し窓ごしに観る低花木……48
フジを軒先にからませる……50

ノウゼンカズラをポールに……52
ネットフェンスに這わすつる性花木……54
ベランダで盆栽を観る……56
玄関先に盆栽を飾る……58
縁先に観るクロマツと光悦寺垣……60
玄関先を竹と袖垣根で飾る……62
玄関脇にトウジュロを植える……64
バードウォッチングを楽しむ庭……66
庭角に果樹を植える……68
和室から冬の花木を観る……70
緑陰樹のある芝庭園……72

2 石を楽しむ——74

合板の上につくる移動式石庭……74
人工芝と灯籠でつくる移動式石庭……76
コンクリ平板でつくる通路……78
鉄平石でつくる延段通路……80
傾斜地につくる石積み庭園……82
ベランダの山野草ロックガーデン……84
最悪地でもできる景石庭園……86
日陰の一角に灯籠と景石を観る……88

3 水で楽しむ——90

水栓柱を庭木と小石で飾る……90
散水栓のまわりに井筒をつくる……92
排水桝の上につくばいをつくる……94
排水桝でつくるししおどし……96
排水桝でつくる小さな山水……98
水瓶で湿性植物を楽しむ……100
傘立て、火鉢、植木鉢も立派な水瓶……102
浴室から観るつくばいのある水庭……104

4 添景を楽しむ——106

エアコンは御簾垣風に化粧……106
設備を竹垣で隠したミニ庭園……108
フェンス・ブロック塀を御簾垣に……110
高生垣と芝生でつくるゴルフ庭……112
生垣の門にアーチをかける……114

5 草・花を楽しむ——116

カーポートの車体下につくる花壇……116
立体花壇をつくる……118
鉢・プランターで寄せ植え花壇……120
落葉樹の下の山野草庭園……122
日陰につくるコケ庭園……124

花壇に合う花50種——127

口絵写真撮影（一部）／赤松富仁

●本書を読むにあたって●

本書のテーマである狭地（1～10㎡）の庭をつくる場合に必要な作業と基準と設定場所の日照。

作業の難易度☆～☆☆☆

難易度☆（17例）…

園芸店やホームセンターなどで材料の購入ができ、素人でも土、日の作業で仕上げることができる作庭の例。

難易度☆☆（16例）…

材料の購入や作業工程の一部で、家族の手助けや専門家のアドバイスがあるとよい作庭の例。

難易度☆☆☆（8例）…

重い材料の運搬や作業の技術的な面で専門的な知識と工夫が必要な作庭の例。

庭の日照◯～◐～●

庭つくり行なう場所（方位、広さ）や材料などで考えた庭の日照条件。ただし、植える庭木の種類や数をかえることで条件を補うことができる。

◯…午前中の日当たりを基本に、1日4～5時間以上の日照が得られること（日当たりを好む庭木や花木を楽しむ）。

◐…1日のうちで庭木が枯れない程度に生育できる日照が得られること（陰樹を利用して楽しむ）。

●…ほとんど日の当らない場所で、庭木を交換（植えつぎ）することや、庭木を植えないで庭をまとめる場合。

四季を楽しむ 玄関先1㎡の庭つくり

(44ページ参照)

玄関先の 1.2 mのアプローチの右側に、すっと立った落葉樹のハウチワカエデ、シャラノキ、オオヤマレンゲやヒイラギナンテンを植える。玄関が細い幹ごしに奥深く見えるようになり、落ち着いた趣が出てくる

株元には、タマリュウをベースに四季を彩るフクジュソウ、ミヤコワスレ、スイセンなどの多年草の下草を植える

水瓶を置き スイレンを楽しむ庭つくり

（100ページ参照）

1

玄関脇の1m×1mの小さなスペースは、このままでは殺風景。白い壁を背景に雑木、水瓶を配置し四季の変化が楽しめる小さな庭をつくる

2

植木センターから庭木、下草を購入

3

スイレンと水深を加減する素焼き鉢

4

下草類（上からクマザサ、タマリュウ、ツワブキ、フジバカマ）

5

骨董店で購入したピータンの瓶

6

根鉢のまま壁側にカクレミノ（左）とカマツカ（右）を植える

7

浅く植え軽く土をかけ、たっぷりかん水

10

フジバカマを植え、水瓶の底にスイレンの水位を加減する素焼き鉢を逆さに入れてスイレンの鉢をのせる

9

ツワブキを植えタマリュウ（ハツ房のリュウノヒゲ）株分けしながら植える

8

水瓶を庭木の前に不等辺三角形をめやすに配置し、玄関側の根じめにクマザサを植える

秋

赤く熟れたカマツカの実。株元でフジバカマとツワブキの花が秋風にそよぐ

11

水瓶に水を入れ、完成

春

暖かな陽射しをうけて咲く、カマツカの白い花

クマザサのくまどり模様が映える

冬

華麗に咲くスイレン

夏

玄関先の前庭

右の門の内部。泥落としにゴロタ石を敷き、御影石で曲のある飛び石を据える

玄関先から見える室外ユニットを御簾垣《みすがき》で隠し、ノムラモミジ、アオキを植え、根じめにスギゴケとシランを添える

門脇に市販の袖垣根を取り付け、その前にスイレンの水瓶を置く

鉄砲垣で玄関横を仕切り、ダイミョウチクと景石でまとめた前庭（62 ページ参照）

窓ごしに観る庭

出窓先に枝を伸ばしたヤマボウシ。窓枠を1枚のキャンバスに見立てて庭木を植える（46ページ参照）

2階のベランダから眺めた小庭。つくばいと鉄平石を配置した延段が、チゴザサとタマリュウに映える。右上隅は飾台にのせた五葉松の盆栽

居間から飾台上の五葉松の盆栽を眺める。背景の御簾垣に映える

床の間の掃き出し窓から眺める庭。陰樹の低木、マンリョウ、シュウカイドウを植える（48ページ参照）

石や水を楽しむ庭

軒下の犬走りを袖垣根で仕切って背景をつくり、自然石を積み重ねた灯籠と景石を据える。垣根に根じめのスギゴケがよく映える

排水桝の上に石臼形の手水鉢を置いてつくったつくばい。御簾垣で囲いワビスケ（白）とミツバツツジを添える（94 ページ参照）

筧《かけい》と菊形の手水鉢《ちょうずばち》のつくばいに、生け込み形の織部灯籠。根じめのシラン、クチナシ、ハランが水に映える

エアコンの室外ユニットを御簾垣風に隠し、織部灯籠を中心にアオキ、シロヤマブキ、マンリョウなどでまとめる。手前に植えたハウチワカエデの紅葉に映える

高低差のあるスペースにロータリー状に石積みした庭（82 ページ参照）

黒ぼく石を組み小さな流れをつくる

上流は角ばった石を、下流は丸みのある石を使い排水桝につなぐ（98 ページ参照）

花壇をつくる

駐車場の車体下につくった花壇。草丈の低い丈夫なピンクと白のシバザクラを植える（116ページ参照）

塀と道路の間の空間に木と組み合わせてつくった花壇

コンクリートの鉢にコニファーと組み合わせて植えた寄せ植え花壇

流木とシュウメイギクを背景にミニシクラメンを寄せ植えしてまとめたボーダー花壇

第1章

ミニ庭園入門

どんな庭がお好みですか

プランを一つにしぼろう

必要なものだけを取り入れ、1～10㎡の狭地を最大限に利用した庭つくりを行なう

家族の希望するプランを出し合い、庭の広さや環境と比べ、実現できる庭かどうかを話し合いましょう

好みの庭をつくる

限られたスペースの中で自分の好みに合う庭をつくるには、まず次のことを考えておきましょう。

庭の様式

狭地を利用してつくる庭では、建物の色合いやデザインを多少意識することも必要ですが、和風・洋風の様式にあまりこだわらず、庭の活用目的を考えてプランを練りましょう。

家族の意見

家族全員の希望をあれもこれも実現しようとすると、まとまりのない庭になってしまいます。あらかじめ全員の意見を検討して、それぞれに調和のとれたプランを立てましょう。

予算

たとえば、植木や庭石だけに費用が片寄ると、「一点豪華主義」のバランスの悪い庭になってしまいます。費用の割り

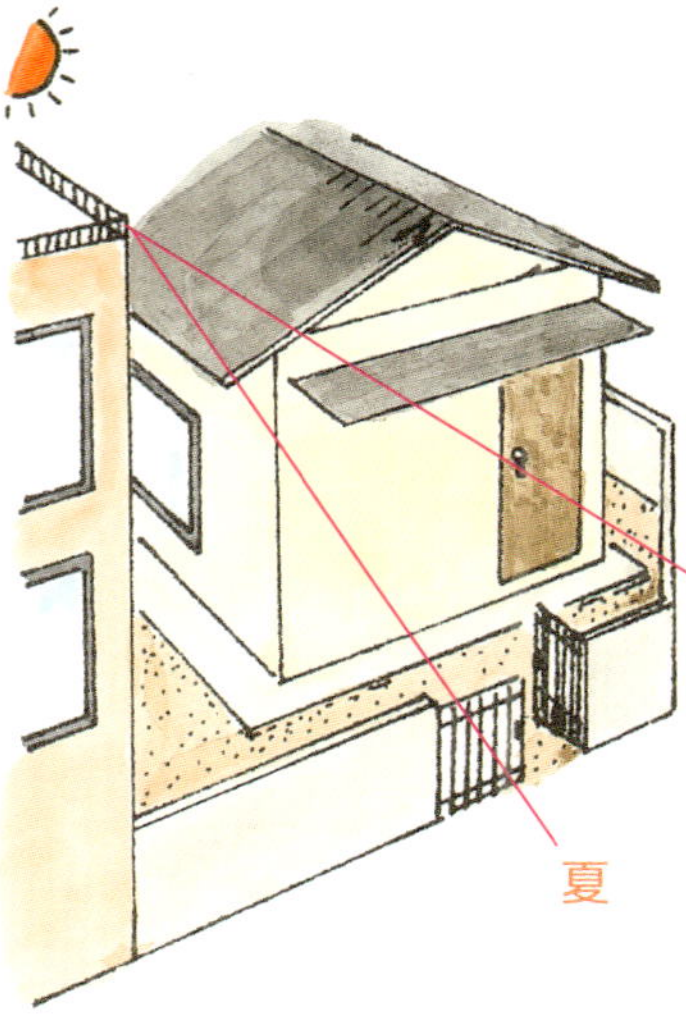

冬
夏

庭の立地条件を知る

庭の面積と方位、日照、風通し、土質、給排水管の位置、道路や隣家との距離などの現況を知る（24 ページの現況図を参照）

冬至の日は、正午の陰は建物や樹木の高さの 1.5 ～ 2 倍になる

バランスを考える

素材（植木や庭石）が 1 点だけ豪華にならないように庭全体のバランスを考える

庭の相性を考える

観賞する庭
観賞する庭と家事設備が接していると趣のある庭をこわす原因になるので、遮蔽する工夫や離れた場所に庭をつくる
運動する庭と観賞する庭が接していると庭木の枝を折ったりするので、二つの庭が接しない場所を見つける
作業する庭
運動する庭

特別に狭い場所では観賞を目的とする庭づくりが中心になる

ふりをよく考えて計画的につくりましょう。

素材は少なく

スペースが限られているので、配置する素材（庭石、植木、添景物など）の数や大きさを制限することがコツです。

立地条件を知る

庭を具体的に設計する前に、敷地の形、方位、面積、日照や通風の良し悪し、道路や隣家との距離などを調べ、条件に合った素材を選ぶことが大切です。

観賞する庭と実用的な庭

庭木の育つ姿や景色を観賞する空間と、日常の家事作業や運動する実用的空間とが、たがいに支障がないようにそれぞれの配置を考えて設計しましょう。

庭の維持と管理

完成してからの庭木の手入れや掃除などの維持・管理がむずかしいのも困ります。手入れのしやすい素材を選び、木・竹製の工作物などの腐食しやすい素材は耐久性のあるもの（アルミやプラスチック製の既製品を利用してもよい）を選び、容易に交換できる構造にしておきましょう。

日当たりが悪くても大丈夫

カクレミノ

ヒイラギナンテン

アオキ

『困ったときのアオキ頼み』
極陰地で葉や実（雌木）が
楽しめる優秀な樹木です

オモト

極陰樹の利用

ハラン

リュウノヒゲ

クマザサ

日照不足の庭では

植物の中には、少しぐらい環境（日当たり、風通し、土質）が悪くても育つ種類があります。また、一日中、日が当たらなくても工夫しだいで趣のあるミニ庭園をつくることができます。

極陰樹の利用

日当たりが悪くても通風さえよければ、次のような極陰に耐える植木や下草、地被植物が利用できます。

植木…アオキ、カクレミノ、クロチク、ナンテン、ヒイラギナンテン、ヒサカキ、ヤツデなど。

下草…オモト、クマザサ、ツワブキ、ハラン、マンリョウ、ヤブコウジなど。

地被…アイビー、ジュウニヒトエ、セキショウ、フッキソウ、リュウノヒゲなど。

植えつぎ…日当たりも風通しも悪い場所では、極陰樹（日陰の環境に耐える樹種）を植え、弱ったら改植して植えつなげばいいのです。

鉢植えの利用…観葉植物と同じ要領で植木や下草を鉢植えにして、弱る前に日なたに移動するとよいでしょう。

背の高い植木の利用…日陰地でも背の高い植木なら、上部の枝葉に日が当たるので十分育ちます。

添景物や工作物の利用…植木や下草を使わず、石、竹、木材を材料にした添景物や工作物なら日照は必要ありません。

地面の利用…地面を敷石、砂利、タイルなどでデザイン（地模様）するのも一つの工夫です。

鉢植えの利用

ときどき日当たりのよい場所へ移す

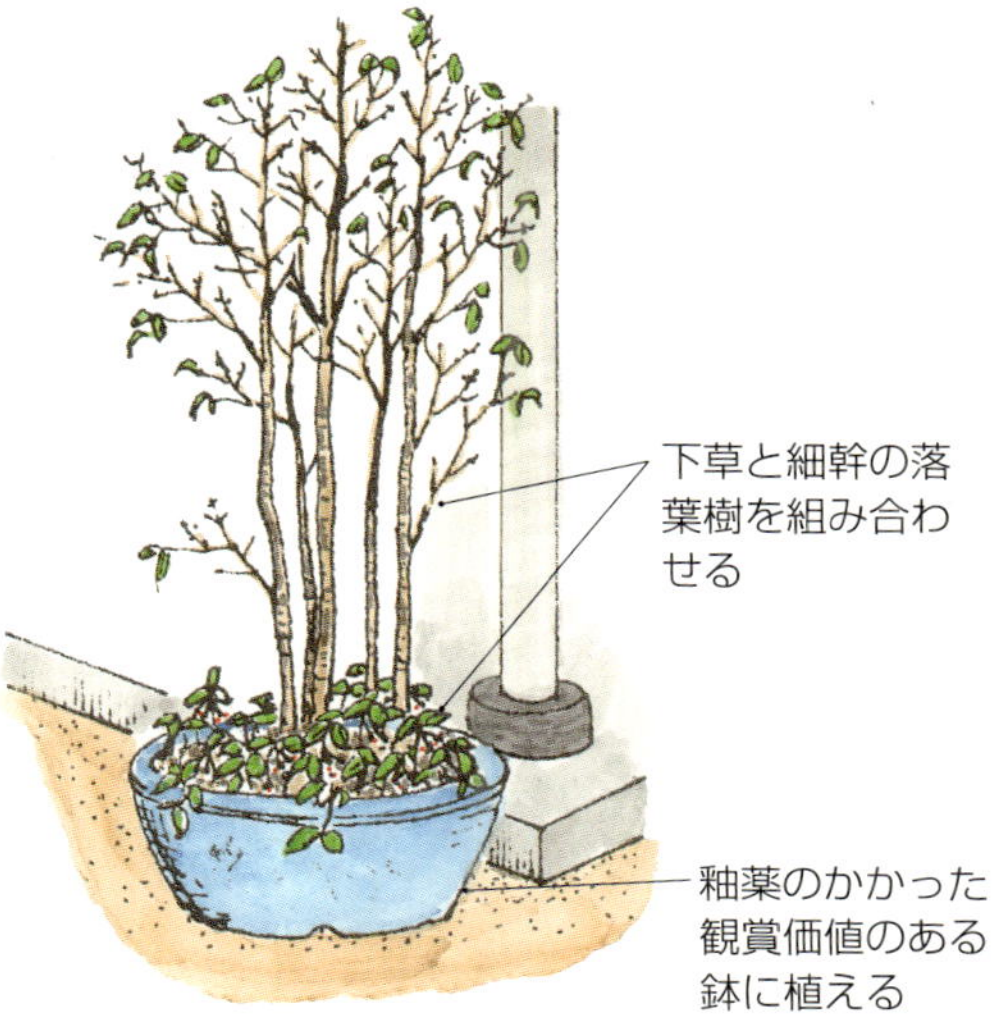
下草と細幹の落葉樹を組み合わせる
釉薬のかかった観賞価値のある鉢に植える

植えつぎ

植木や下草の衰弱を見て植えつぎを行なう

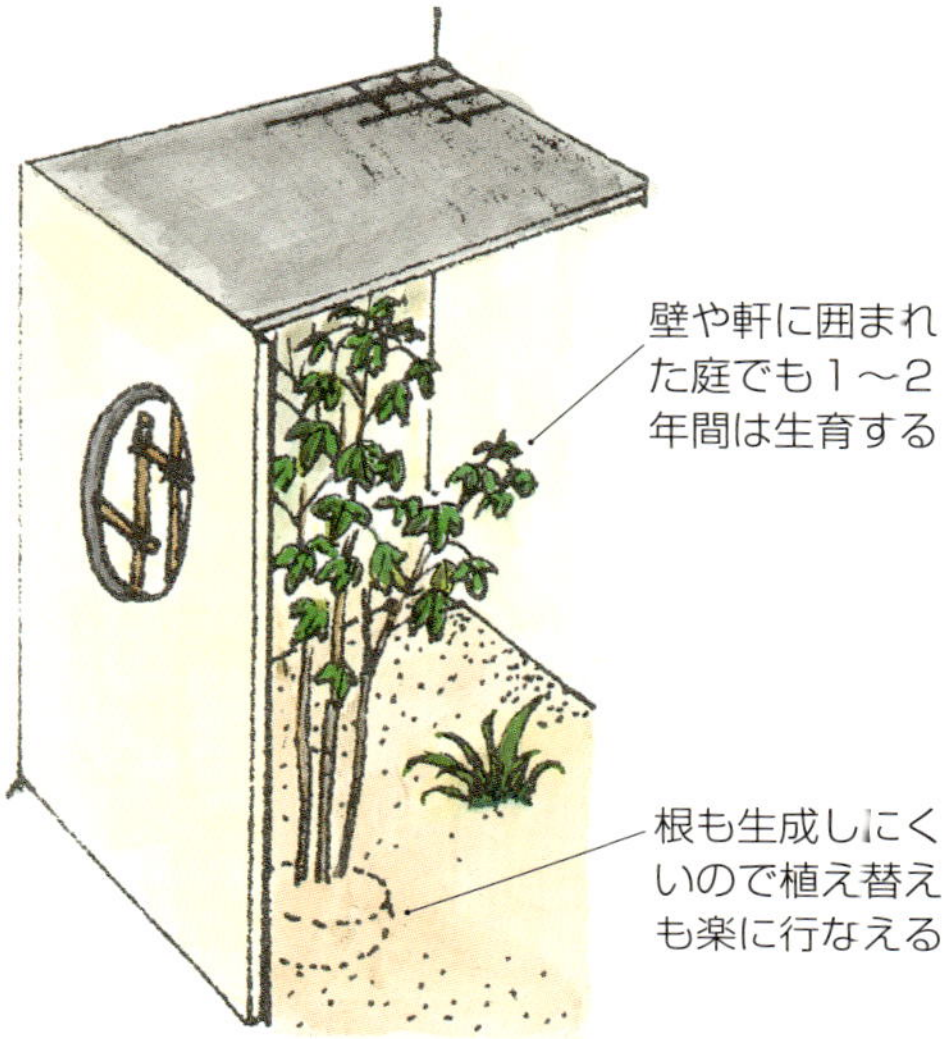
壁や軒に囲まれた庭でも1〜2年間は生育する
根も生成しにくいので植え替えも楽に行なえる

添景物や工作物の利用

植木や下草類をほとんど使わず、日照の良し悪しに影響されないものでまとめる

背の高い植木の利用

上の枝葉で日照を得て生成する
幹のきれいな木を植える
シャラノキ、シラカバ、ソロ、ヒメシャラ、モミジ類など

地面の利用

敷石、テラス、敷き砂利などのデザインや材料を工夫する

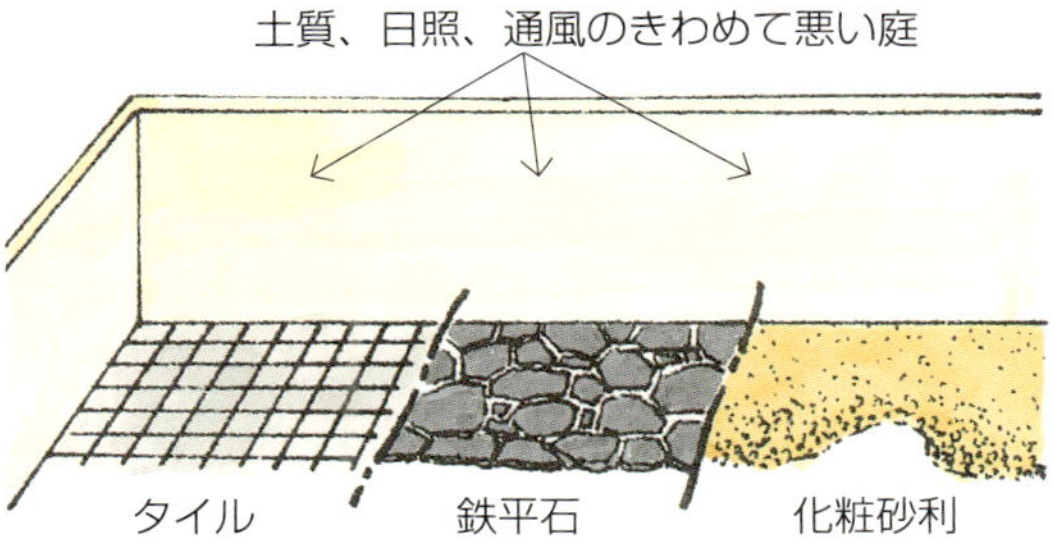
土質、日照、通風のきわめて悪い庭
タイル
鉄平石
化粧砂利

狭い場所も工夫しだい

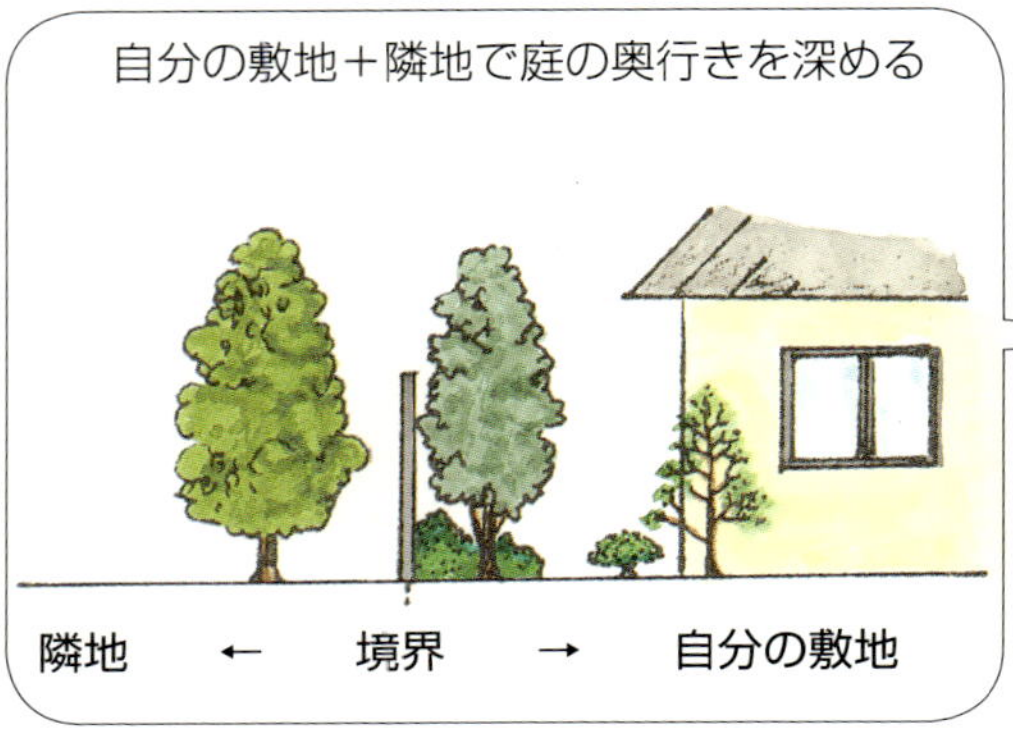
自分の敷地＋隣地で庭の奥行きを深める
隣地　←　境界　→　自分の敷地

隣地を利用

隣地の背景樹

隣地に樹木がある場合には、自分の庭に植える植木と連なりの関係をもたせる

軒下を利用

極陰に耐える種類の植木や下草を植え、建物の壁を背景にして観賞する

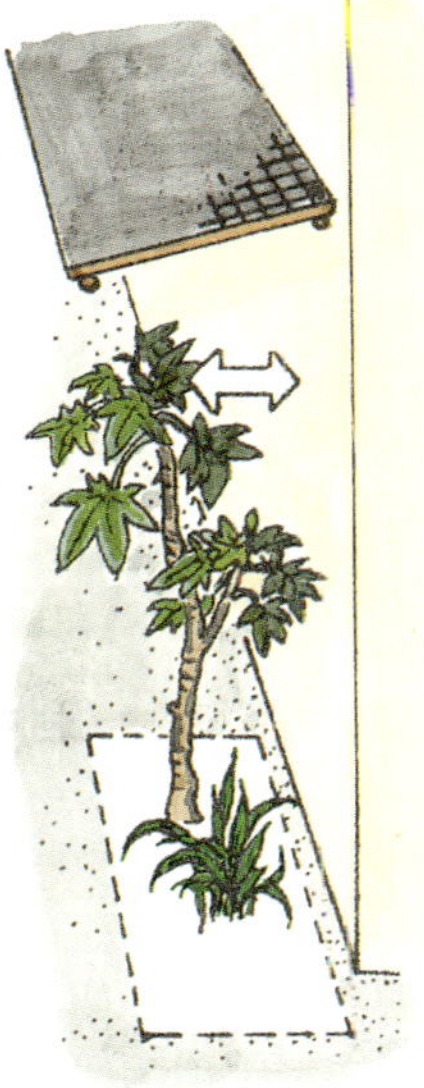

日当たりがよくても夜露が当たらないので植木は衰弱しやすい

壁面を利用

軒先にすぐ塀のある庭では味けない面ばかり観ることになるので造園用素材やつる性植物で化粧する

地面が見えにくいから壁面の趣が大切になる

敷地の狭い庭では

一定のスペースがない住宅では、建物の壁と敷地、塀と敷地、ベランダなどの連絡部分など、いわゆる通路の部分に室内や道路から観賞する庭をつくると、落ち着いた雰囲気ができ、建物もいちだんと引き立ちます。

●軒下を利用

軒下は、日照や通風が悪く夜露も当らない部分なので、日陰地と同様に極陰樹を植え込みます。

●隣地を利用

隣地に植木がある場合には、その部分を自分の庭の背景として利用すると、庭の奥行きがさらに深まります。

●壁面を利用

コンクリートブロック塀の表面に竹材や塗料で化粧したり、フェンスにつる性の植物をからませると、かたく味気ない印象がやわらぎます。

●テラス・ベランダを利用

おもに鉢植えを配置して庭を構成します。ベランダではできるだけ軽量化する

窓を利用

窓枠を絵画の額に見立て、外の庭木を観賞する

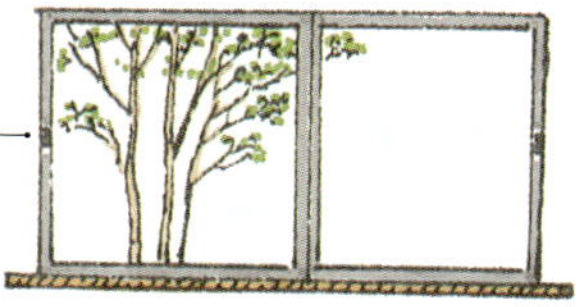

肘かけ窓

出窓

玄関脇の丸窓

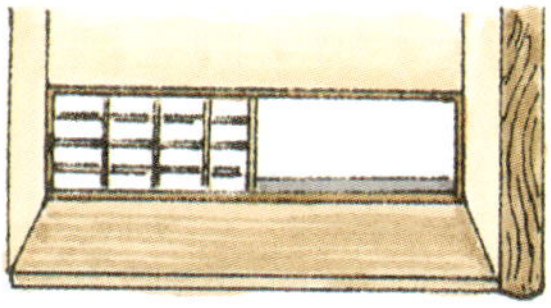

掃き出し窓

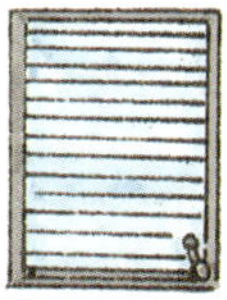

ジャロジー窓

ぬれ縁を利用

縁先の脇を隠し、日当たりを好む樹種を植えて狭地をまとめる

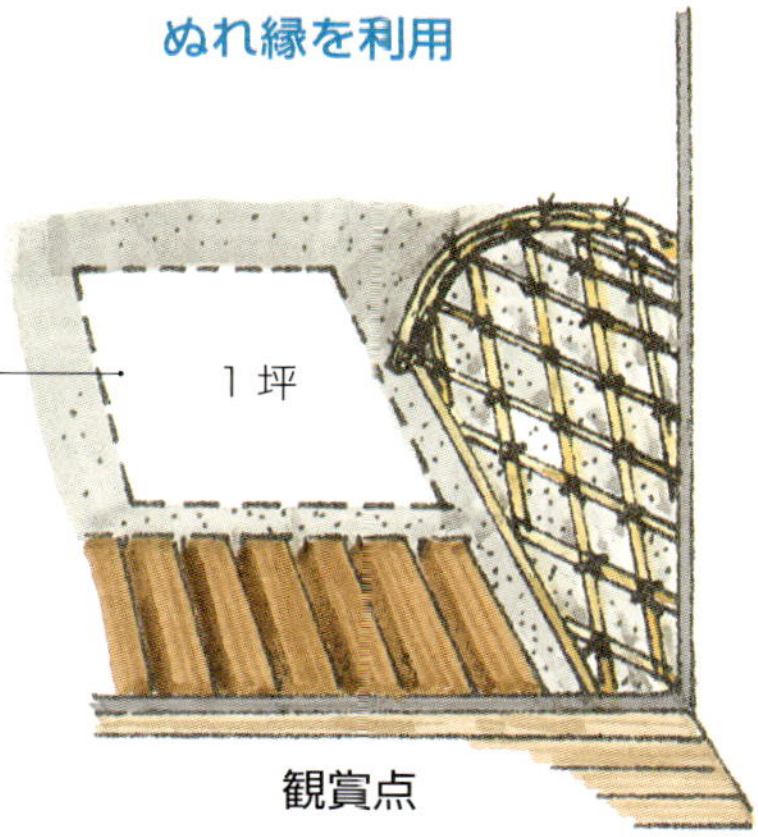

観賞点

ベランダにかかる重さをできるだけ軽減する工夫をする

テラス・ベランダを利用

夏期に涼しく冬期に日当たりのよいテラスをつくる工夫をする

こと、テラスでは四季を通じてくつろげる工夫（夏期の日よけなど）を考えましょう。

●ぬれ縁を利用

南向きの日当たりのよい縁側に設けられることが多いので1坪ほどの敷地でも日当たりを好むクロマツや落葉花木を主体にした庭をつくることができます。

●窓を利用

戸外の庭木を窓ごしに観賞する庭では、木を植え込むためのスペースが約1㎡あれば十分です。ただし、日照は最低2～3時間以上必要です。

目の錯覚で広く見せる

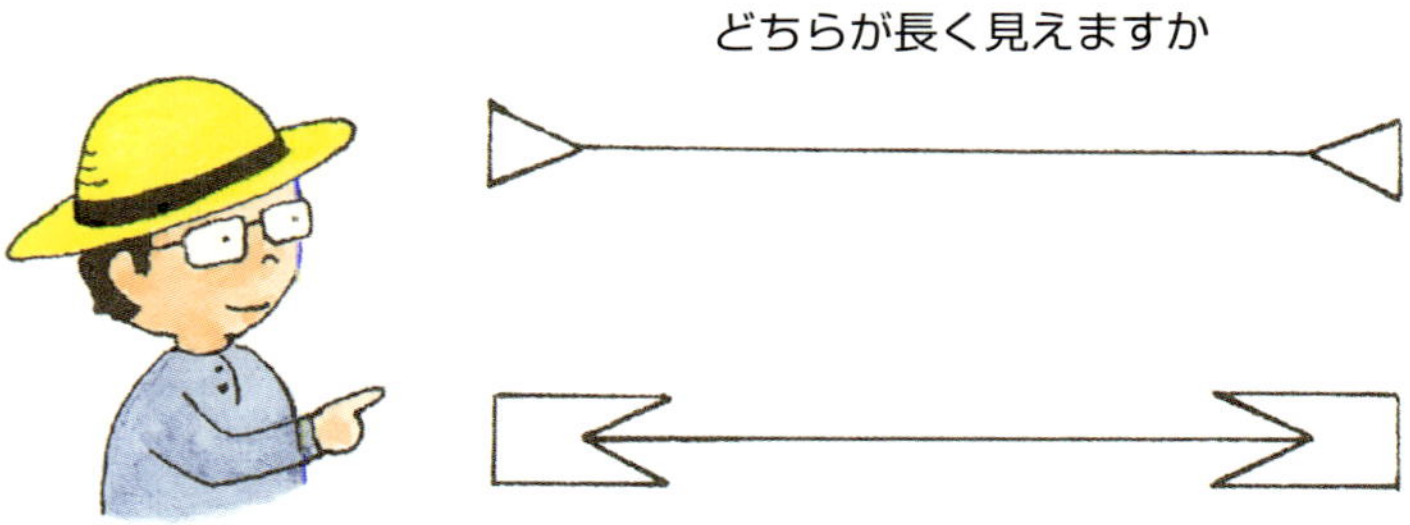
どちらが長く見えますか

錯覚の利用

上下に並んでいる２本の直線は間隔がともに等しいが、目の錯覚で上の線が長く見える→狭い庭に応用する

庭を広く見せる工夫

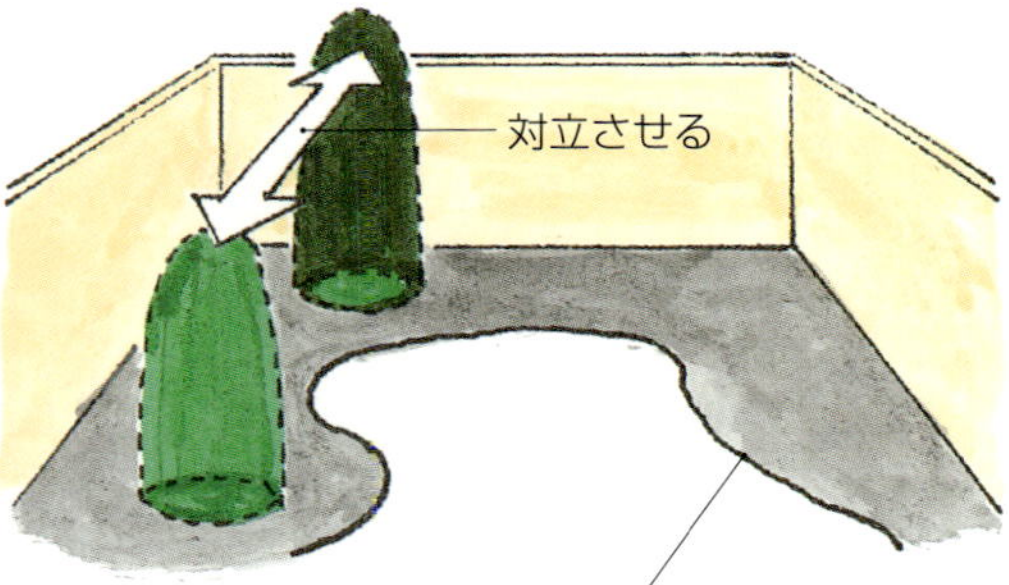
対立させる

地模様は眺める位置に近くなるほど広がりをもたせる

●庭の中に素材を対立させた場所をつくることが狭い庭をまとめるための大事なポイントになる→遠近法による錯覚の利用

明るい色で庭をまとめ、植木の数や種類を少なくして、目立つ素材を一つ配置する

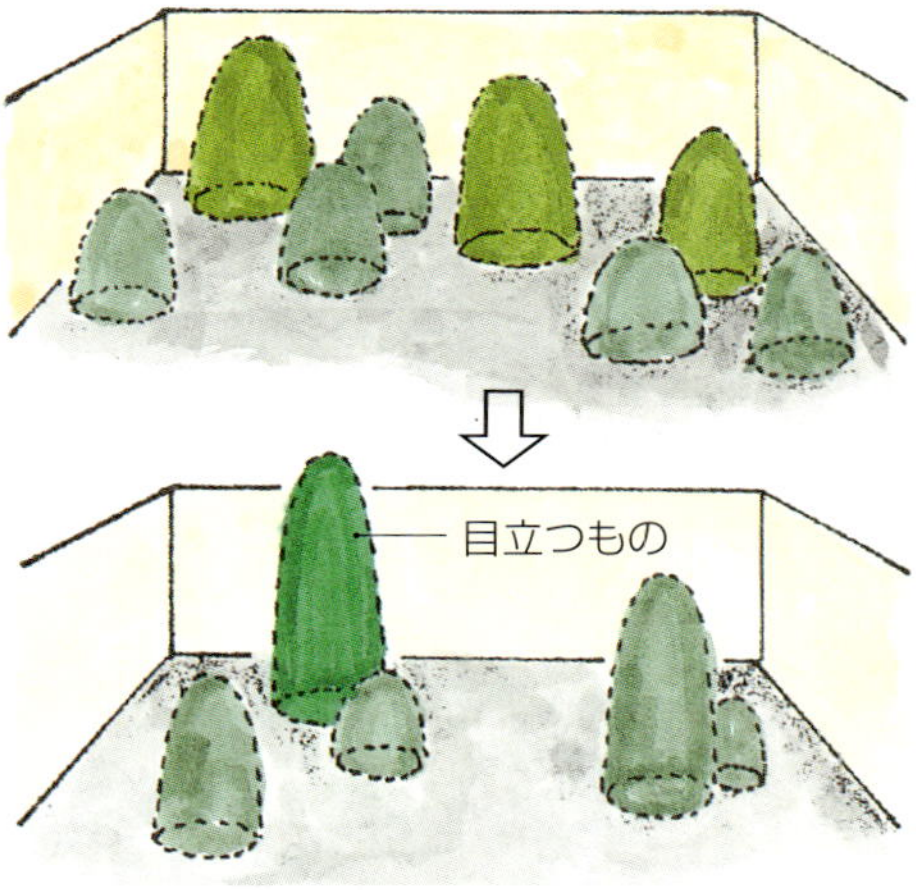
目立つもの

錯覚の利用

狭い庭は目の錯覚を利用して広く見せましょう。植木や庭石などの二つの素材を接近させて関連をもたせたり、離して対立させたり、同種類の植木の中にまったく異なった植木を配置すると実際の庭の面積よりも広く感じられます。

間口・奥行きの狭い場所

間口が狭く細長いと視野が狭められ広がりが感じられなくなり、奥行きがなく細長いと奥深さが少なく趣が感じられません。

このような場所では、奥の部分に目立つ物を配置する、幹ごしに庭を眺める、葉色の明るい植木を手前に植える、手前に大きめの石を据える、通路の手前の幅を広くするなどの工夫をすると、狭い庭が広く、奥深く感じられるようになります。

これらの方法は、造園の作庭法として昔から利用されてきた技術の一つで、京都の坪庭などで多く見られます。

間口、奥行きの狭い場所──細長い庭のまとめ方

間口の狭い庭

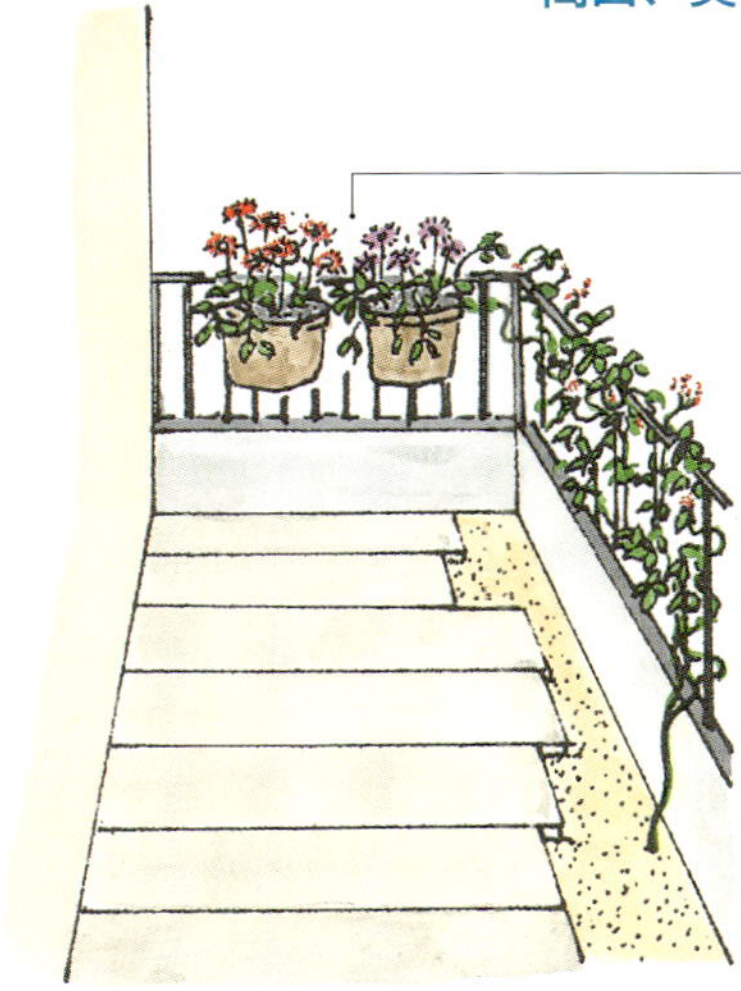

奥の部分は明るい葉色の植木や草花、花の目立つ植木や添景物を配置する

左右の生垣や塀はできるだけ薄く仕上げる

敷石などの素材は横方向に長くなるように並べる

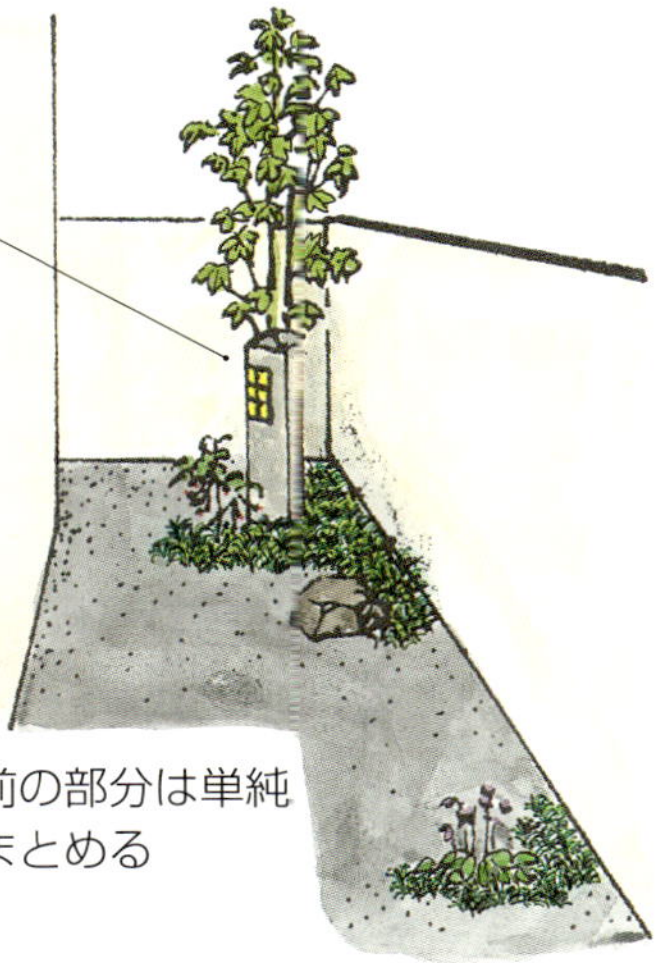

手前の部分は単純にまとめる

奥行きの狭い庭

1 遠くにあるものは小さく見えるという原理を利用する

淡い花色の花木でもよい

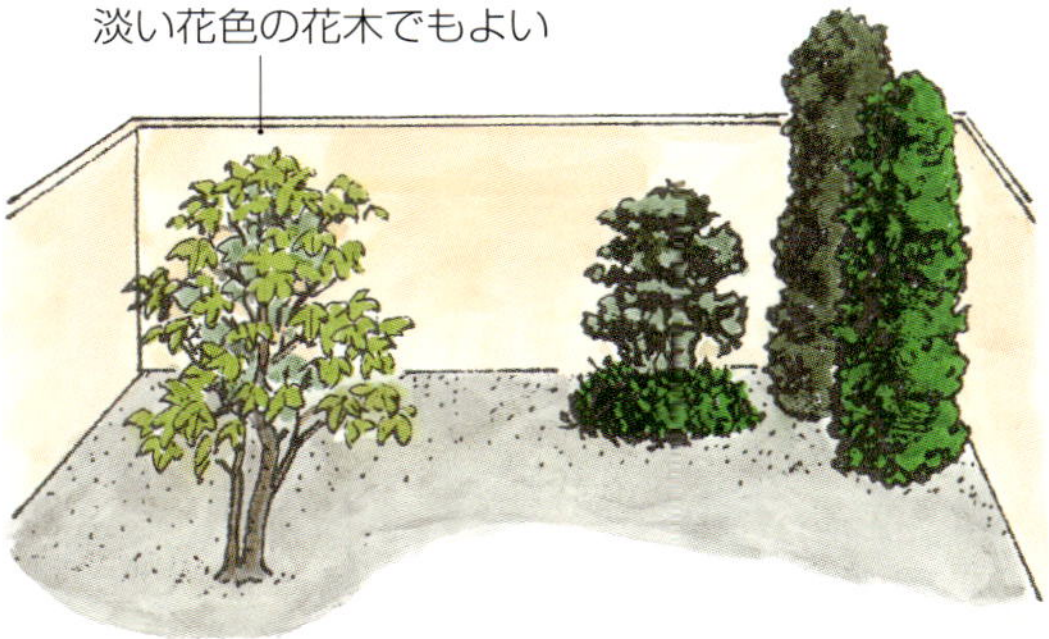

葉形が大きく葉色の明るい植木を手前にし、細葉で葉色の濃い植木を庭の奥へ植える

2 建物に接した位置に落葉樹を植えて、幹の間から庭を眺める

幹肌の美しい落葉樹

3 庭の奥に据える石よりも手前の石は大きなものを据えて遠近感を強調する

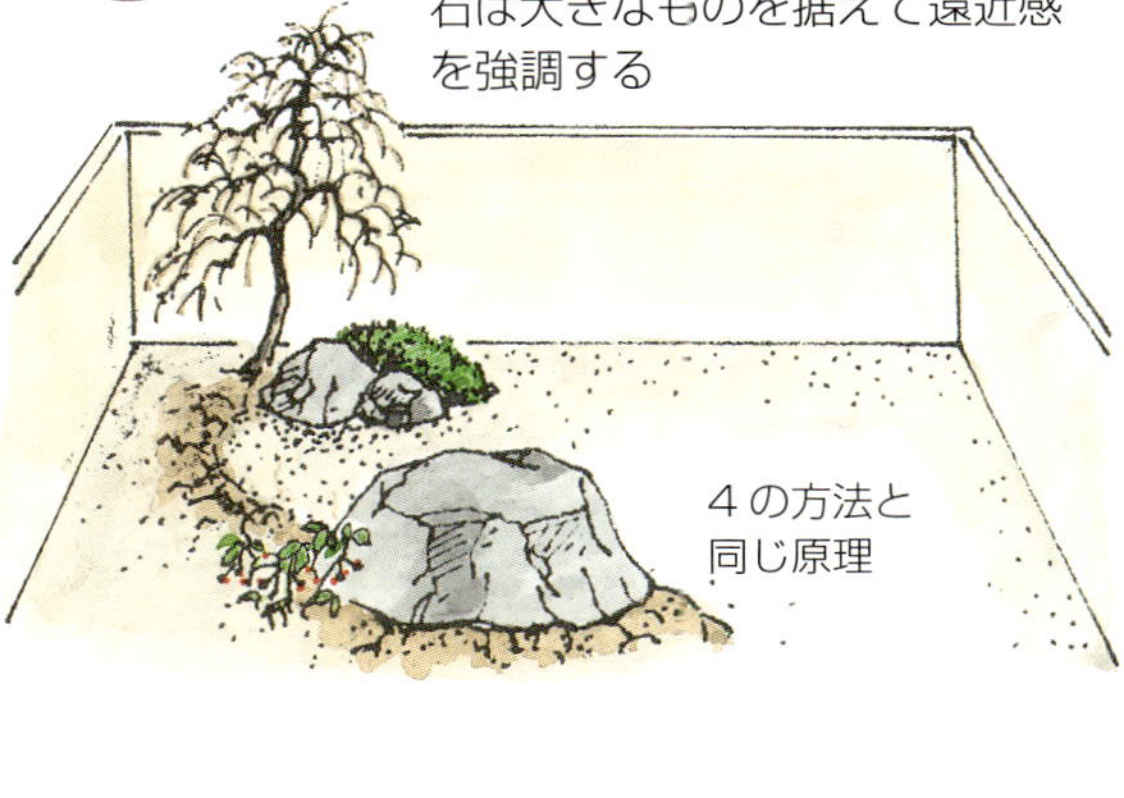

4の方法と同じ原理

4

塀の高さを奥に進むにつれて少し低くする

庭の手前を左右の植え込みで狭める

……は通路や塀を等間隔で設けた場合の位置

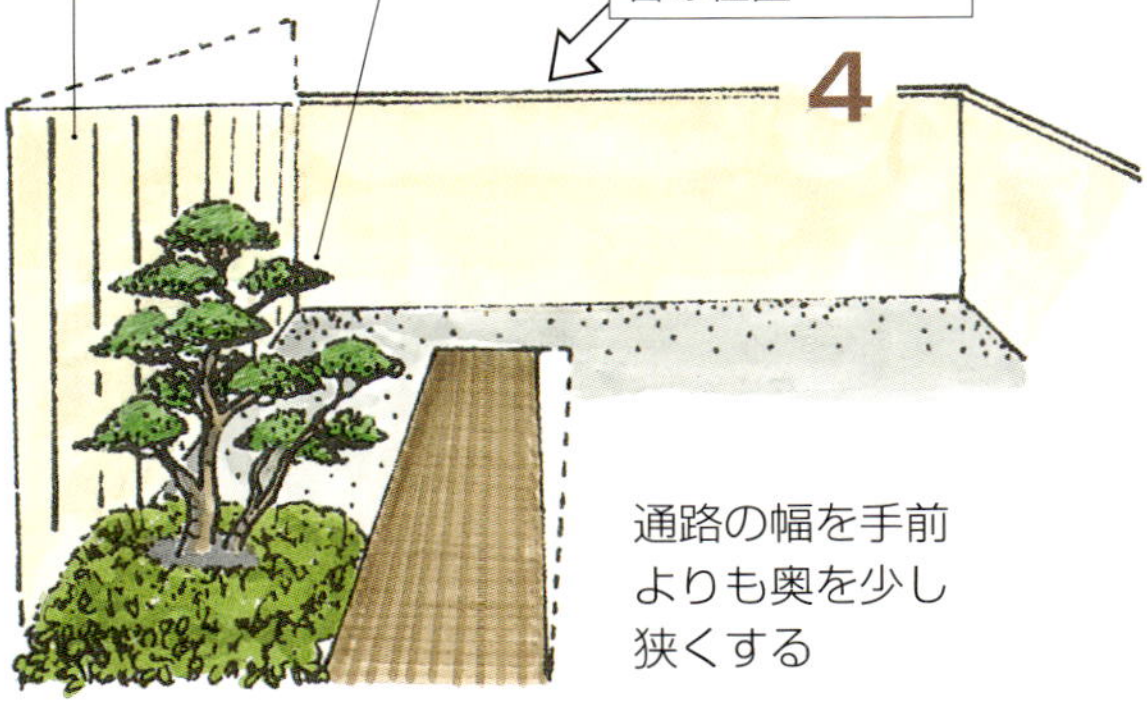

通路の幅を手前よりも奥を少し狭くする

こんな場所も立派なスペース

露出設備脇の1㎡

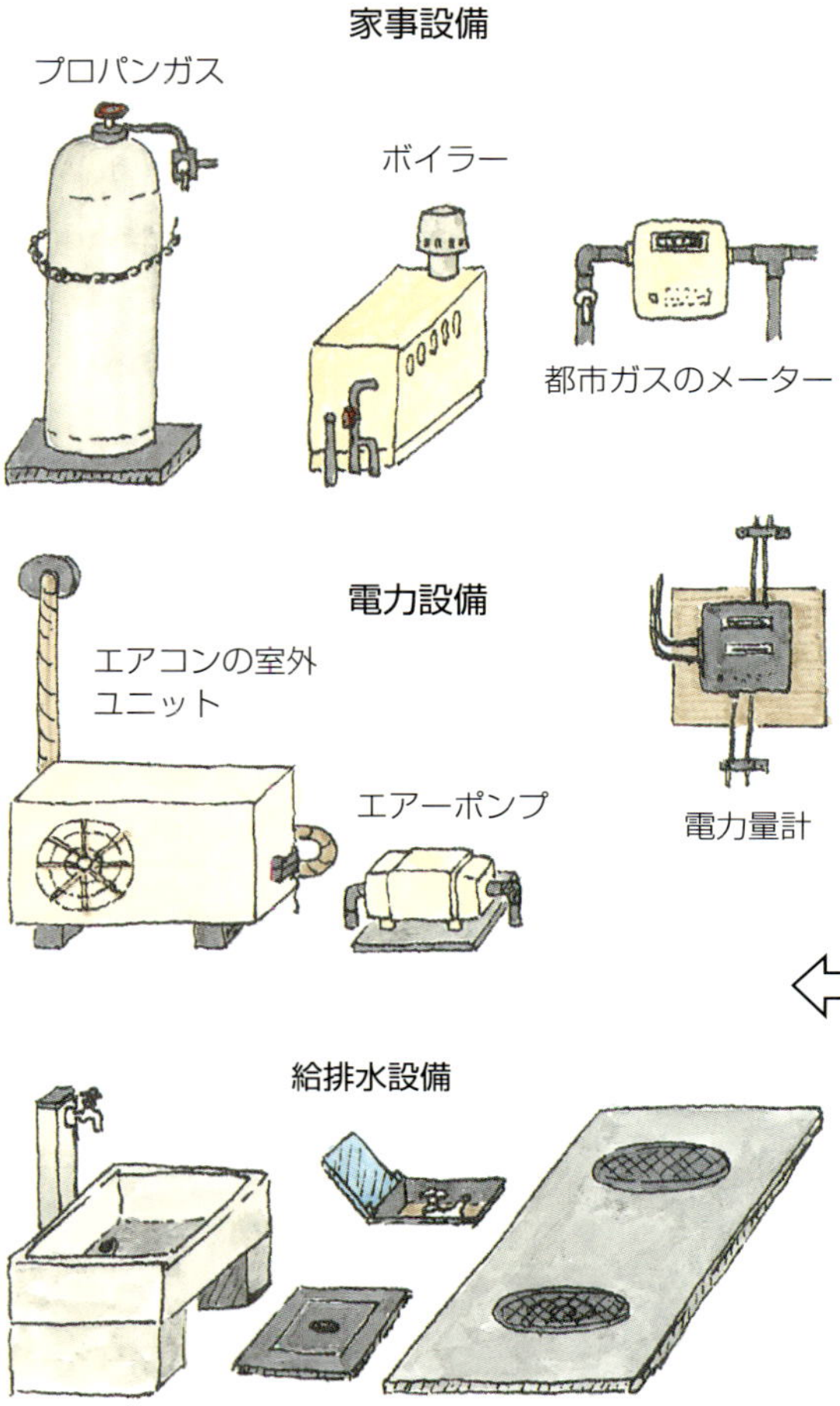
家事設備
プロパンガス
ボイラー
都市ガスのメーター
電力設備
エアコンの室外ユニット
エアーポンプ
電力量計
給排水設備

1㎡ほどの空地も庭つくりが行なえるスペースです。

- 露出設備脇の１㎡
- 玄関脇の１㎡
- 車庫下、壁面の１㎡
- 庭の角地１㎡

⇩

各場所の安全性や使い勝手が悪くならないように！

露出設備の目立つ場所の庭つくりでは、直接または間接的に設備を隠す必要がある

１㎡の庭つくり

玄関の床面（ポーチ）に接した場所、車庫の車体下、勝手口へ向かう通路の角部分、ボイラー、エアコンなどの露出設備の脇などの、庭つくりに不適なきわめて小さなスペースも、工夫しだいで趣のある小庭になります。

隠す工夫と見せる工夫

庭に突出した家事、電力、給排水などのための設備は、その無骨な形や目立つ色を造園用の素材で直接または間接的に隠すと違和感がなくなります。

プロパンのボンベやボイラーなどの比較的大きな設備は、市販の竹垣で遮蔽し、電力量計や電気の配線類は常緑の低木や下草で隠します。

また、排水桝やマンホールなどは、上を敷き砂利や竹材で覆うのが、使い勝手に不便もなく、庭の一部として「見せる工夫」のもっともよい方法です。

ただし、設備の機能をこわすことのないように注意する必要があります。

勝手口脇のプロパンガスとエアコン（室外ユニット）を御簾垣で隠す

車庫下、壁面の1㎡

車が出た後の殺風景な雰囲気を植物で補う

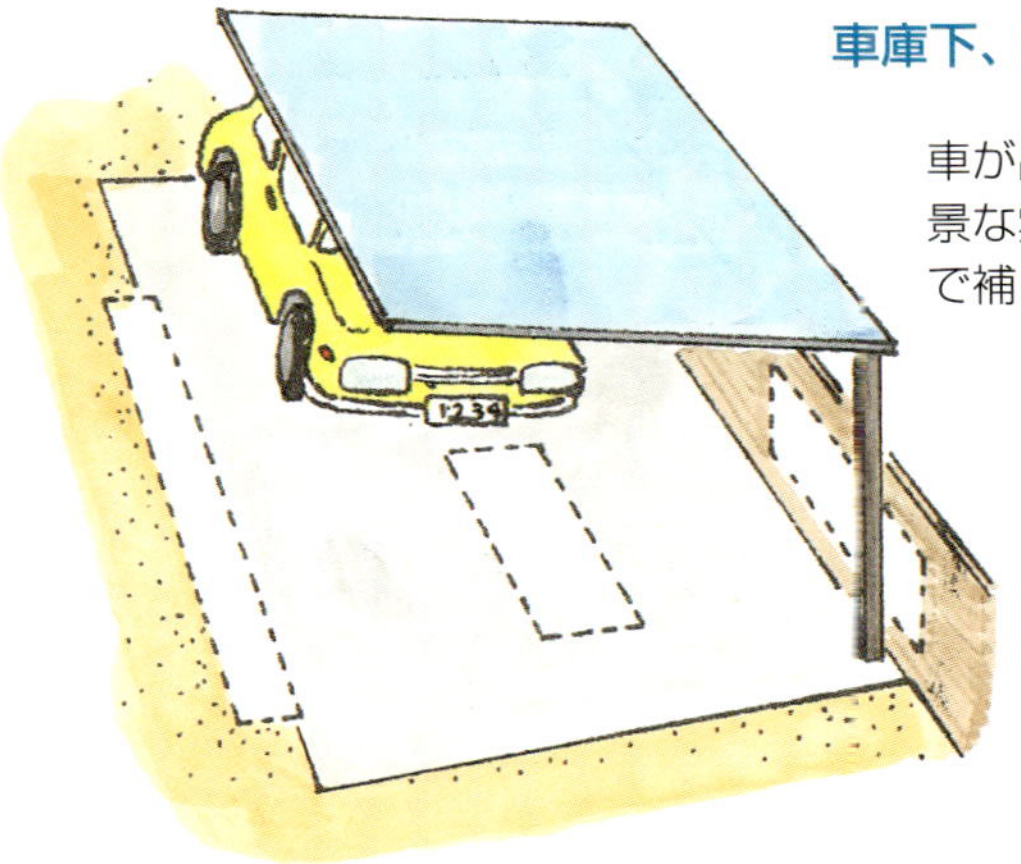

庭の角地1㎡

建物や塀の背景がある場所では、視線が角の部分に集中しやすい

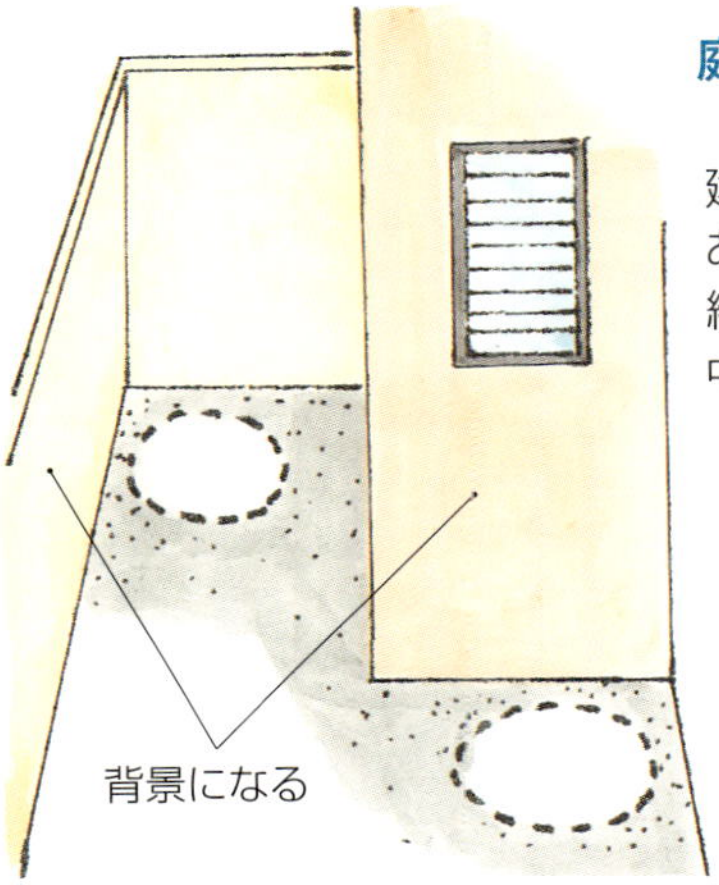

背景になる

玄関脇の1㎡

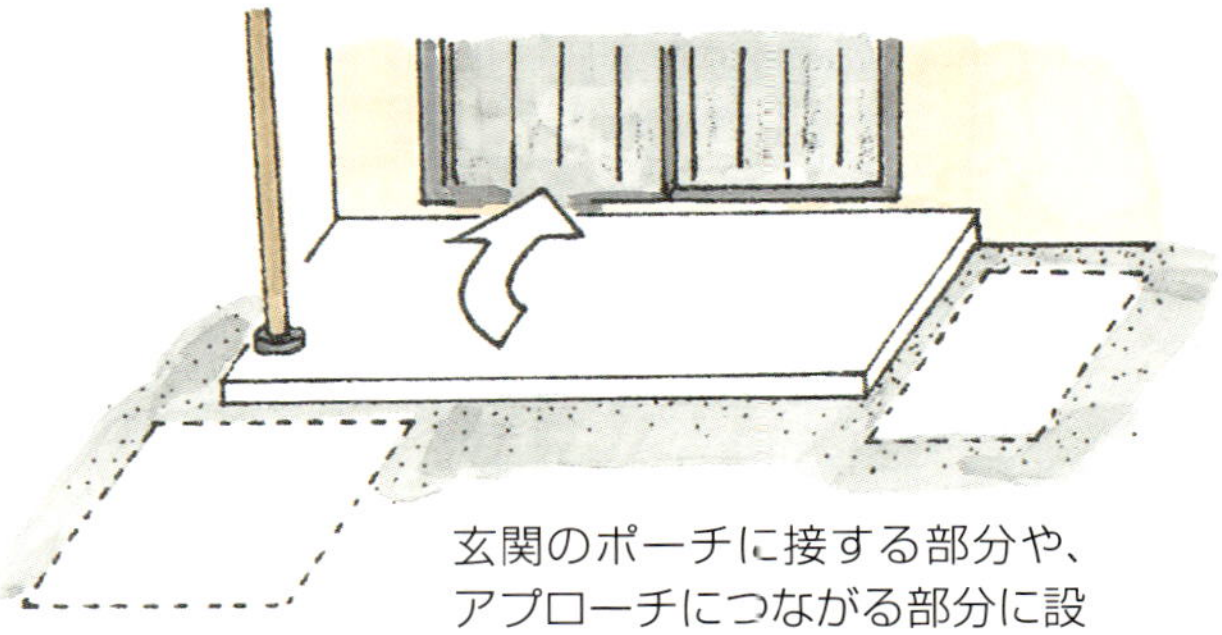

玄関のポーチに接する部分や、アプローチにつながる部分に設けるとまとめやすい

私の庭つくり

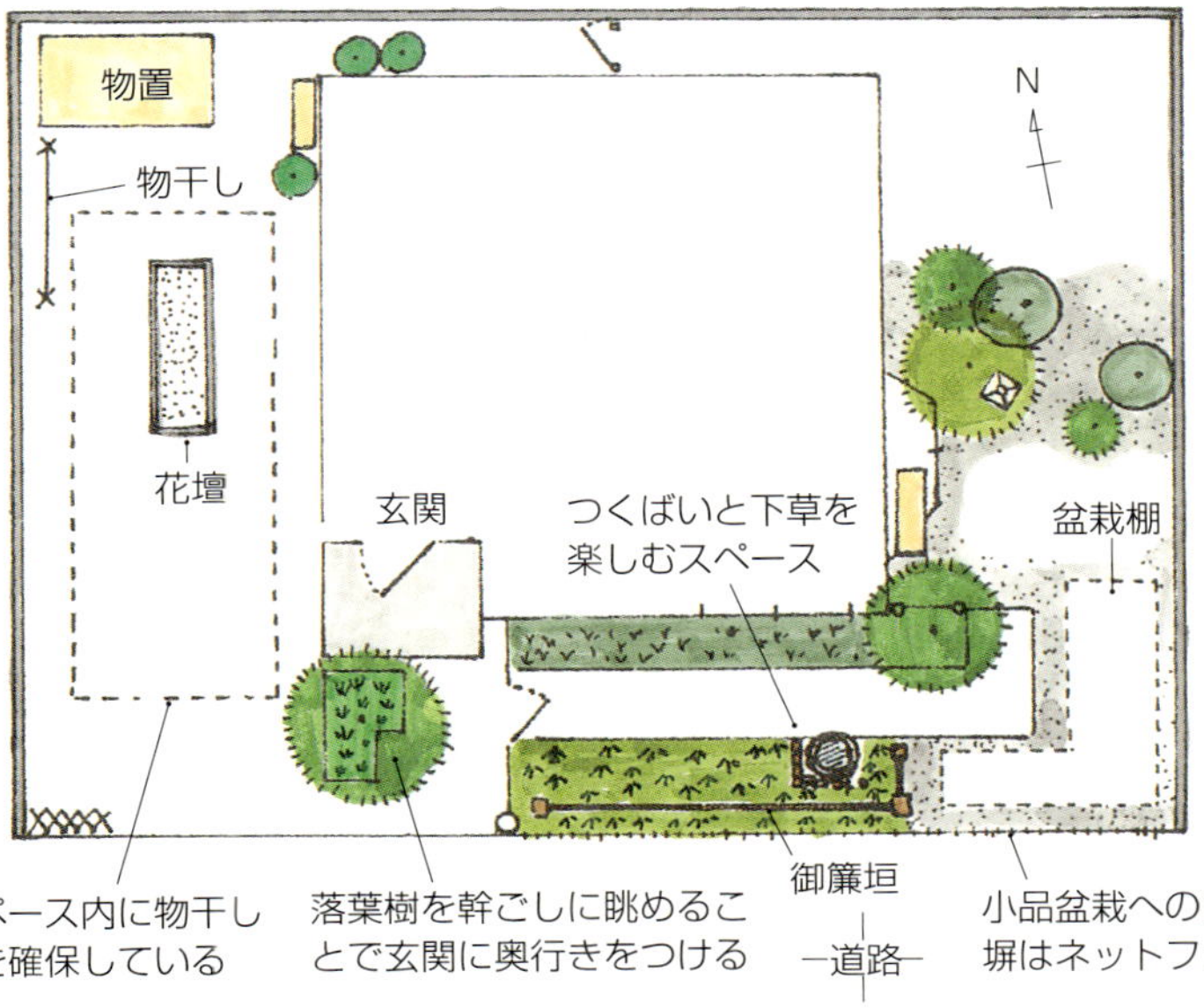
つくばいと下草を楽しむスペース
駐車スペース内に物干しと花壇を確保している
落葉樹を幹ごしに眺めることで玄関に奥行きをつける
小品盆栽への日照を得るために、南側の塀はネットフェンスを設けてある

私の家でも、この本のテーマと同様に敷地内の1～10㎡に工夫した庭つくりを行なっています。（敷地約50坪）

〒372-0834
群馬県伊勢崎市堀口町308-2
城内園作庭舎
岡田文夫

狭くても場所にあわせて

庭の現況

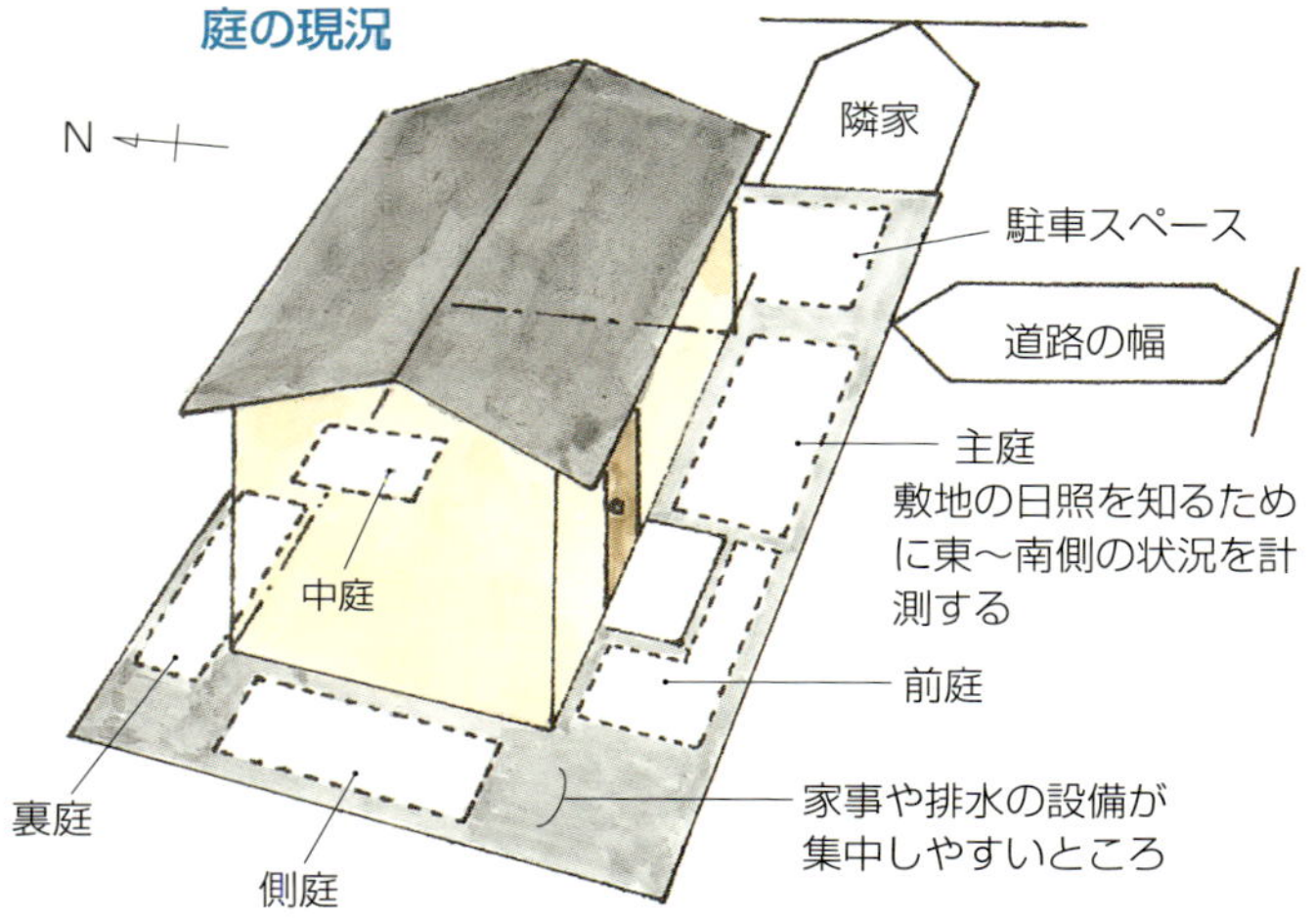
N
隣家
駐車スペース
道路の幅
主庭
敷地の日照を知るために東～南側の状況を計測する
中庭
前庭
裏庭
側庭
家事や排水の設備が集中しやすいところ

地割り

敷地全体を目的に応じて区別した計画を地割りという（主庭、前庭、側庭、裏庭、中庭、駐車スペースに区別される）

⇧

家族で話し合った庭のプランや資料、庭の環境などをまとめて、地割りに組み込む→平面図を描く

資料を集める（大きな庭から学ぶ）

庭つくりの本や写真集、住宅の情報誌などから庭の間取りや設計図の資料を得る

地方の名園や近所の大きな庭園で、環境が似ていそうな一部分をピックアップして自分の庭に応用する→スケッチや写真に撮る

地割りを考える

敷地全体を観賞用、実用などの目的に応じて、主庭、前庭、側庭、裏庭、中庭、駐車スペースに区別することを地割りといいます。

主庭

居間の延長になる南に面して日照が得やすく、広く、庭の主体となる場所を一般的に主庭といいますが、最近の土地事情ではもっともその面積が削られてしまっているところです。

狭い敷地で庭つくりを行なう場合、居間に面している場所にこだわらず、駐車スペースの脇や敷地の裏側（北側）を主庭として考えてもよいと思います。庭木や下草を裏側に植えると、逆に観賞点が庭の南側になり、日当たりのよい南側の枝葉が眺められます。

この本では、主体となる庭がつくりやすい場所を主庭と定義し、観賞用、実用などの目的を考慮して地割りをしています。

平面図を描く

庭木の種類、材料などを具体的に記号を使って方眼紙に記入する

1㎡～10㎡のミニ庭園では縮尺を1/10～1/20で描く（1m→10～5㎝）

スイレンを観賞する庭

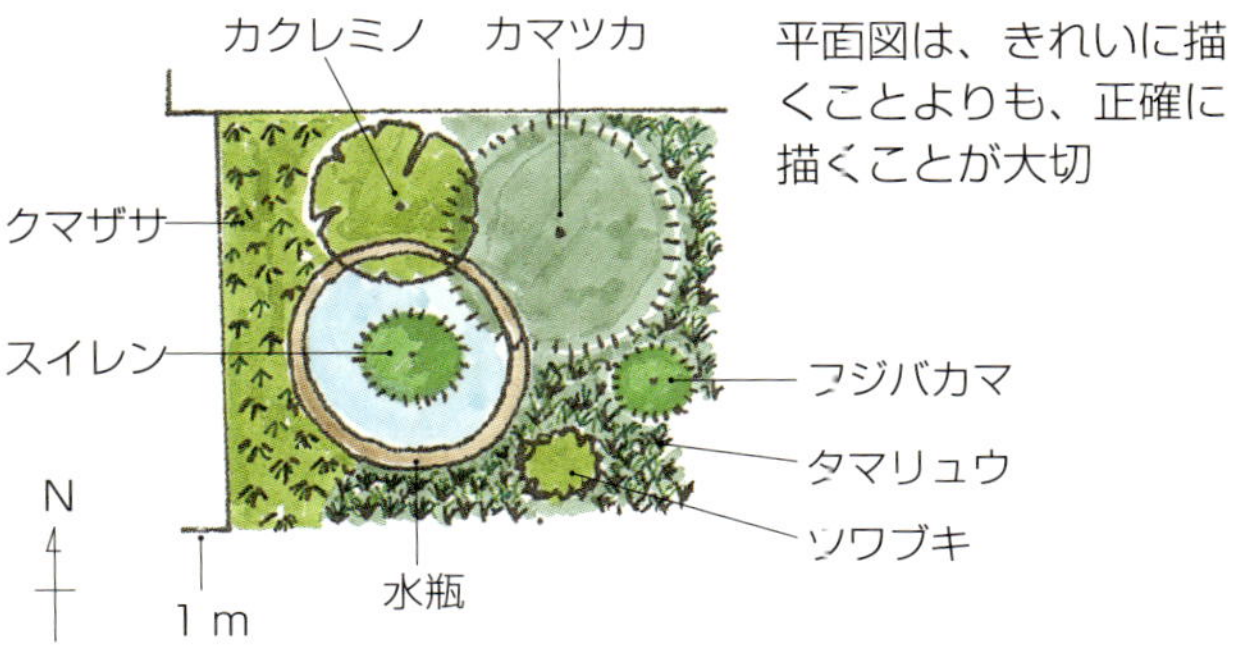

カクレミノ
カマツカ
平面図は、きれいに描くことよりも、正確に描くことが大切
クマザサ
スイレン
フジバカマ
タマリュウ
ツワブキ
水瓶
N
1m

平面図に用いる記号

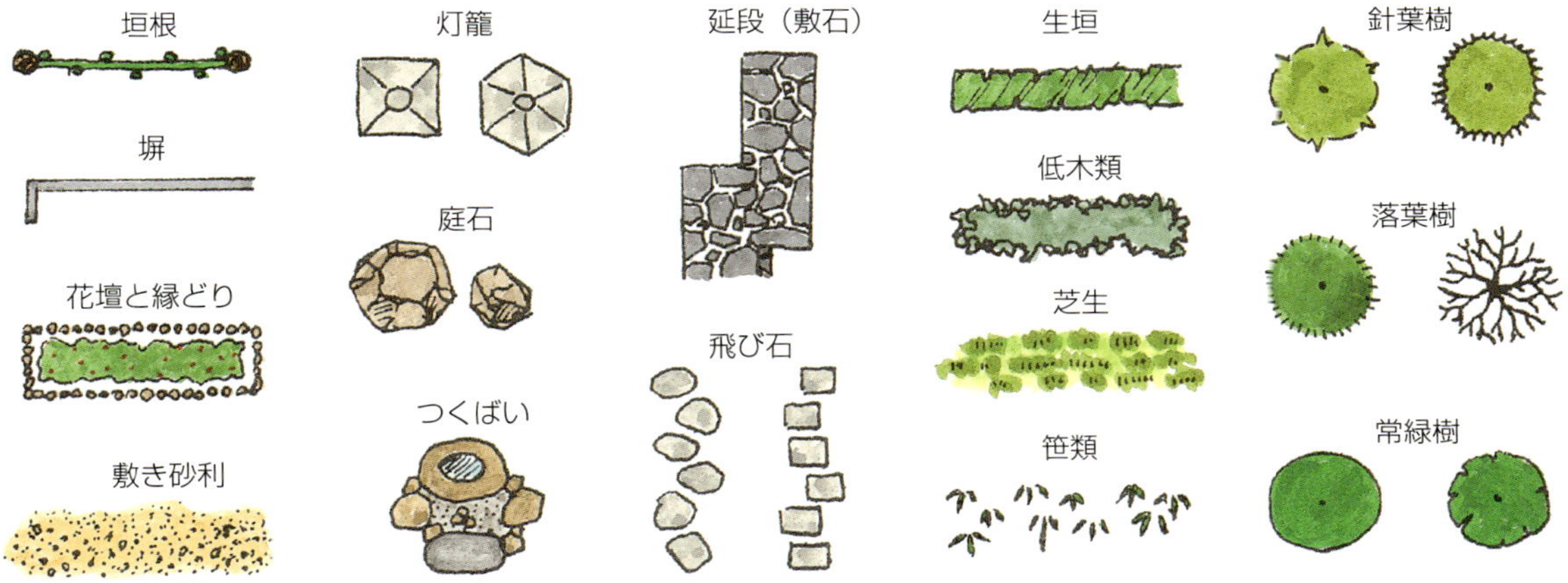

垣根
塀
花壇と縁どり
敷き砂利
灯籠
庭石
つくばい
延段（敷石）
飛び石
生垣
低木類
芝生
笹類
針葉樹
落葉樹
常緑樹

前庭

門から玄関までの通路となるだけでなく、家の印象づけをするもっとも大切な場所です。自動車のある家庭では、前庭のアプローチと駐車スペースを上手にデザインする必要があります。

側庭と裏庭

家事などの作業をスムーズに清潔に行なう通路としての実用性が要求される場所です。

また、地下の給排水管やガス管などの生活設備が多い場所なので、あらかじめ状況を知り、使い勝手が悪くならないように十分注意します。工夫しだいでここも立派な庭になります。

駐車スペース

車庫は、かなり広い面積を必要とします。車の出入りに支障がない程度の植え込みや車体下に小さな花壇をつくってみましょう。

平面図を描く

地割りができたら家族でまとめた計画や予算をもとに庭の設計図を描きます。使用する記号は各自で工夫してかまいませんが、庭の方向、庭木の位置と種類は正確に記入することが大切です。

計画的につくりたい

作業計画を立てる

手持ちの材料がある場合には計画に組み入れる

自分でできる範囲を知ろう！

材料の購入や植え付けの作業がどこまで自分で行なえるかを平面図を描くときに考えておく

材料の大きさや長さ、予算なども記入しておく
※予算の割りふりをとくに注意する

庭の計画に合った材料を購入する
（自分で求める、造園業者にまかせる）

自分で作業を行なう場合は、手順を十分に把握しておく

材料の購入と運搬を業者に依頼すれば庭つくりのアドバイスを受けることができる

庭つくりの計画（作業適期）

作業＼月	1	2	3	4	5	6	7	8	9	10	11	12
植え付け作業 土づくり				常緑樹								
			落葉樹									
				針葉樹								
草花の植え付けと種まき			春まき草花		植え付け				秋まき草花			
球根の植え付け				春植え球根						秋植え球根		
芝張りの作業												
工作物と添景の作業	竹垣根の製作や石材の据え付け											
コンクリートの作業												

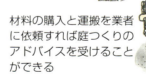

材料購入にあたって！

造園の材料を購入すると運搬という作業が必要になります。鉢植えや苗木程度の材料は乗用車のトランクに入れて持ち帰ることができますが、大きな庭木や重い灯籠などはそういうわけにはいきません。したがって、庭つくりの材料のなかに自分で運ぶことのできない素材が一つでもある場合は、すべての材料の購入を予算の範囲内で選んでくれるよう、業者に依頼するのもよい方法です

失敗しないために計画的につくりたい

予算の割りふりを考える

見栄えのする灯籠がほしいけど、予算１０万円―灯籠？庭木が買えない

衝動買いをすると庭がまとまらなくなる
庭木→添景→下草と、材料購入に合わせて、２～３年計画の庭つくりを考える

庭の現況を知る

根鉢が乾かないうちに植えないといけない
植えたいところが給排水管でいっぱいどうしよう！

庭の状況を把握しておかないと、「植えよう！」というときに植えられないことになる

作業手順を知る

あっ！手順をまちがえた。マンリョウと石は地被を植える前に作業するはずだったのに！

作業手順を把握しておかないと、きれいに仕上げた場所をこわして、もう一度やりなおすことになる

庭木の性質（生長度）を知る

狭い！
日当たりも悪くなる

狭い場所や通路では植える庭木の性質を把握しておかないと庭の使い勝手が悪くなる

庭木の種類と選び方

土地環境に合わせて選ぶ

自分の家の環境（土質、日照、通風）をよく観察し、その土地に適した樹種を選びます。庭から見える隣家の庭木の樹種を参考にし、またそれを背景（借景）として庭をつくると奥行きが深まります。

陽樹と陰樹

日当たりのよい場所（1日4～5時間以上の日照）を好む陽樹、半日陰から日陰の場所を好む陰樹。落葉樹は陽樹が多く、常緑樹は陰樹が多いです。

常緑樹と落葉樹

一年中緑葉の見られるマツやツバキなどの常緑樹。冬に葉が落ち日当たりがよくなり、春は芽吹きや花、秋には紅葉が楽しめるウメ、モミジなどの落葉樹。

このほか、水を好む木、乾燥を好む木、生長の早い木、遅い木など場所の条件と木の特性を考えて選ぶことが大切です。

また、生長が落ち着いた成木を植え、あまり大きくしないことも大切です。

庭木の種類

隣の庭木は？

常緑樹と落葉樹

四季を通じて緑葉を楽しむことのできる常緑樹と、冬期に葉を落とし新緑、花、紅葉などの変化を楽しませてくれる落葉樹がある

落葉樹の利用

日よけになる
夏

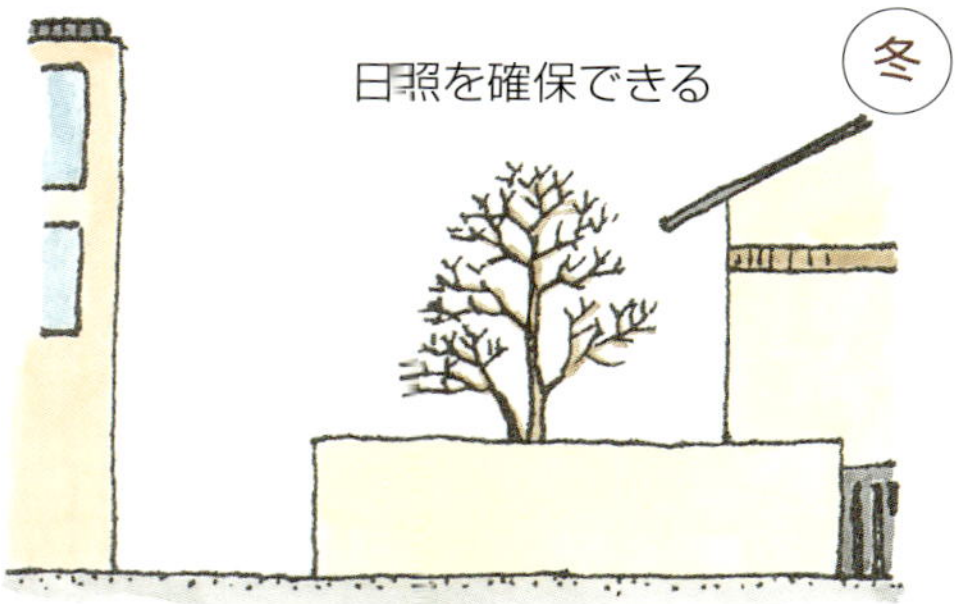
日照を確保できる
冬

冬期の日照に問題がある狭い庭には落葉樹が適している

陽樹と陰樹

日当たりを好む木を陽樹、日当たりが悪くても育つ木を陰樹といい、陽樹は落葉樹が多く、陰樹は常緑樹が多い

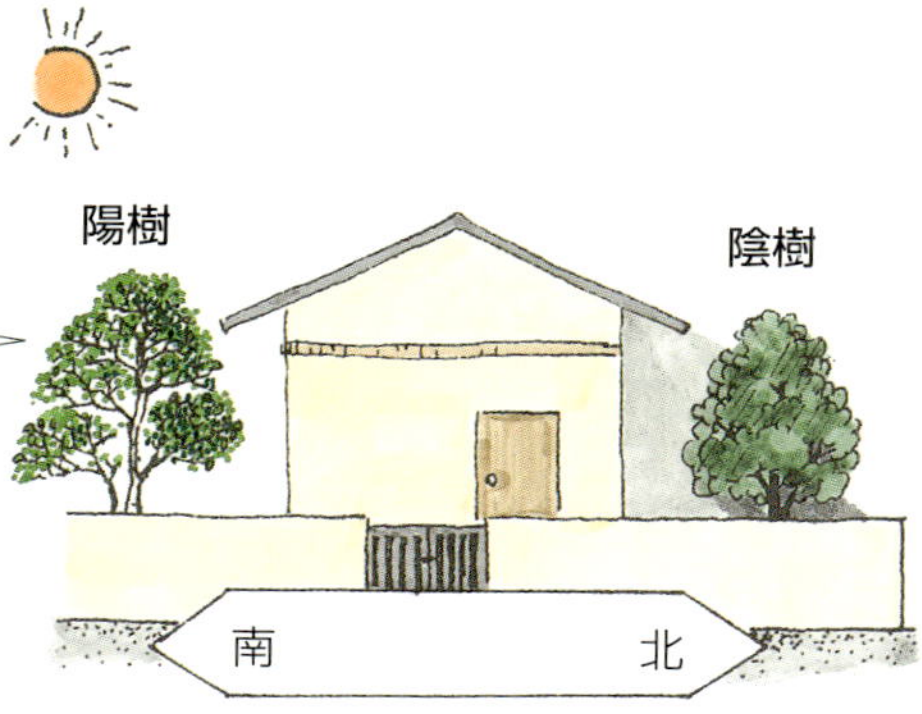
陽樹
陰樹
南
北

狭地の庭つくりに著者が推薦する樹種

樹高
- （高木）５ｍ以上
- （中木）３～５ｍ
- （低木）３ｍ以下

●：陽樹　◐：半陰樹　●：陰樹

■：乾燥地向き　■：乾湿の中間　■：湿地向き

区分	樹種	陽樹・半陰樹・陰樹	乾燥地向き・乾湿の中間・湿地向き
常緑樹（低木）	ヤツデ	陰樹	乾湿の中間
	マンリョウ	陰樹	湿地向き
	ヒサカキ	半陰樹	乾湿の中間
	ヒイラギナンテン	半陰樹	乾湿の中間
	ツツジ	陽樹	乾湿の中間
	ジンチョウゲ	陽樹	湿地向き
	シャリンバイ	陽樹	乾湿の中間
	サツキ	半陰樹	乾湿の中間
	クチナシ	半陰樹	乾湿の中間
	アベリア	陽樹	乾湿の中間
	アセビ	半陰樹	乾湿の中間
	アオキ	陰樹	乾湿の中間
常緑樹（中木）	ヒイラギ	陰樹	乾湿の中間
	サザンカ	陰樹	乾湿の中間
	キンモクセイ	陽樹	乾湿の中間
	カナメモチ	陽樹	乾湿の中間
	カクレミノ	陰樹	湿地向き
常緑樹（高木）	ヤマモモ	半陰樹	乾燥地向き
	モッコク	陽樹	乾湿の中間
	ツバキ	陰樹	乾湿の中間
	シラカシ	半陰樹	乾湿の中間
	クロガネモチ	半陰樹	乾湿の中間
	ウバメガシ	陽樹	乾湿の中間
	イヌツゲ	陰樹	湿地向き

区分	樹種	陽樹・半陰樹・陰樹	乾燥地向き・乾湿の中間・湿地向き
落葉樹（低木）	ロウバイ	陽樹	乾湿の中間
	ユキヤナギ	陽樹	乾湿の中間
	ヤマブキ	陽樹	湿地向き
	マンサク	陽樹	乾湿の中間
	ボタン	陽樹	乾湿の中間
	ボケ	陽樹	乾湿の中間
	ハギ	陽樹	乾湿の中間
	バイカウツギ	陽樹	乾湿の中間
	ニシキギ	陽樹	乾燥地向き
	トサミズキ	陽樹	乾湿の中間
	ドウダンツツジ	陽樹	乾湿の中間
	シモツケ	陽樹	乾湿の中間
	コデマリ	陽樹	乾湿の中間
	ウメモドキ	陽樹	乾湿の中間
落葉樹（高木）	ヤマモミジ	陽樹	乾湿の中間
	ヤマボウシ	陽樹	乾湿の中間
	ナツツバキ	陽樹	乾湿の中間
	サンシュユ	陽樹	乾湿の中間
	サルスベリ	陽樹	乾湿の中間
	ザクロ	陽樹	乾湿の中間
	サクラ	陽樹	乾湿の中間
	コブシ	半陰樹	湿地向き
	カイドウ	陽樹	乾湿の中間
	ウメ	陽樹	乾湿の中間

区分	樹種	陽樹・半陰樹・陰樹	乾燥地向き・乾湿の中間・湿地向き
竹・笹・その他	ニオイシュロラン	陽樹	乾湿の中間
	シュロ	陰樹	乾湿の中間
	ナリヒラダケ	陽樹	乾燥地向き
	クロチク	陽樹	乾湿の中間
	クマザサ	陰樹	乾湿の中間
	オカメザサ	陰樹	乾湿の中間
つる性植物	フユジタ	半陰樹	乾湿の中間
	フジ	陽樹	乾湿の中間
	ノウゼンカズラ	陽樹	乾湿の中間
	ツキヌキニンドウ	陽樹	乾湿の中間
	テッセン	陽樹	乾湿の中間
針葉樹（低木）	ハイビャクシン	陽樹	乾燥地向き
	コノテガシワ	陽樹	乾湿の中間
	キャラボク	半陰樹	湿地向き
針葉樹（高木）	ラカンマキ	半陰樹	湿地向き
	クロマツ	陽樹	乾燥地向き
	チャボヒバ	半陰樹	湿地向き
	コウヤマキ	陰樹	湿地向き
	カイヅカイブキ	陽樹	乾燥地向き
	イチイ	陰樹	湿地向き
	アカマツ	陽樹	乾燥地向き

他の分け方

実のなる庭木	木陰をつくる庭木	香りのよい庭木
アオキ	コブシ	ウメ
ウメモドキ	コナラ	クチナシ
ガマズミ	ナツツバキ	サザンカ
グミ	ネムノキ	ジンチョウゲ
クロガネモチ	ヤマボウシ	ヒイラギ
ナンテン	ヤマモミジ	モクセイ
ピラカンサス	など	モッコク
など		ライラック
		など

珍しい樹よりも、ごく一般的な種類を選びましょう
庭の趣《おもむき》は木の組み合わせしだいです

2 これだけは知っておきたい基礎知識

庭木配植のテクニック

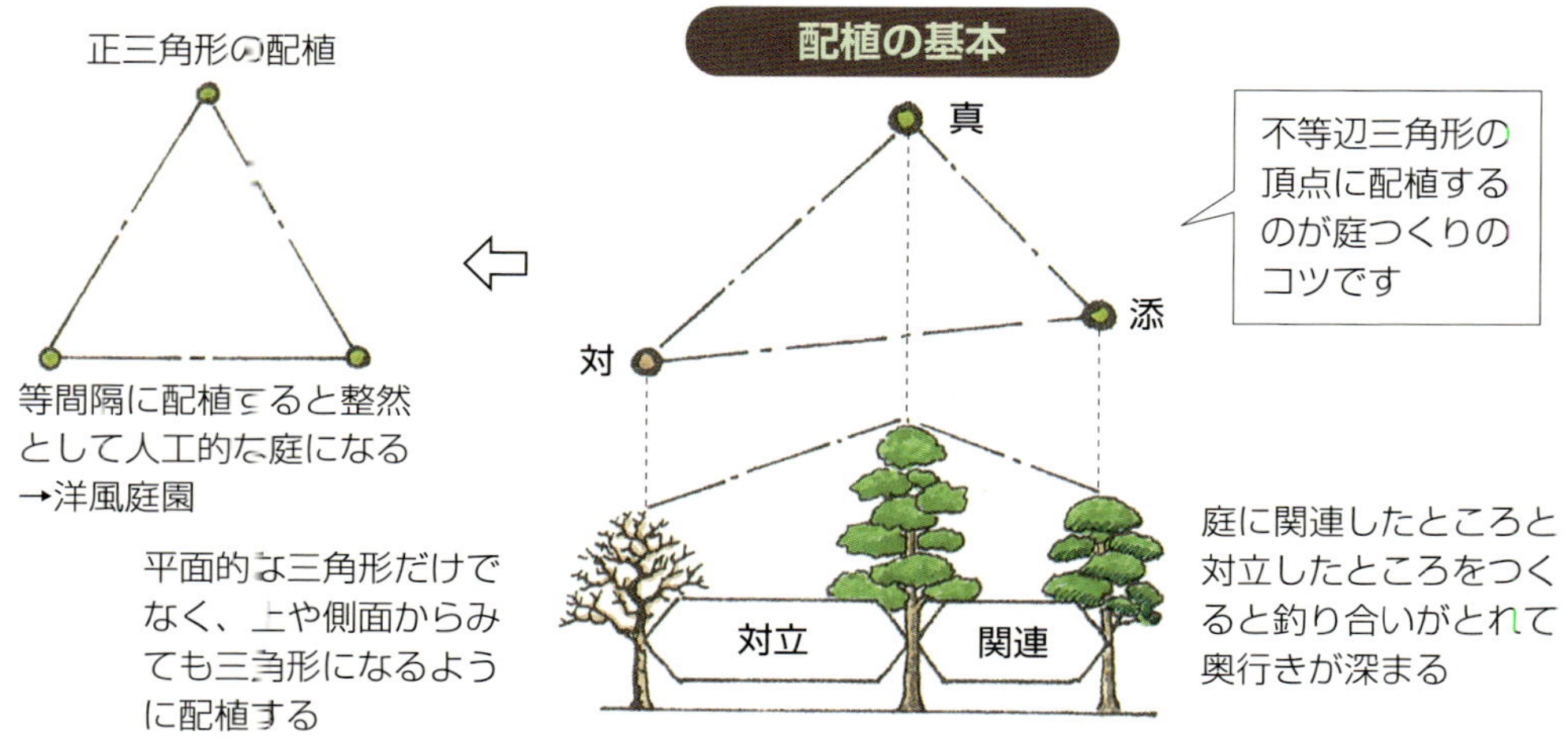
配植の基本
正三角形の配植
等間隔に配植すると整然として人工的な庭になる
→洋風庭園
真
添
対
不等辺三角形の頂点に配植するのが庭つくりのコツです
平面的な三角形だけでなく、上や側面からみても三角形になるように配植する
対立
関連
庭に関連したところと対立したところをつくると釣り合いがとれて奥行きが深まる

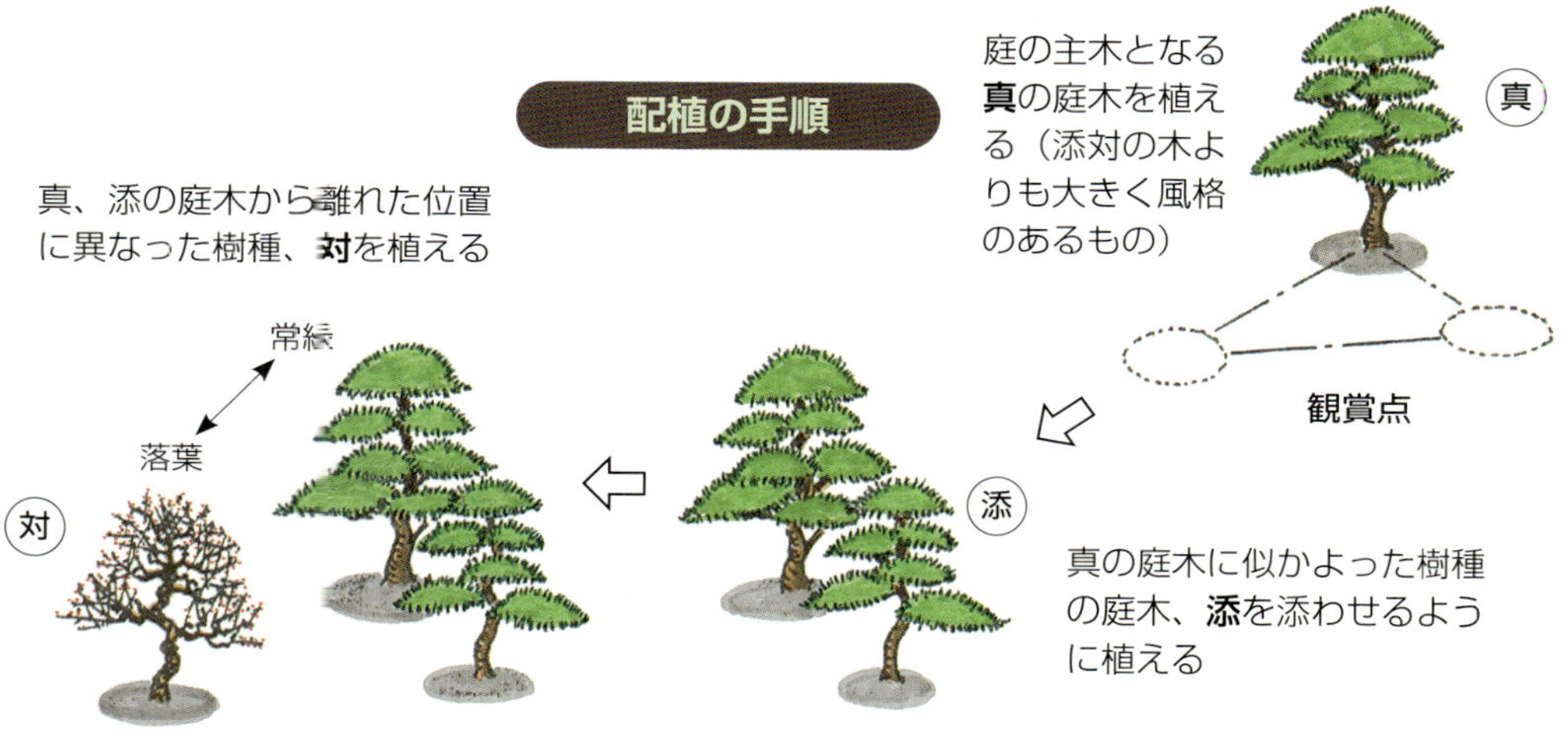
配植の手順
庭の主木となる真の庭木を植える（添対の木よりも大きく風格のあるもの）
真
観賞点
添
真の庭木に似かよった樹種の庭木、添を添わせるように植える
真、添の庭木から離れた位置に異なった樹種、対を植える
常緑
落葉
対

配植の基本は真《しん》、添《そえ》、対《つい》

奥行きのある自然な感じにつくるには、不等辺三角形の間隔に配置するのが基本です。真の位置（最も目のいく位置）に主木を植え、添、対の位置に形や高さ、種類の違った庭木を配置すると、変化が生まれ趣が出てきます。ただし、洋風の庭園では、形の整った左右対称の庭木や統一された樹種を等間隔で配植します。

黄金比と気勢で植え位置を決める

1本の主木の位置を決めるとき、観賞点の中央の部分よりも左右どちらかに少しずらすと、どこから見てもバランスがよく安定して見えます。一般にその左右の割合は、約3対4（黄金比）です。

また、木は正面から見て幹の傾きや枝張りなど、左右どちらかに勢い（気勢）が向いています。この主木の勢いに逆らわずに他の木や石を配置することが大切です。

ちょっとむずかしいが知っていると役に立つ

黄金比

だれが見ても釣り合いが感じられる割合

主となる庭木や石を約6：4のポイントに配置することで庭が安定して見える

気勢

樹木がもつ流れの方向

自然の中で生育している樹木は空間の広いほうに傾きやすい

1本の配植で気勢を考える

狭い側の空間で気勢がつかえて庭の釣り合いがとれなくなるので左側に移動するとよい

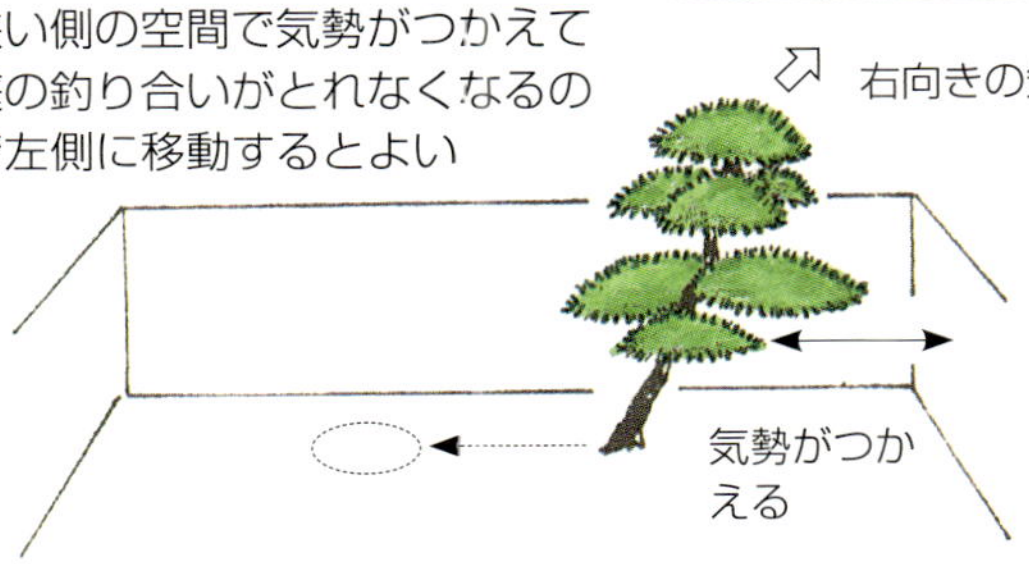

傾きかかったほうの空間を広くすると庭が安定する

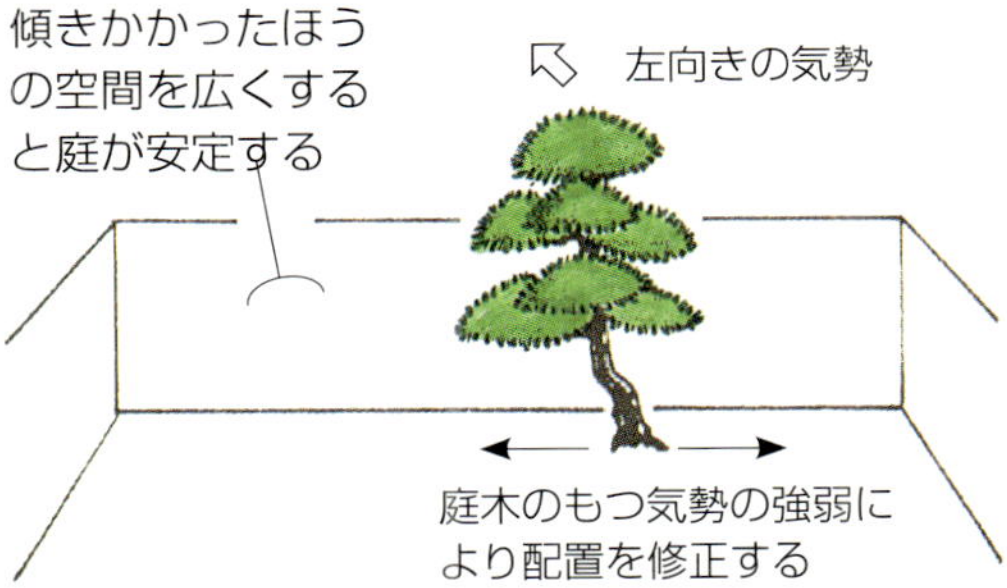

上方向で不動の気勢をもった木は黄金比の位置に配植するとよい

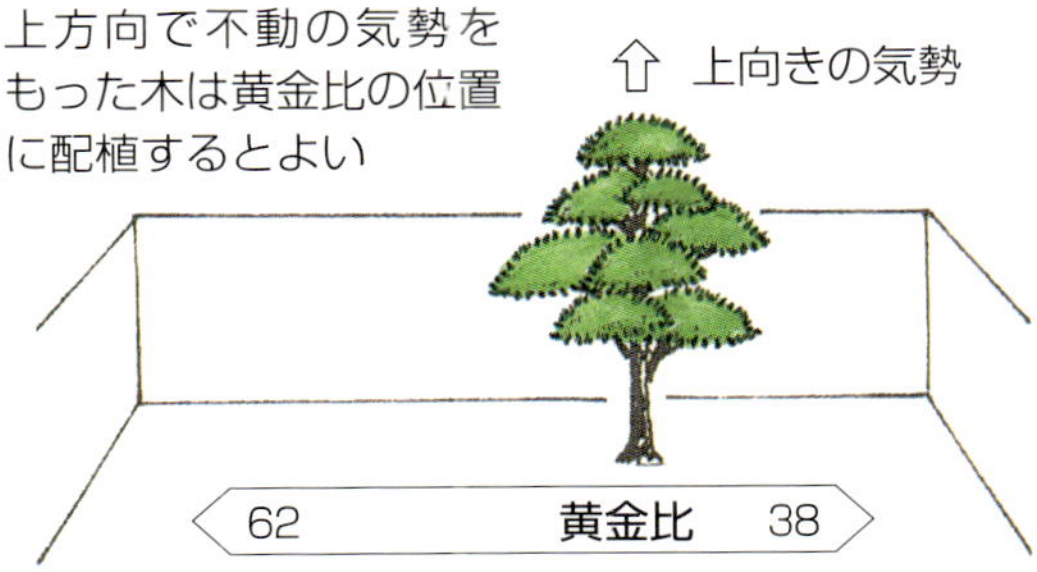

気勢の方向と強弱

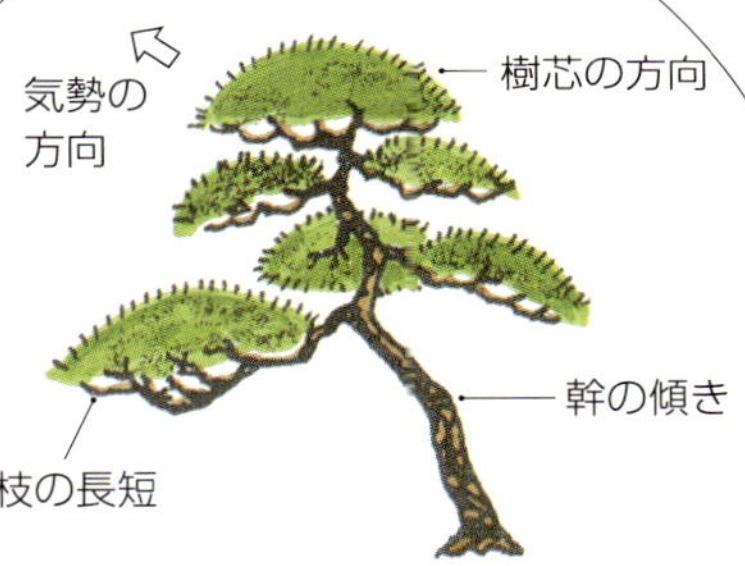

樹芯の方向や幹の傾き、枝のめりはりなどで気勢の強弱がきまる

気勢と錯覚

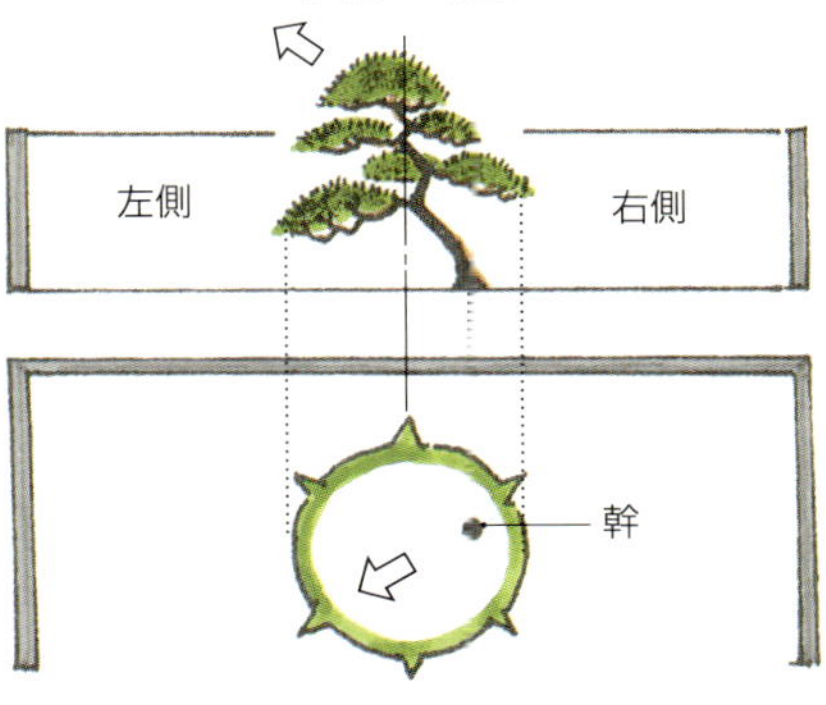

庭の中間に配植した場合でも傾きかかった左側の空間は右側の空間よりも錯覚で狭くみえる

⇩

空間の釣り合いを保つために、左向きの気勢をもつものは庭の右側へ、石向きの気勢をもつものは庭の左側に配植する

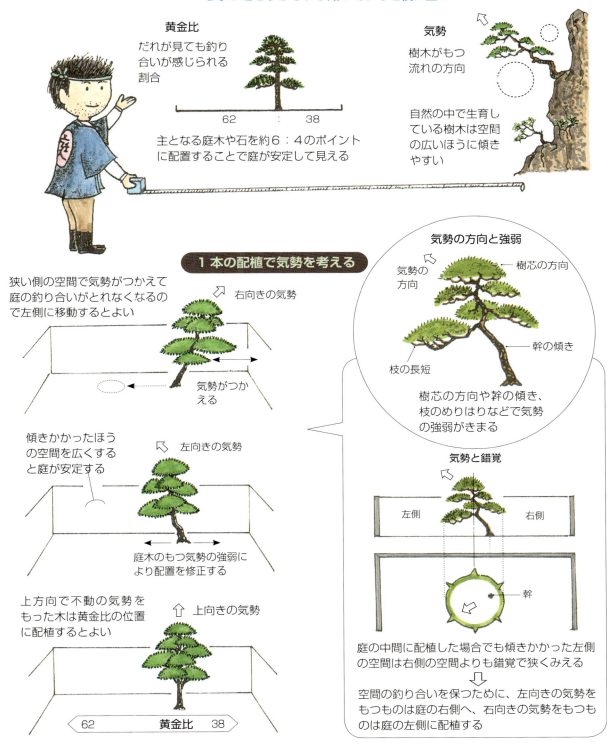

庭木の植え方

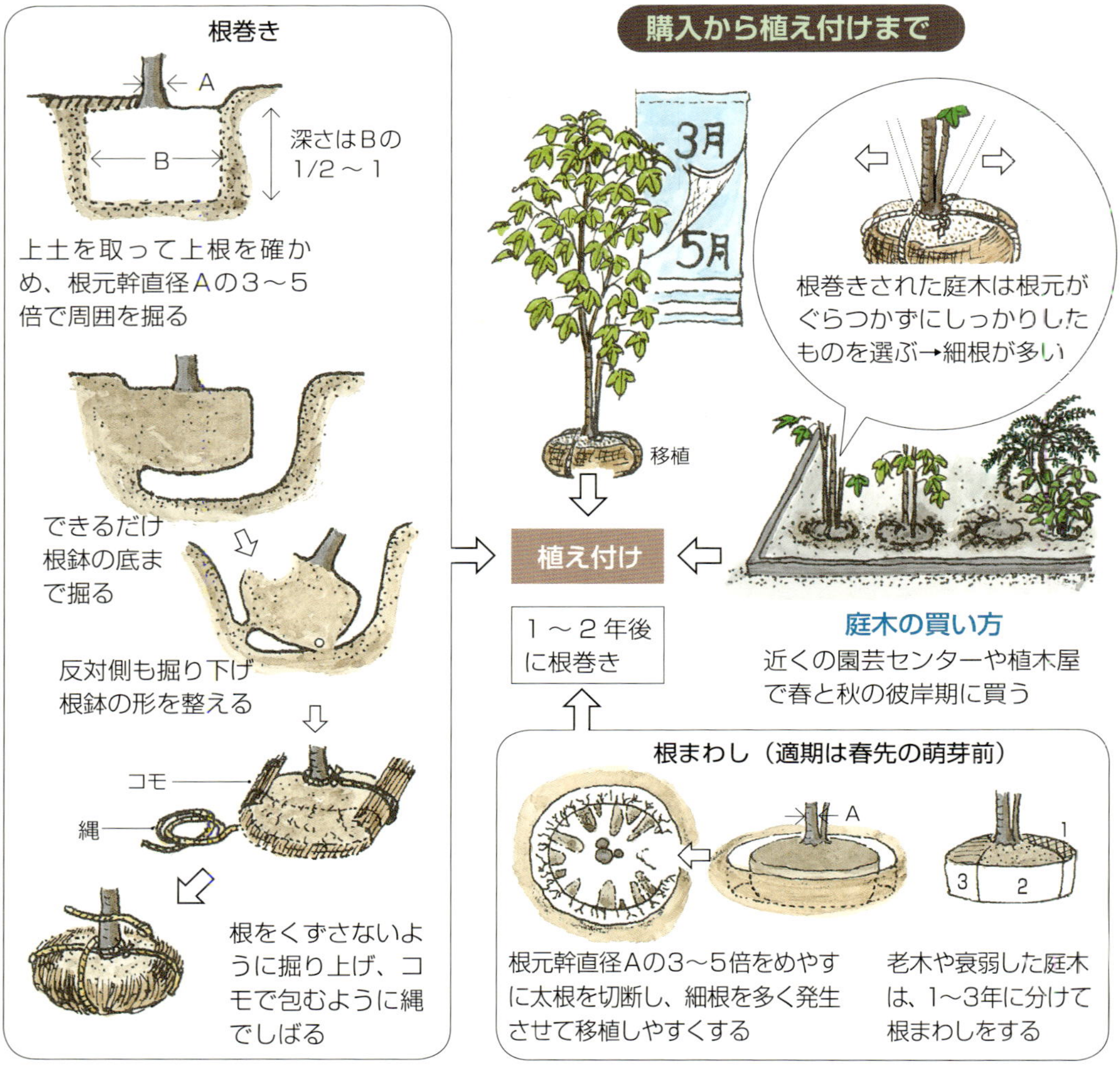
購入から植え付けまで
根巻き
A
B
深さはBの1/2～1
上土を取って上根を確かめ、根元幹直径Aの3～5倍で周囲を掘る
できるだけ根鉢の底まで掘る
反対側も掘り下げ根鉢の形を整える
コモ
縄
根をくずさないように掘り上げ、コモで包むように縄でしばる
3月
5月
移植
根巻きされた庭木は根元がぐらつかずにしっかりしたものを選ぶ→細根が多い
植え付け
1～2年後に根巻き
庭木の買い方
近くの園芸センターや植木屋で春と秋の彼岸期に買う
根まわし（適期は春先の萌芽前）
A
1
2
3
根元幹直径Aの3～5倍をめやすに太根を切断し、細根を多く発生させて移植しやすくする
老木や衰弱した庭木は、1～3年に分けて根まわしをする

根づきをよくする植え付け

●植え付け時期

一般に春先の萌芽直前がよく、3～5月に行ないます。暖地の場合や細根が多い木なら、9～11月の秋植えも可能です。

●庭木の買い方

根鉢のしっかりした木を求め、乾かさずに運搬することが大切です。

●庭にある木を移植

株元に細根が多い木はすぐに植え付けられますが、大木など株元に細根のない木は移植予定の1年以上前に根まわしをして、細根を発生させます。1～2年後に掘り上げて根の乾かないうちに植えれば、根巻きの作業は必要ありません。

●かん水

根と土にすきまができないように棒で突きながらたっぷりかん水します。

●幹巻きと支柱

植え付け後、幹に布を巻いて（幹巻き）直射日光や寒風による乾きを防ぎ、支柱を添えて固定します。これは木を根づかせる大事な作業です。

植え付けから支柱まで

植え付け（水ぎめ法）

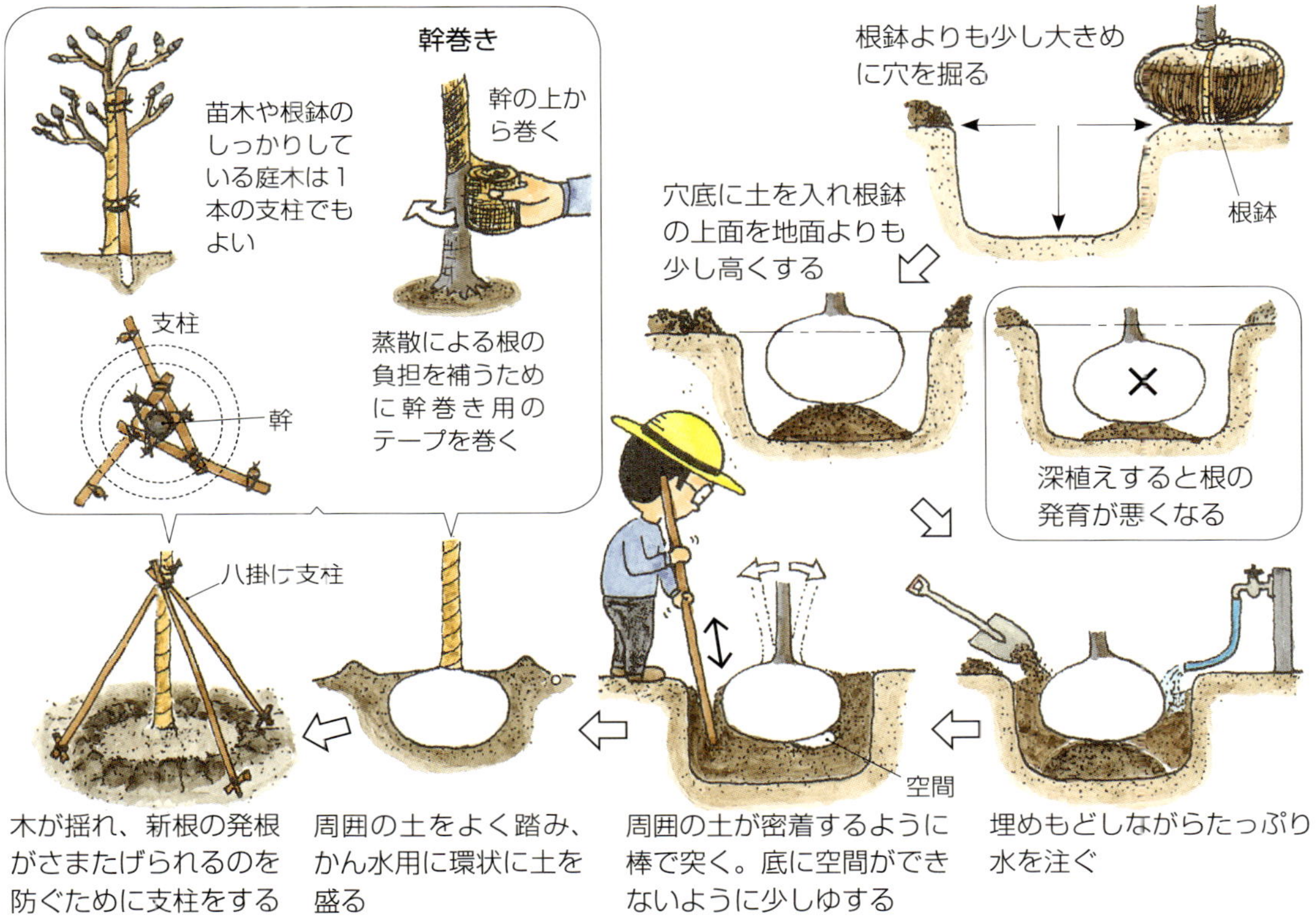

庭木の維持管理

年間作業（月）		1	2	3	4	5	6	7	8	9	10	11	12	
庭木の整枝・剪定	常緑樹			━	━		━	━	━		━	━	━	
	落葉樹		━	━	━			━	━		━	━	━	
	針葉樹			━	━		━	━	━		━	━	━	
	当年生枝の花木		━	━	━		━	━	━		━	━	━	（冬期せん定が原則） 常→アベリア、モクセイ 落→アジサイ、サルスベリ、ハギ、ムクゲ
	前年生枝の花木	━	━	━	━	━	━	━				━	━	（花後せん定が原則） 常→アセビ、クチナシ、ジンチョウゲ、ツバキ 落→ツツジ、マンサク、ヤマボウシ、ロウバイ
病害虫と防除時期	アブラムシ			━	━	━	━		━	━	━	━		
	アメリカシロヒトリ					━	━		━	━				
	カイガラムシ	━	━	━		━	━	━	━				━	
	チャドクガ				━	━	━	━	━					
	ハマキムシ				━	━	━	━	━	━	━			
	赤星病				━									
	うどんこ病					━	━	━	━	━	━			
バンド誘殺			━							━	━			2月：コモをはずして焼却する　10月：コモを幹に巻く
施肥・除草		━	━	━	━	━	━	━	━	━	━			肥料→有機肥料　除草→月に一度は手で抜き取る

庭石の据え方

庭石の扱い

据え方による石の名称

斜石　石の肩の部分が上になるように据える

横石　石の節理が横縞になるように据える

縦石　石の節理が上下になるように据える

縦石、横石、斜石を組み合わせて、安定感や躍動感を表わす安定した石組み

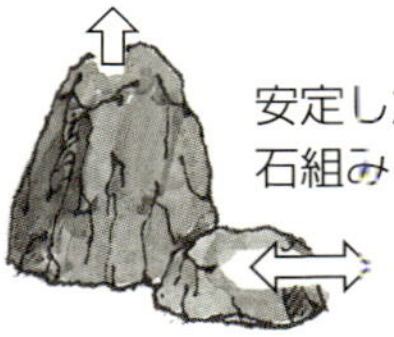

安定した石組み

動きのある石組み

石組みの注意点

性質や色の違う石は組み合わせない

同じ大きさ、高さの石を直線上に並べない

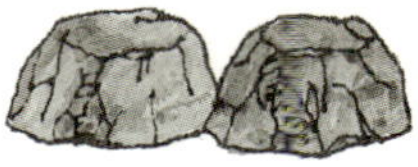

流れ（気勢）の逆らった組み合わせはしない

各部の名称

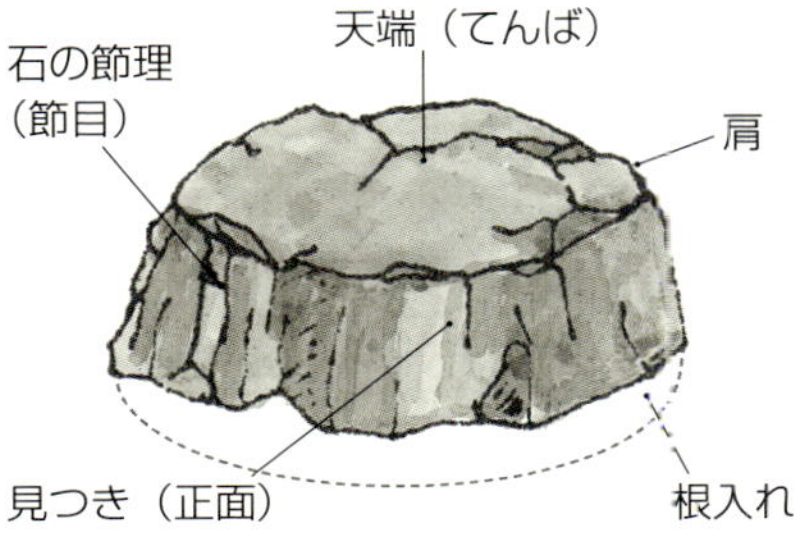

据え方の基本

そげた部分（根入れの下）から下を深く埋めることで石を実際よりも大きく想像させる

庭石の種類

産出する場所により、山石、沢石、川石、海石に区分される

山石…御影石、白川石、丹波石、生駒石
沢石…鞍馬石、青梅石、秩父石
川石…加茂川石、天竜川石、木曽川石
海石…伊勢石、伊予石、紀州石

深く埋まって見えるように

石はもっとも見栄えのする部分（見つき）を正面にし、地下に深く埋まっているように見えるよう、そげた部分から下を埋め込みます。深く埋めると地上部が小さくなるので、もったいないと考え根入れを浅くすると、ひと目で石の大きさがわかってしまい、重量感がなくなります。

石を組み合わせるときには、割れ目や傷などの欠点を補い、庭木の配植（30ページ参照）と同様に黄金比と不等辺三角形をめやすに配石すると安定感や動きが表現できます。

庭を引き立てる添景物と材料

添景物の種類

添景物は庭の主となるものよりもひかえめであることが大切
- 添景物は同色で統一したい
- あれもこれもと多用しない
- 装飾過多のものは避ける
- 大きさで主体を圧倒しない

庭の主となる景色を引き立てるためのものは種類をとわず添景物といってもよく、狭い庭ではその添景物を主としてまとめることも多い

水まわりの添景物
つくばい、筧《かけい》、井筒、ししおどし、水琴窟、沢とび、橋、噴水など

その他の添景物
照明、庭園灯、アーチ、門扉、フラワースタンド

竹、木材を利用した添景物
竹垣根、枝折戸、藤棚、トレリス、パーゴラなど

石材を利用した添景物
灯籠、手水鉢《ちょうずばち》、石造物、景石、飛び石、敷き砂利、敷石（延段）、テラス

竹垣根の種類

透し垣　庭の仕切りに用いる
四ツ目垣、金閣寺垣、光悦寺垣、矢来垣

遮蔽垣　目隠しや背景に用いる
竹穂垣、建仁寺垣、桂垣、御《み》簾垣《すがき》、鉄砲垣

建仁寺垣

灯籠の種類

生け込み形、置き形、脚つき形、織部形、水蛍形、松琴亭形～岬形、玉手形～雲見型～春日形、柚《ゆ》の木形、西の星形

春日灯籠

織部灯籠

手水鉢の種類

自然石、加工創作、見立てものに大別される

自然石手水鉢

菊鉢形の手水鉢

富士形～銭形、布泉形、菊鉢形～四方仏形、笠形、基礎形など

敷き砂利の種類

庭を汚れにくくするためにこの本でも多用している

- 錆砂利
- 白川砂利
- 伊勢砂利
- 大磯砂利
- 淡路砂利
- 五色砂利

那智黒砂利

芝生の張り方・花壇のつくり方

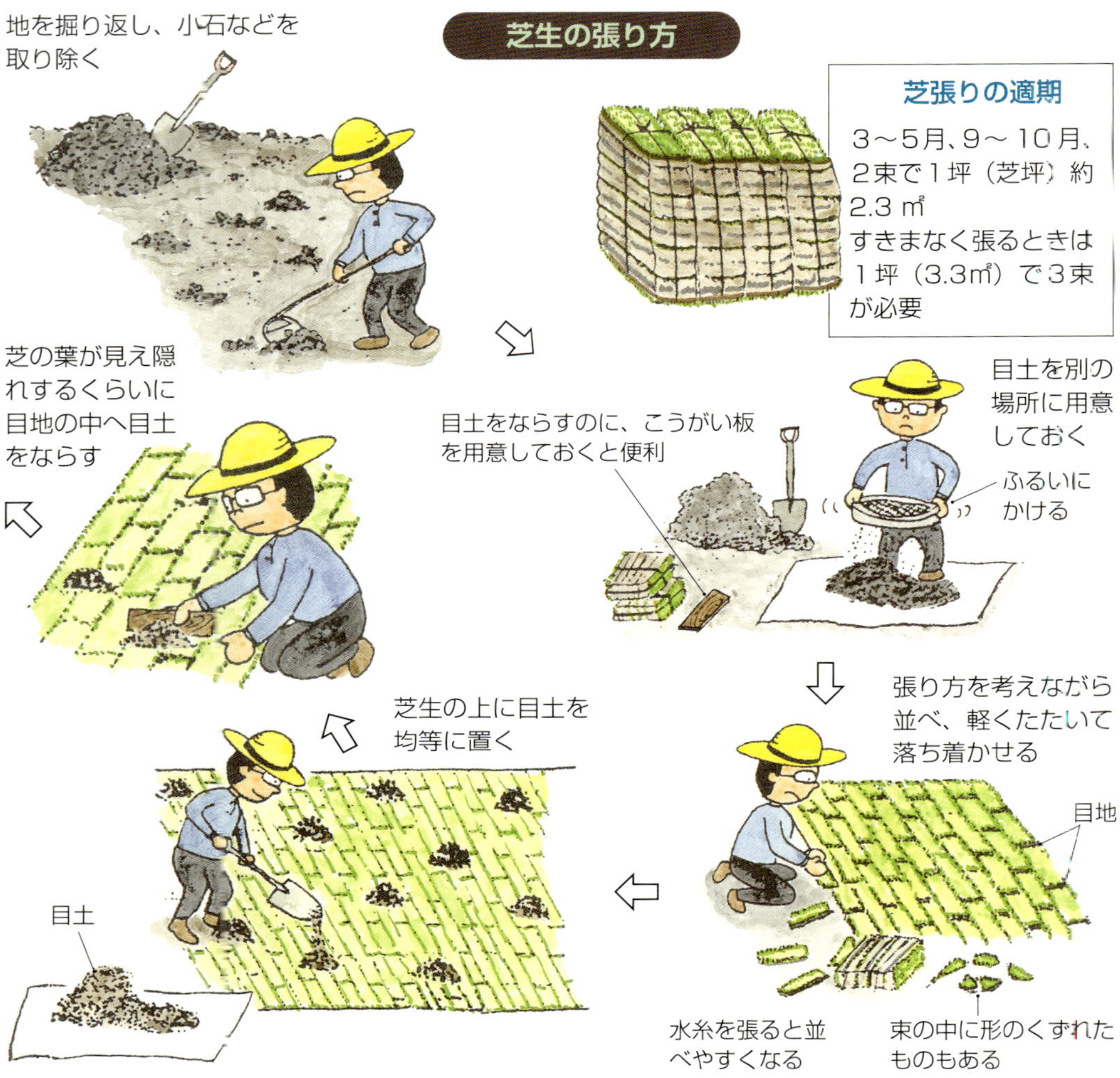
芝生の張り方
地を掘り返し、小石などを取り除く
芝張りの適期
3～5月、9～10月、2束で1坪（芝坪）約2.3㎡
すきまなく張るときは1坪（3.3㎡）で3束が必要
目土を別の場所に用意しておく
ふるいにかける
目土をならすのに、こうがい板を用意しておくと便利
張り方を考えながら並べ、軽くたたいて落ち着かせる
目地
水糸を張ると並べやすくなる
束の中に形のくずれたものもある
芝生の上に目土を均等に置く
目土
芝の葉が見え隠れするくらいに目地の中へ目土をならす

日当たりをよくし、雑草を防ぐ

芝は眺めるだけでなく、砂ぼこりや霜どけの防止、土留めなど実用的にも価値の高いグランドカバーです。しかし、日照を好み、日当たりが悪いと育ちません。また、手入れをおこたると庭の雰囲気をこわす原因になります。

芝生の張り方

日当たりのよい、1日最低4～5時間の日照のある場所を選ぶことが第一です。種類は西洋芝と日本芝に大別されますが、一般には日本芝のなかのコウライシバが用いられています。

植え付け作業の手順は図の通りですが、蒸れて黄変したものは避け、できるだけ多めに購入し、ベタ張りにして雑草の発生を防ぎ、かん水後根づくまで上にのらないようにします。管理面で大切なことは、芝刈りをまめに行ない、雑草は見つけしだい抜くことです。また、鉢などを長く芝生の上に置いておくと、芝が枯れてしまうので注意してください。

張り方の種類

目地張り

目地幅を2～3㎝くらいに並べる

ベタ張り

芝生をすきまなく並べる

市松張り

芝生を市松模様に並べる

スジ張り

芝生に間隔をあけ、横一直線に並べる

除草、病害虫防除

雑草の発芽前に除草剤を少量用いる

５～１０月に発生するヨトウムシやシバツトガを駆除する

赤さび病が発生したら薬剤を散布する

目土が芝生となじむように、よくかん水する

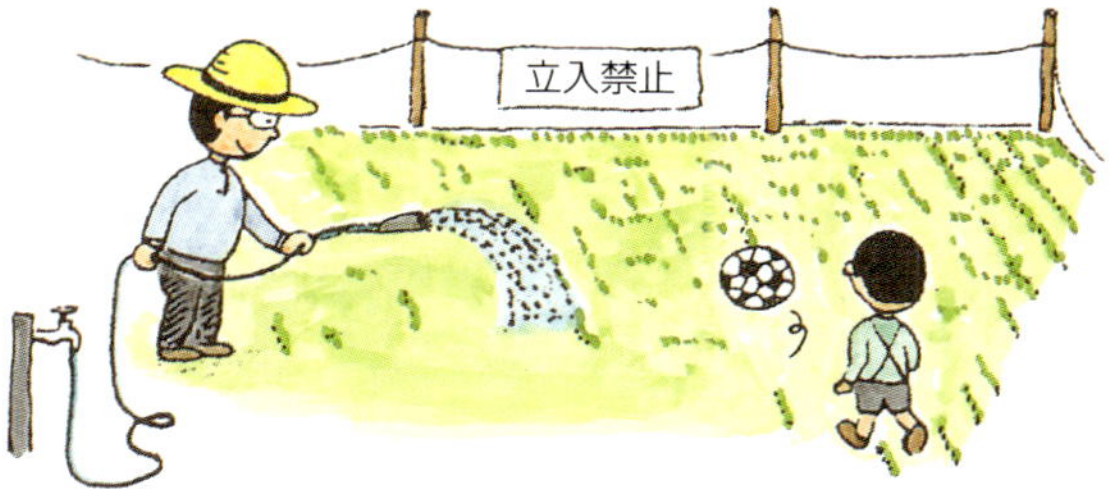

※かん水した後は、芝生が根づくまで上にのらないように気をつける（１カ月間）

芝生の刈り込み

芝刈りは年間に最低４～５回は必要

施肥

春から秋にかけて３～４回、粒状の肥料を均一にまく

花壇のつくり方

実際につくる

区画内の土を掘り起こす

20 ～ 30㎝の深さで小石や雑草も取り除く

※「土は大丈夫ですか」を参照（40ページ）

縁どりをつくる

きちんとつくりたいときは水糸を張る

土と肥料を混ぜ、移植ゴテで草花を植え込み、花にかからないようにたっぷりかん水する

計画を立てる

日当たり、水はけがよく、よく見えるところにつくる

日当たりがよくない場合は立体的にまとめる

スタンド仕立て

立面花壇

形やデザインを決める

円形、角形、リボン、境栽（塀・壁ぞい）など、縁どりで花壇としての区画をする

球根や宿根草を中心に配色やデザインを単純にまとめる

区画せずに庭木の根元や壁面に添える

縁どり材料

焼丸太、コンクリート製の擬木

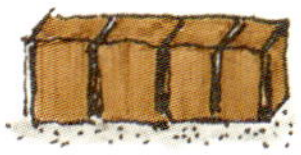

レンガ、ブロック、玉石

垣根のつくり方

四ツ目垣と生垣のつくり方

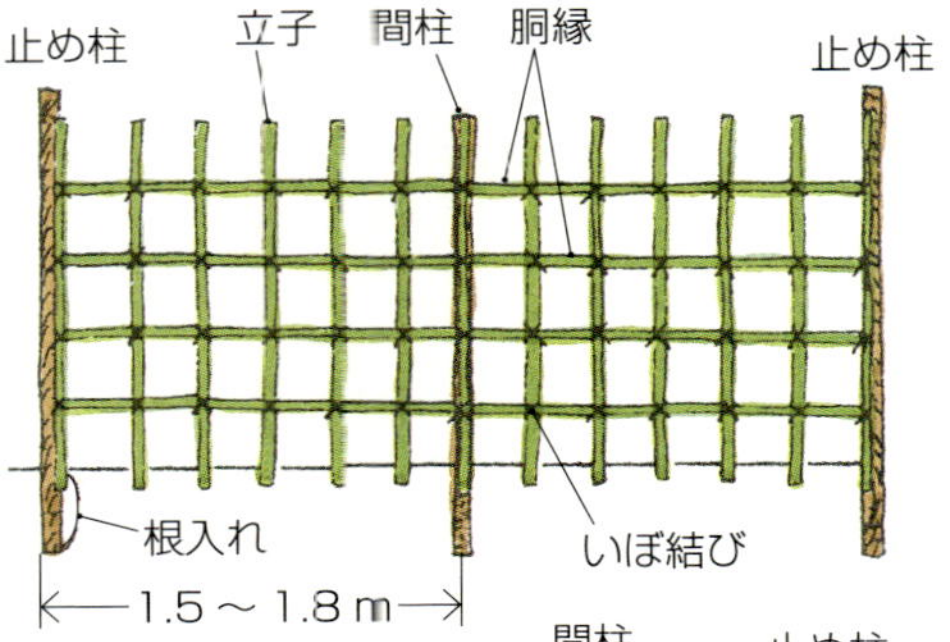
止め柱
立子
間柱
胴縁
止め柱
根入れ
いぼ結び
1.5～1.8m

材料は3～4㎝Φの真竹と丸太材、シュロナワ、クギなど

地面の凸凹がないよう、平らにし、止め柱と間柱を垂直に立てる
胴縁の位置を柱にしるし、釘で打ちつける

柱のまわりをよく突く

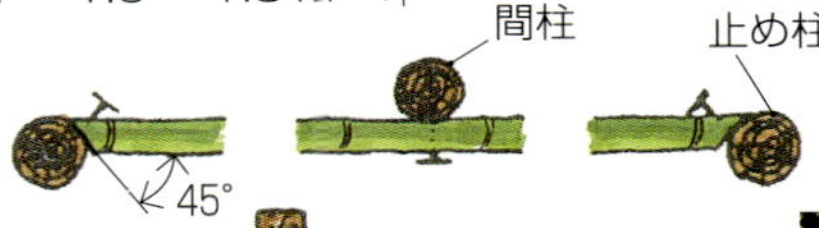
間柱
止め柱
45°

90～120㎝
40㎝くらい

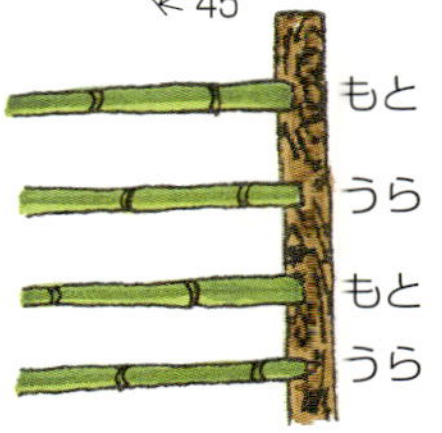
もと
うら
もと
うら

胴縁は竹の根元と竹のうら先を交互にする（4段）

胴縁は正面から見て水平に打ちつける

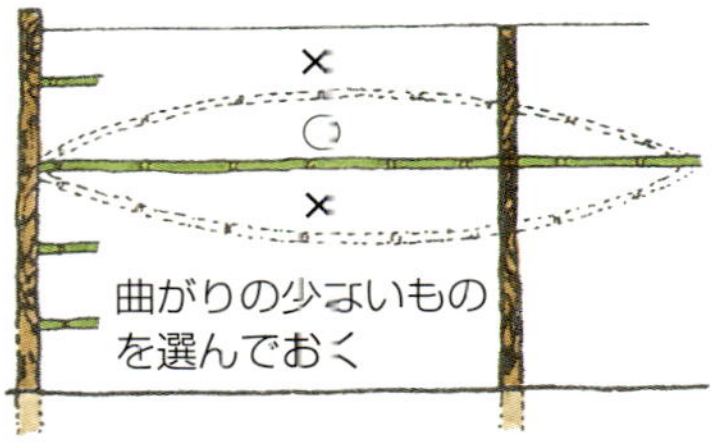
×
○
×
曲がりの少ないものを選んでおく

立子を打ち込む
1.8mあたり6～8本

5
6
7
1
3
4
2

1～7の順に打ち込む

立子を割らないように気をつける

狭い庭の生垣

生垣の厚みをできるだけおさえたいので、強く刈り込んでも萌芽しやすい樹種を選びます

ウバメガシ
サザンカ
シラカシ
ツバキ
ドウダンツツジ
ハクチョウゲ
ヒノキなど

ヒノキの生垣

四ツ目垣をつくる

区切り、背景となる竹垣は庭づくりで欠かせません。なかでも、庭の区切りと装飾を兼ねた四ツ目垣は、竹を割らずにそのまま使うため、素人でも容易にできます。

また、生垣の苗木が大きくなるまでの竹垣として、ゆれ止めの支柱がわりになります。

裏十文字綾結びからいぼ結びへ

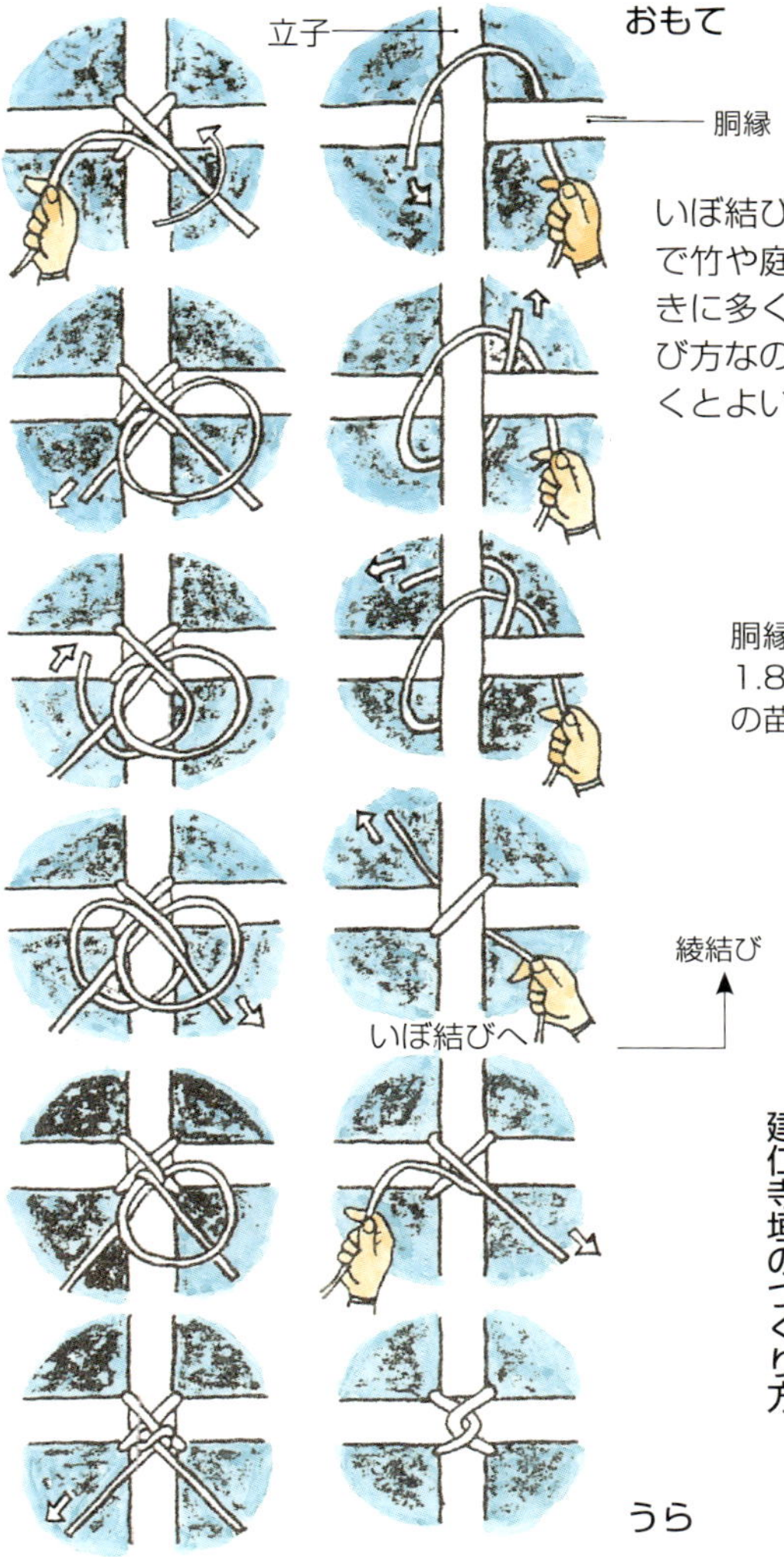

いぼ結びは、庭つくりで竹や庭木をゆわくときに多く用いられる結び方なのでおぼえておくとよい

⇩ 立子と胴縁の交差している点を結ぶ（いぼ結び）

胴縁に苗木をゆわく
1.8ｍあたり５～６本の苗木を植える

四ツ目垣を利用して生垣をつくるには、立子の間に苗木を植える

その他の竹垣根

丸竹を材料にしたもの
四ツ目垣、鉄砲垣、御簾垣など
割り竹を材料にしたもの
建仁寺垣、光悦寺垣、龍安寺垣など

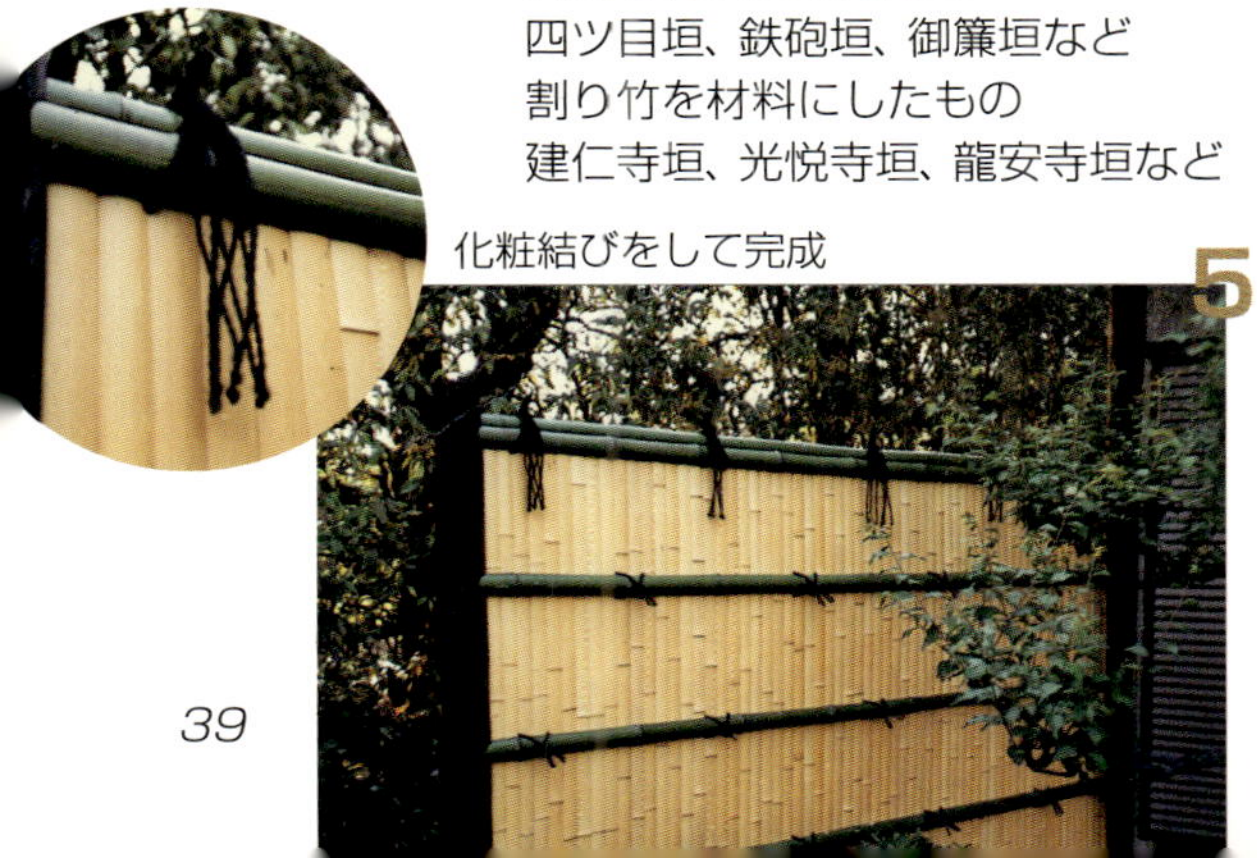

化粧結びをして完成

建仁寺垣のつくり方

▼割り竹を張る

▼押し縁と玉縁をつける

土は大丈夫ですか

各庭の土つくり
花壇の土つくり
花壇などの限られた場所の土は土質が劣化しやすいので、天地返しや有機質改良剤を加える
天地返し
上と下の土をひっくり返す
花壇内に肥料（カリ）を多く施すと酸性土壌になりやすい
きれいな花や庭木を楽しむために、それぞれの場所での土つくりを考える
ロックガーデンの土つくり
通気性、水はけのよい桐生砂、軽石、富士砂などの砂質の用土に山野草を植える
芝庭の土つくり
芝生
10cm
粘土質で硬化している土の場合は10cm以上の厚さに砂土を盛る
庭木の大きさによる盛り土の量
土の沈下を考えて1割くらい多く土を盛る

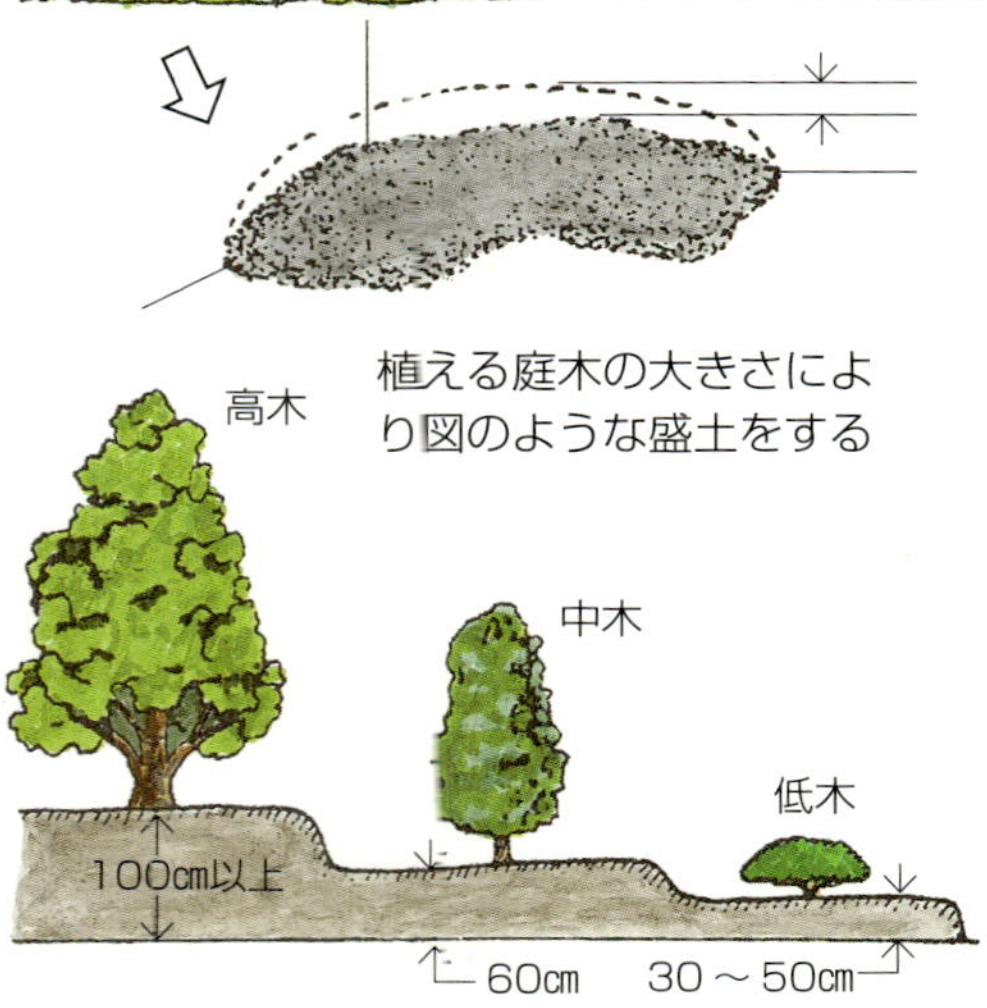
植える庭木の大きさにより図のような盛土をする
高木
中木
低木
100cm以上
60cm
30～50cm

庭に適した土つくり

生育をよくするには、水はけ、通気性、水もちがよく、よく肥えていることが必要です。砂質の土だと、通気性は割合よいのですが、肥えていません。粘質の土は水もちもよく、肥えていますが、水はけ、通気性がよくありません。庭の土を見て性質の異なる土を補うことが大切です。

よい土の条件

・水はけがよい
・通気性がよい
・水もちがよい
・よく肥えている
・粘土の割合が 15 ～ 50%
　の植え土が適当です

屋上の庭の土つくり
軽量で水もちのよい
パーライトやバーミ
キュライトを加える
壁面の石灰分がかん
水により溶け込み、
土質がアルカリ性に
なりやすい

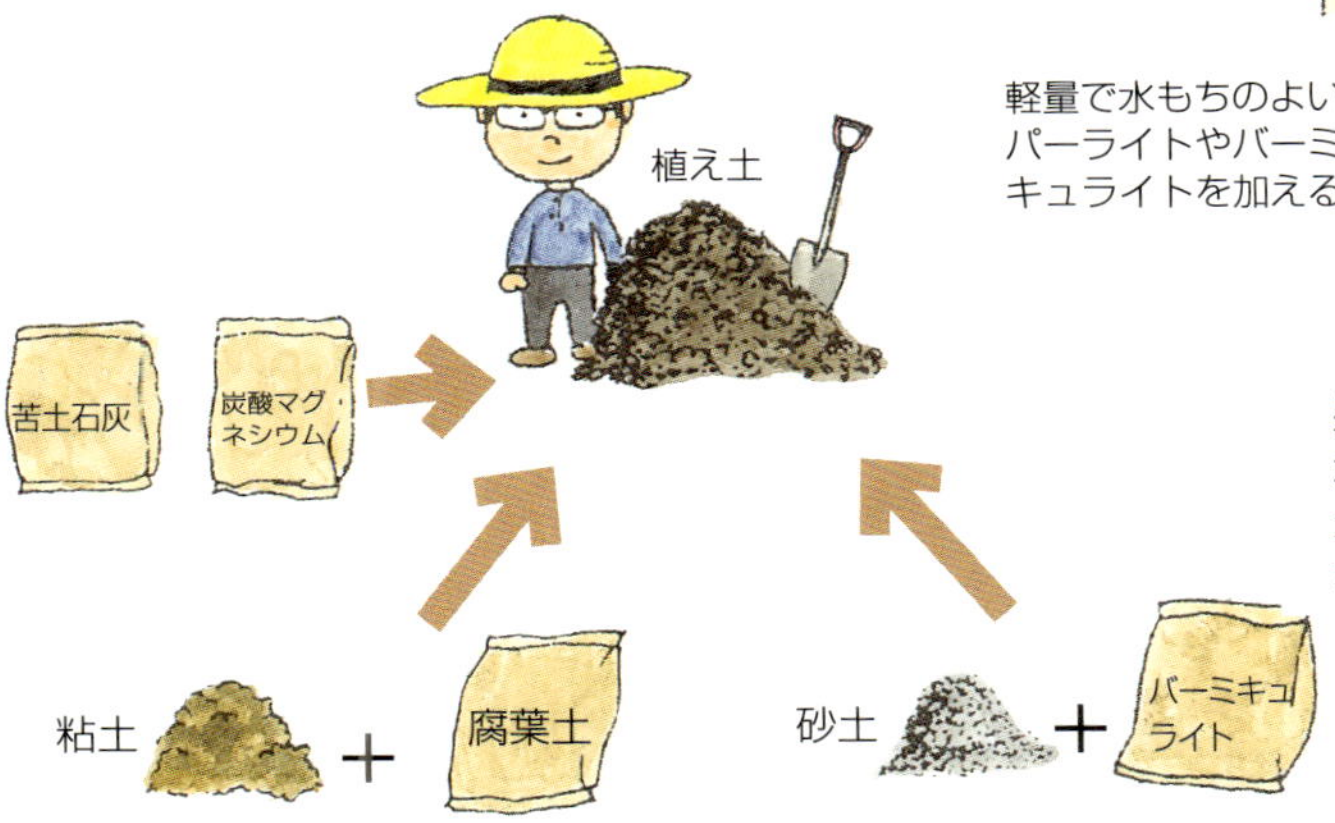

植え土
苦土石灰
炭酸マグネシウム
粘土
＋
腐葉土
砂土
＋
バーミキュライト

専門的な土質の改良法

植え土が pH6.5 以下の酸性土壌の場合には、苦土石灰や炭酸マグネシウムを加える

植え土が粘土質の場合は、バーミキュライトやパーライトと2～3割の砂土を加える

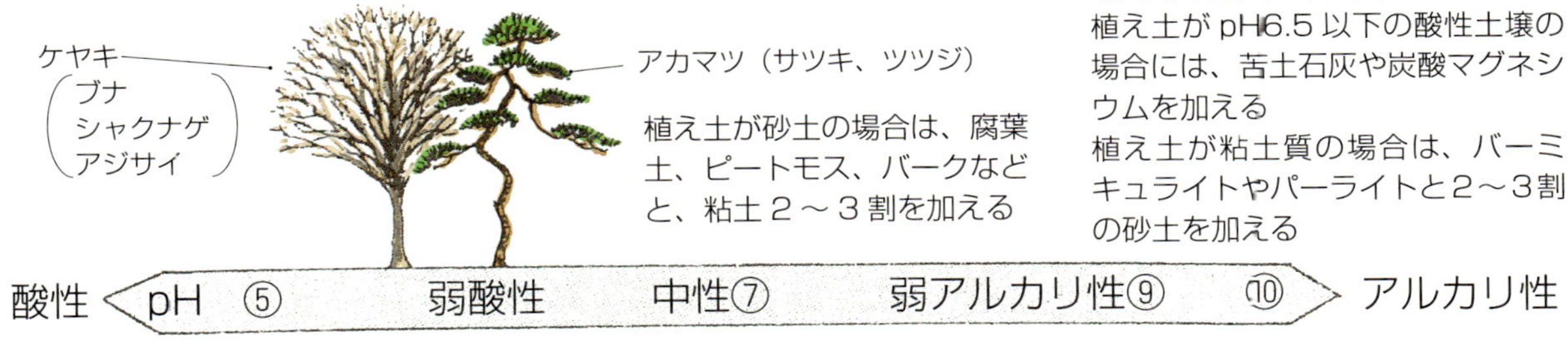

ケヤキ
（ブナ
シャクナゲ
アジサイ）
アカマツ（サツキ、ツツジ）
植え土が砂土の場合は、腐葉土、ピートモス、バークなどと、粘土２～３割を加える
酸性
pH ⑤
弱酸性
中性⑦
弱アルカリ性⑨
⑩
アルカリ性

造成地などで土が悪いときは、根の張る深さに合わせて堆肥や腐葉土、よい土を入れて土つくりする必要があります。

●花壇

1年に何回も作付するので酸性になりやすいため、苦土石灰とともに腐葉土やピートモスやバーク堆肥などを加えることが大切です。黒土（畑土）は有機質を多く含み、乾燥しにくいので草花にはもってこいです。赤玉土は畑土の下層にある粘土質の赤土で、鹿沼土は排水性、保水性に富んだ淡黄色の山土です。どちらも草花栽培に適しています。

●庭木を植える庭

土を掘り返して廃棄物が出てくるような場所では客土（土の入れ替え）が必要です。ツルハシが通らず、かたくしまった場所や給排水管のある場所では、盛土をします。

植え付ける1カ月以上前に盛土や客土をし、有機質や土壌改良剤を加えて土になじませておいてから植え付けます。

●芝生

あまり酸性の強くない砂質の土を盛土します。ロックガーデンには、水はけのよい山砂を中心に敷きます。

●屋上やベランダ

軽いバーミキュライトを多く使うことがコツです。

あると便利、こんな用具、こんな材料

スコップ、はさみ類、ほうき、レーキ、くわなどは、庭つくりをする道具の必需品です

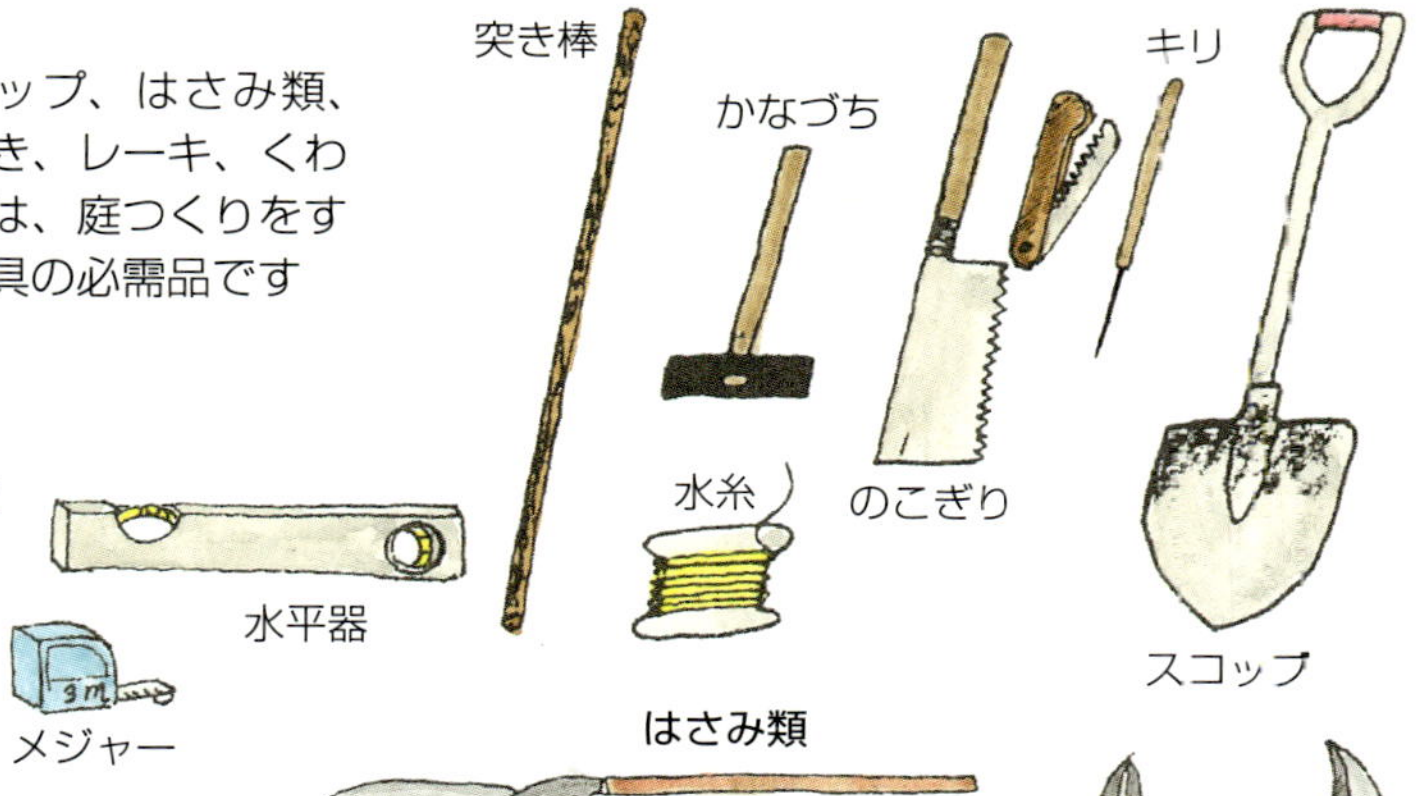

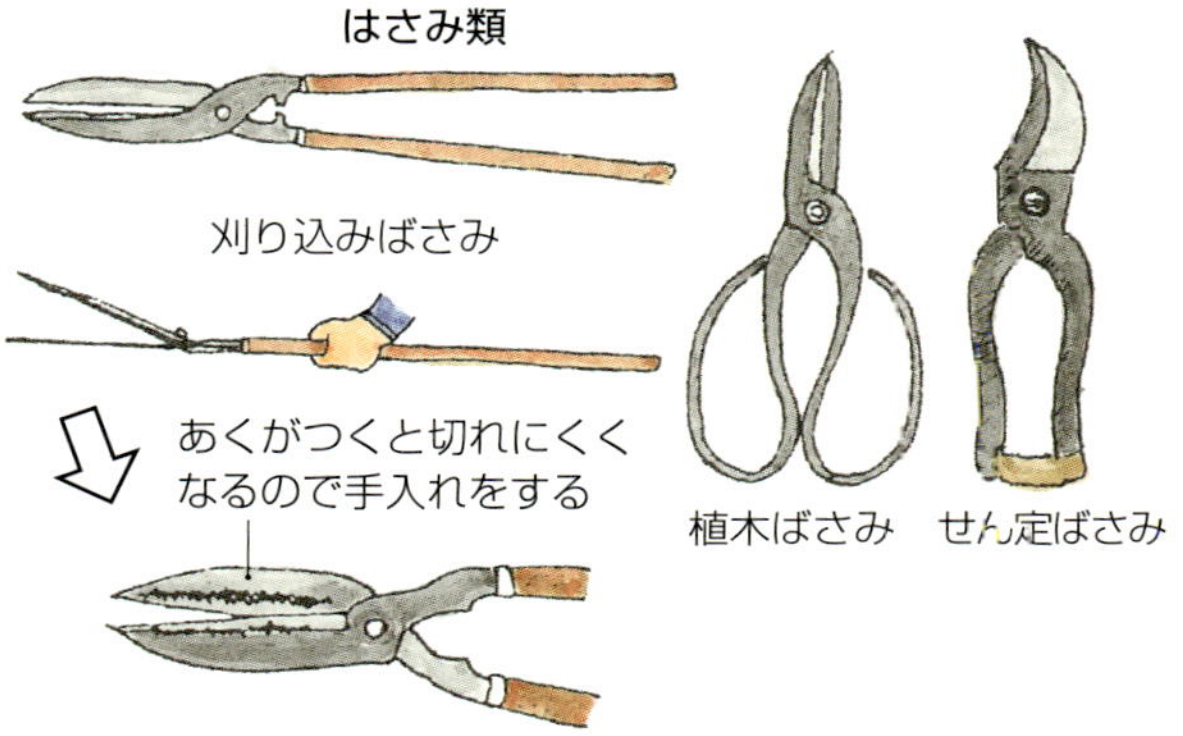

麻布テープ

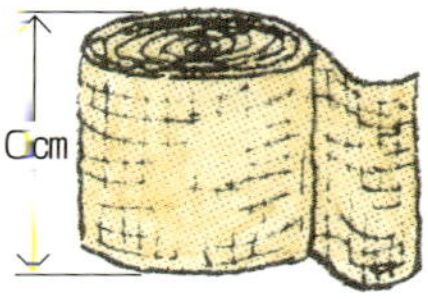

移植した庭木の幹に巻き、乾風や直射日光を防ぐ（10 cm幅のものが巻きやすい）

空練りのモルタル

セメントと砂が水を使わずに混ぜてあるので、必要なだけ水を加えてコンクリート打ちの作業に使用できる
（ジャリコン、ホームコンとして市販されている）

用具のアイディア

水平器がなくても家庭にある材料で水平、垂直を確かめられる

垂直の確認

水糸におもりをつけ、ぶら下げて垂直を出す

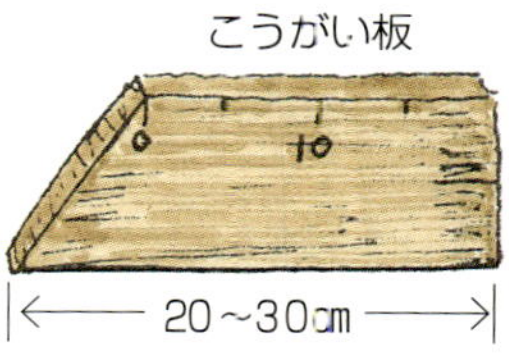

水平の確認

間隔の広い場所で水平を出すには、水道のホースに水を満たし、（空気を抜く）水面の位置を杭にしるす

板の中央にパチンコ玉を置くと傾いている方向に玉がころがりだす

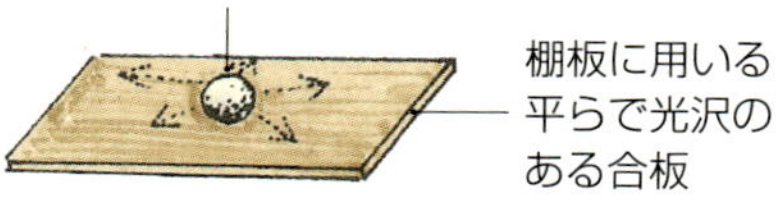

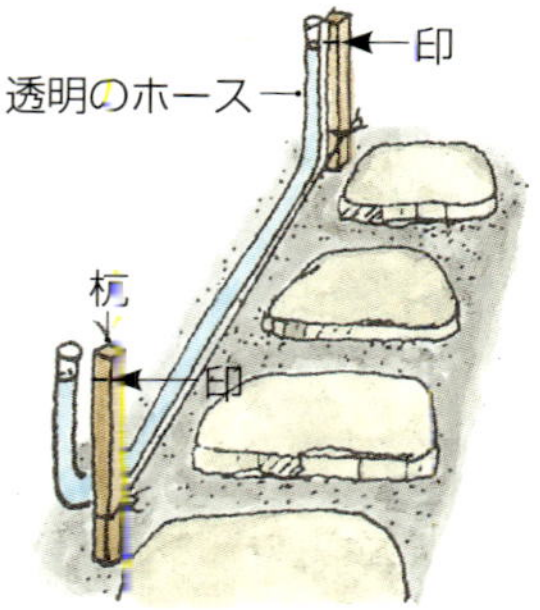

灯籠の各部を水平に据えるときにのせて確かめる

土を平らにならす。飛び石の下へ土を突き込む。簡単なものさしのかわりなど、利用価値のある板をつくっておく

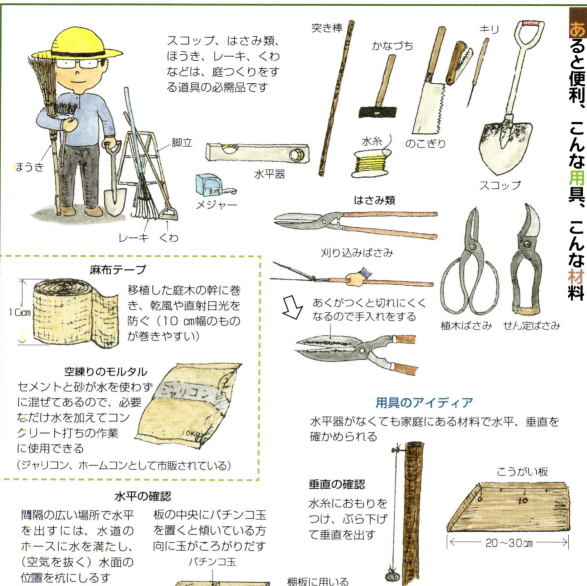

第2章

ミニ庭園つくり 41例

四季を楽しむ玄関の前庭

1 木を楽しむ

難易度☆☆　日照●～◐

作業適期

下草の手にはいりやすい２～３月に作業

玄関の明るさを考えて落葉樹を中心にまとめる

玄関先の１㎡を利用する

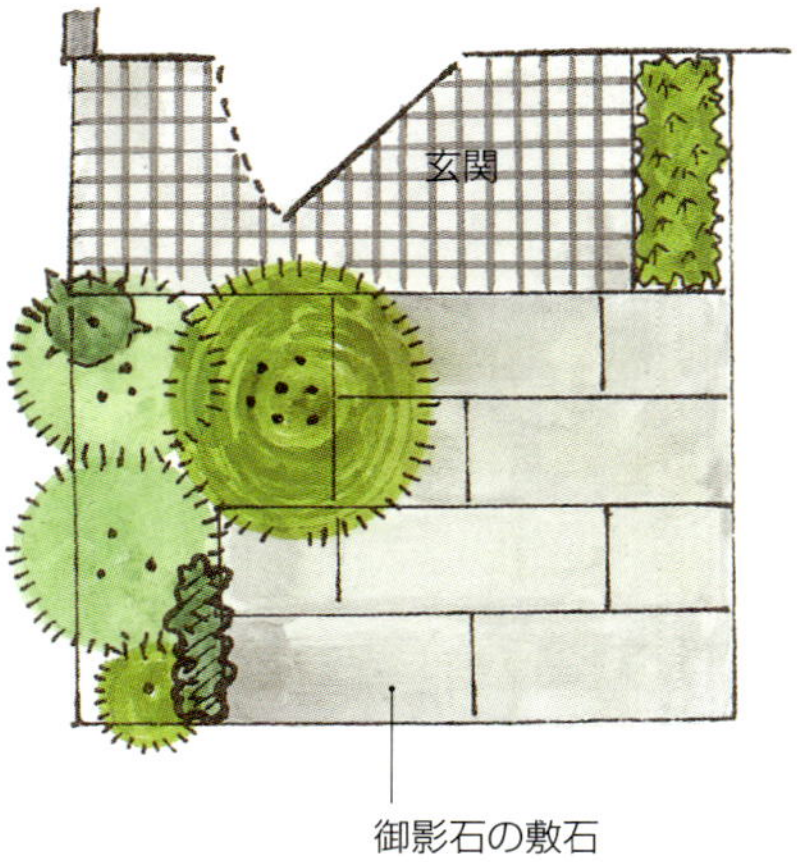

門から玄関までのアプローチの１㎡前後の部分（踏み込み）に、細幹の落葉樹のハウチワカエデやシャラの株立ちを植え、その根元にミヤコワスレ、スイセン、フクジュソウなどの草花を配植すると、幹ごしに見る奥行きの深さと季節の折目を玄関脇で感じることができます。

また、株元にタマリュウなどの地被植物を植えれば玄関が汚れにくくなります。

玄関脇の１㎡の地割りで四季を奏でる

玄関脇の庭をＬ字形に配置（地割り）し、細幹の落葉樹の枝を差しかけると玄関があからさまに見通されなくなり、アプローチに奥ゆかしい趣が生まれます。

下草には、あまり背の高くならない山野草を選んで（花や実のつく時季が重ならないように！）四季の変化を楽しみましょう。

春　雑木の新緑とミヤコワスレの花
夏　シャラノキとオオヤマレンゲの花
秋　雑木とヒイラギナンテンの紅葉
冬　スイセンとフクジュソウの花

シャラノキ（別名ナツツバキ。ツバキ科・落葉高木）　６～７月に白い花（一日花）が咲き樹皮もなめらかで美しい。

オオヤマレンゲ（モクレン科の落葉低木）　５～６月に白い芳香花を開く。

ハウチワカエデ（カエデ科の落葉高木）　葉形と秋の紅葉が美しい。

材　料

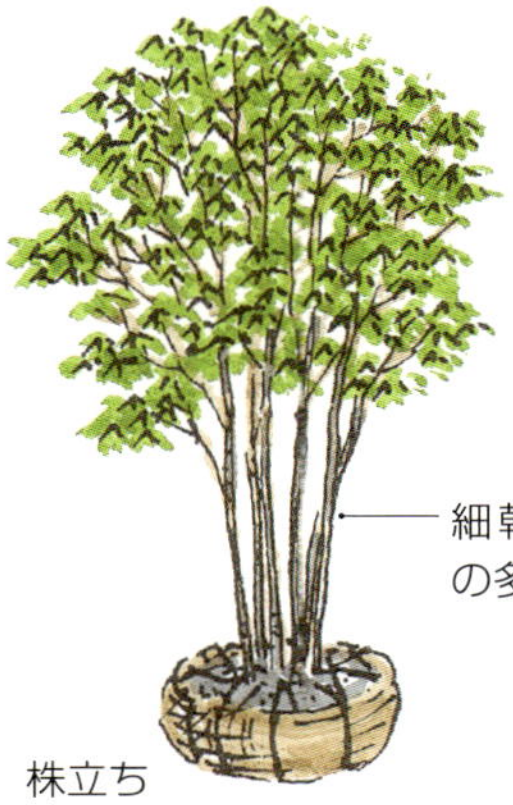
ハウチワカエデ
細幹で本数
の多いもの
株立ち
樹高 2 ～ 2.5 ｍ

シャラノキ
株立ち
樹高 2.5 ～ 3 ｍ

オオヤマレンゲ
樹高 1.5 ～ 2 ｍ

ヒイラギナンテン

下草類

フクジュソウ

タマリュウ（地被）

ミヤコワスレ
スイセン

L字形の地割り

（1.2 × 1 ｍ＝約 1㎡）

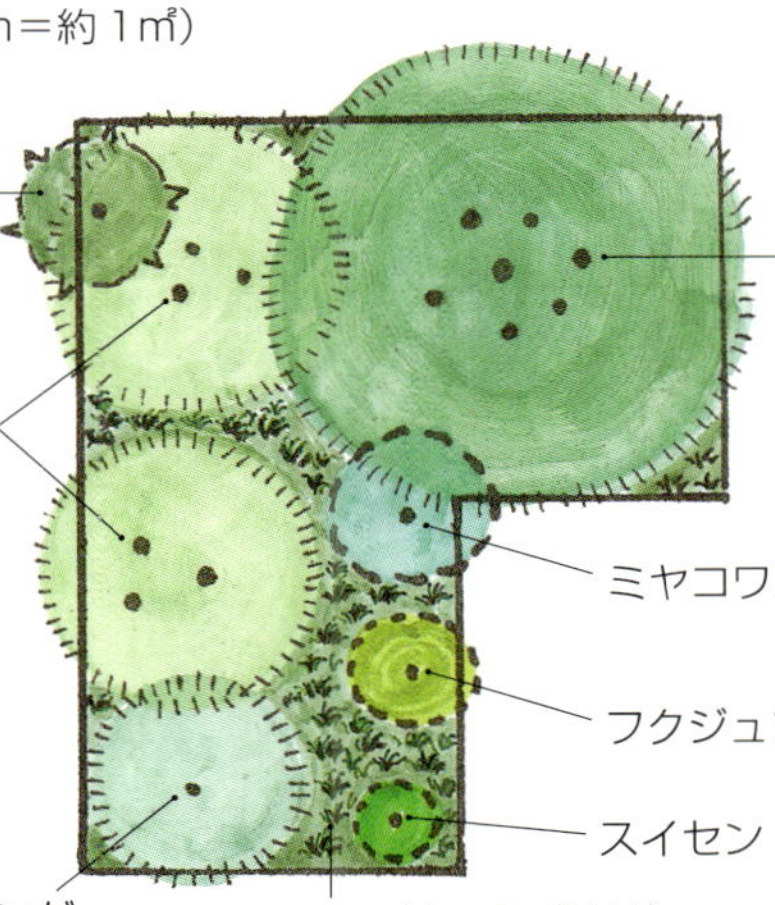
ヒイラギ
ナンテン
ハウチワ
カエデ
シャラノキ
ミヤコワスレ
フクジュソウ
スイセン
オオヤマレンゲ
タマリュウ（地被）

作業手順

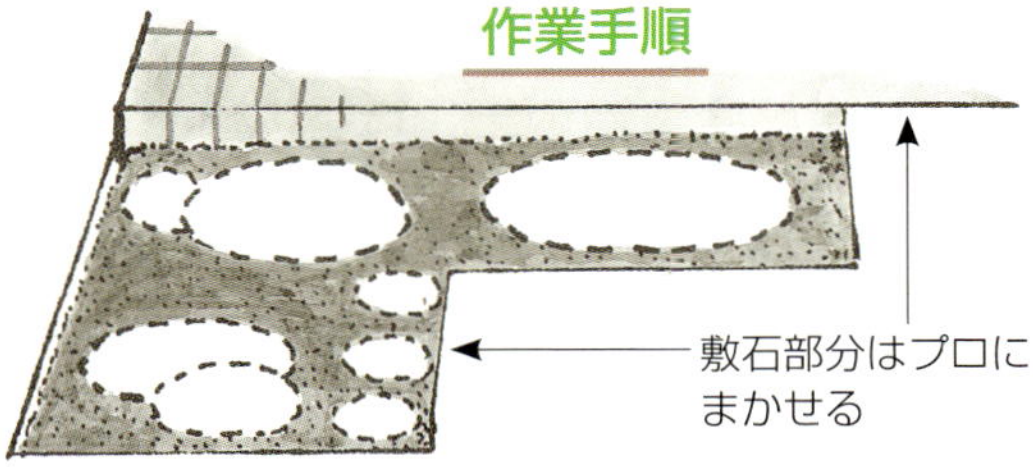
敷石部分はプロに
まかせる

1　大きいものから順々に植える

2　タマリュウは根分けして
庭木の株元まで植える

通路として
の機能をさま
たげないような
位置に植える

ここがポイント

落葉樹⇒下草⇒地被の順に

シャラノキやハウチワカエデの庭木は、株立ちで樹高のわりに根鉢が小さいものを選ぶ。

下草（山野草）は、丈夫で手にはいりやすい種類を組み合わせて配植する。

地被のリュウノヒゲ（タマリュウ）は、落葉樹の根元近くまで、できるだけ細かく植え付ける

窓ごしに観る落葉樹

1 木を楽しむ

難易度☆　日照

出窓や肘かけ窓の半障子部分を利用して、外に植えた落葉樹の幹や枝と室内の鉢植えなどを組み合わせて観賞します。

隣家や境界の塀と窓との間にヤマモミジなどの株立ちを植えると、窓ごしの簡素な風景が楽しめます。

窓枠の利用

窓枠を絵画の額縁に見立てて、窓ごしの落葉樹を眺める

作業適期

落葉樹の移植適期

2～3月、9～10月に作業

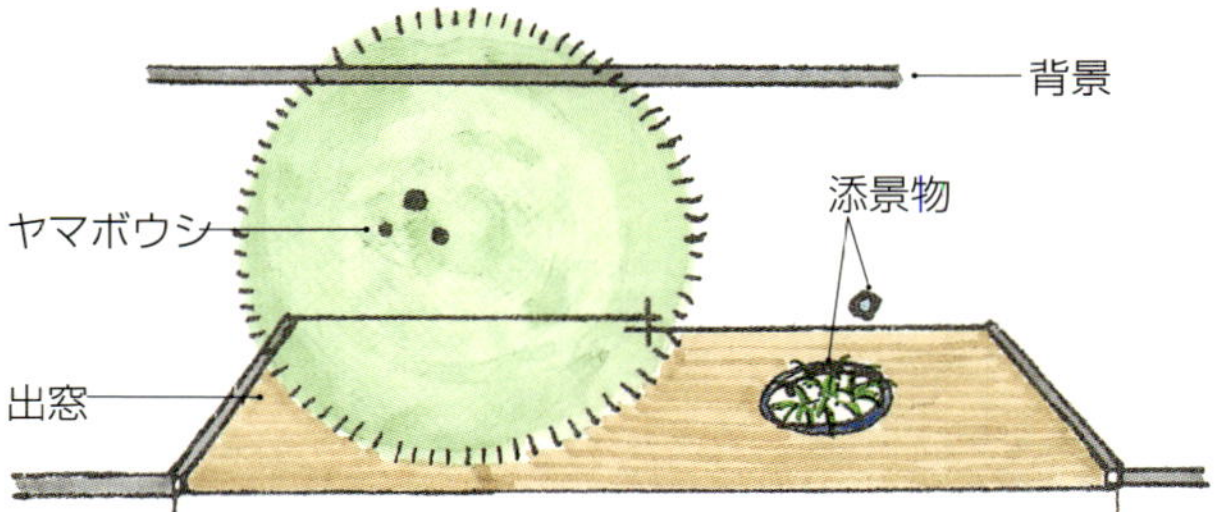

幹と何本かの下枝が見える程度でよい
室外の庭木との対比を考える（鉢、置物）

窓枠をキャンバスに見立てて

庭として眺める空間が、窓枠の内側に限られ地面が見えないので、植え込む庭木は、根張りや立ち上がりが悪くてもかまいません。窓の高さ部分に、広がりを感じさせる枝や幹肌をもつものを選びます。

ヤマボウシ（別名ヤマグワ、ミズキ科・落葉小高木）　6～7月に花弁のように見える4個の白い総苞片を開き、果実は10月ごろに赤く熟し食べられます。移植は容易で、半日陰の湿性地を好みます。

景色を引き立てる添景物（内装）

ヤマボウシの四季の変化に合わせて、出窓に鉢植え、すだれ、花器、置物などの添景物を置いたりカーテンを変えるなど窓枠内の演出も楽しめます。しかし、装飾過多にならないように注意します。

材　料

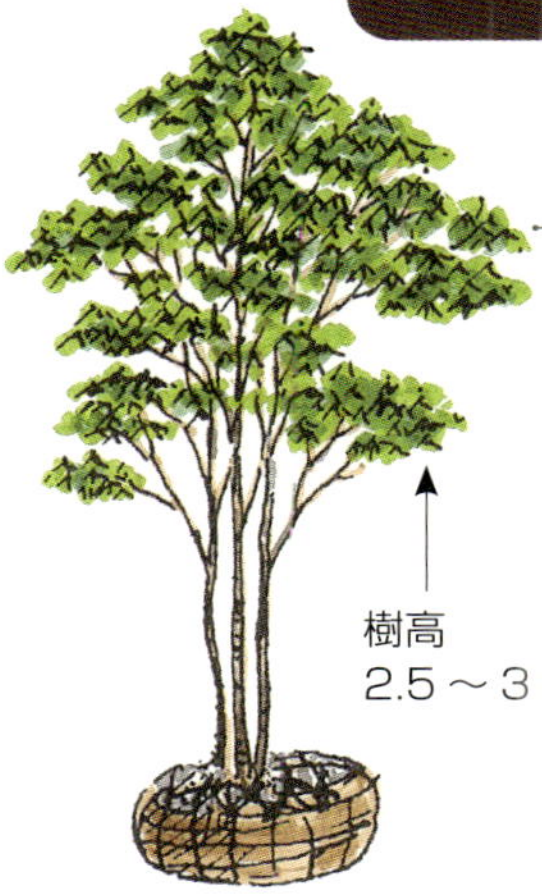

作業手順

1 窓の中心からずらした位置に植える

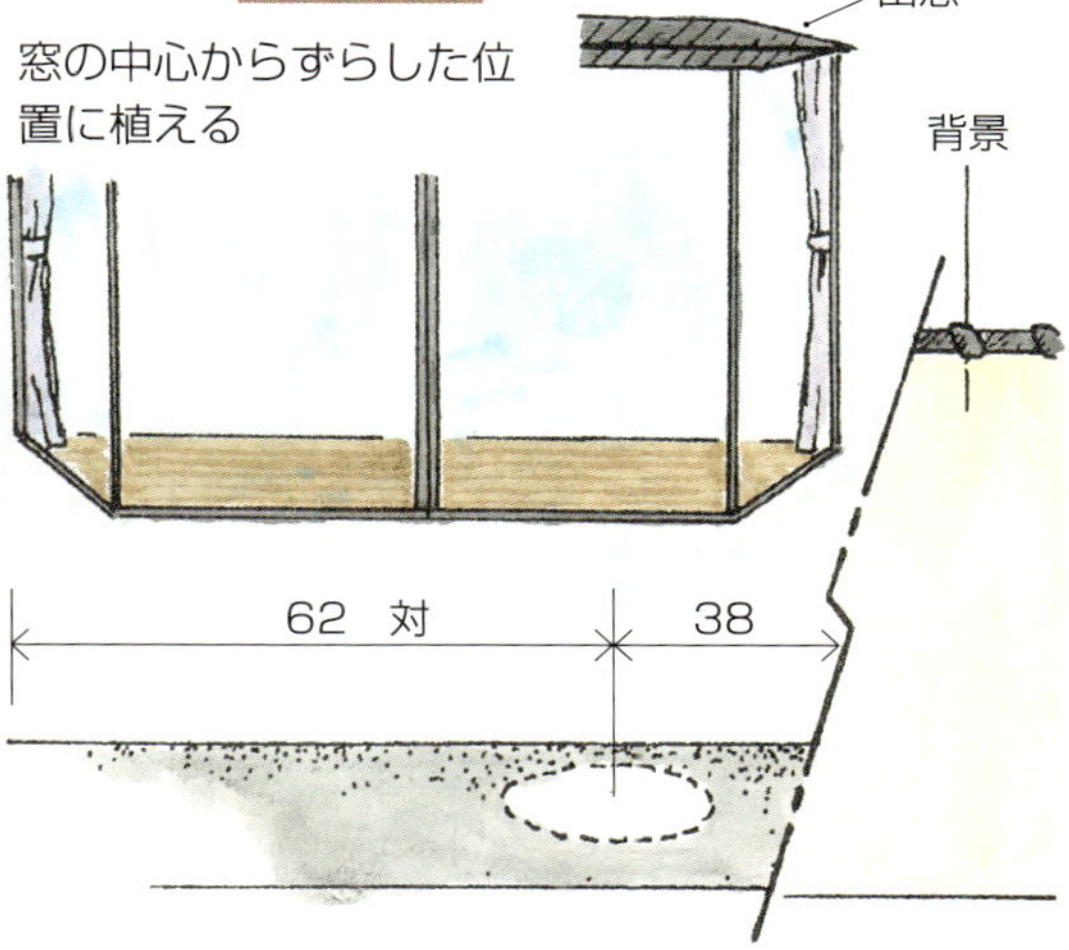

窓枠の幅を 100 としたときにもっとも安定して見える位置（38：62）にヤマボウシを植える
（30 ページの「庭木配植のテクニック」参照）

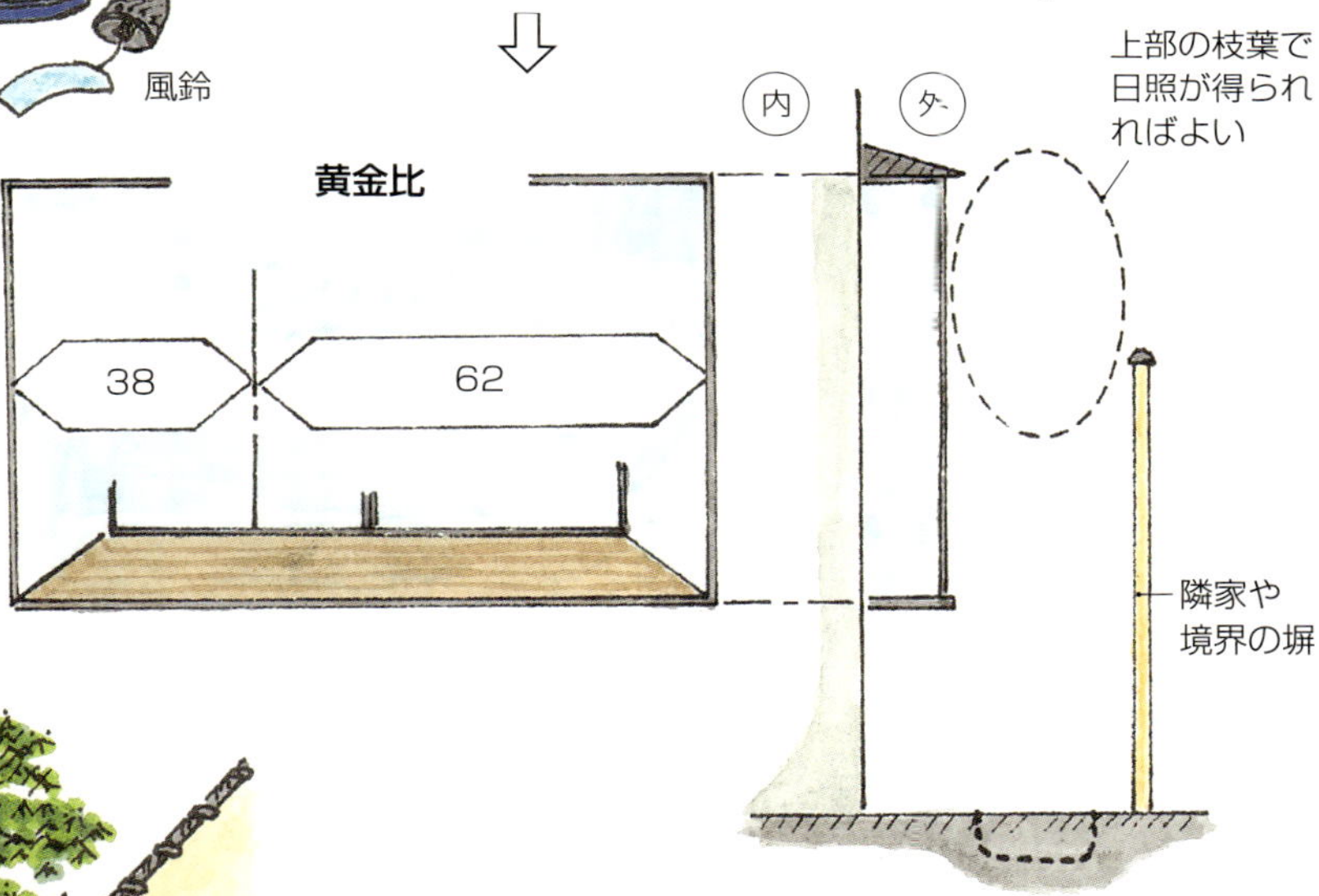

2 四季折々の添景物を飾る

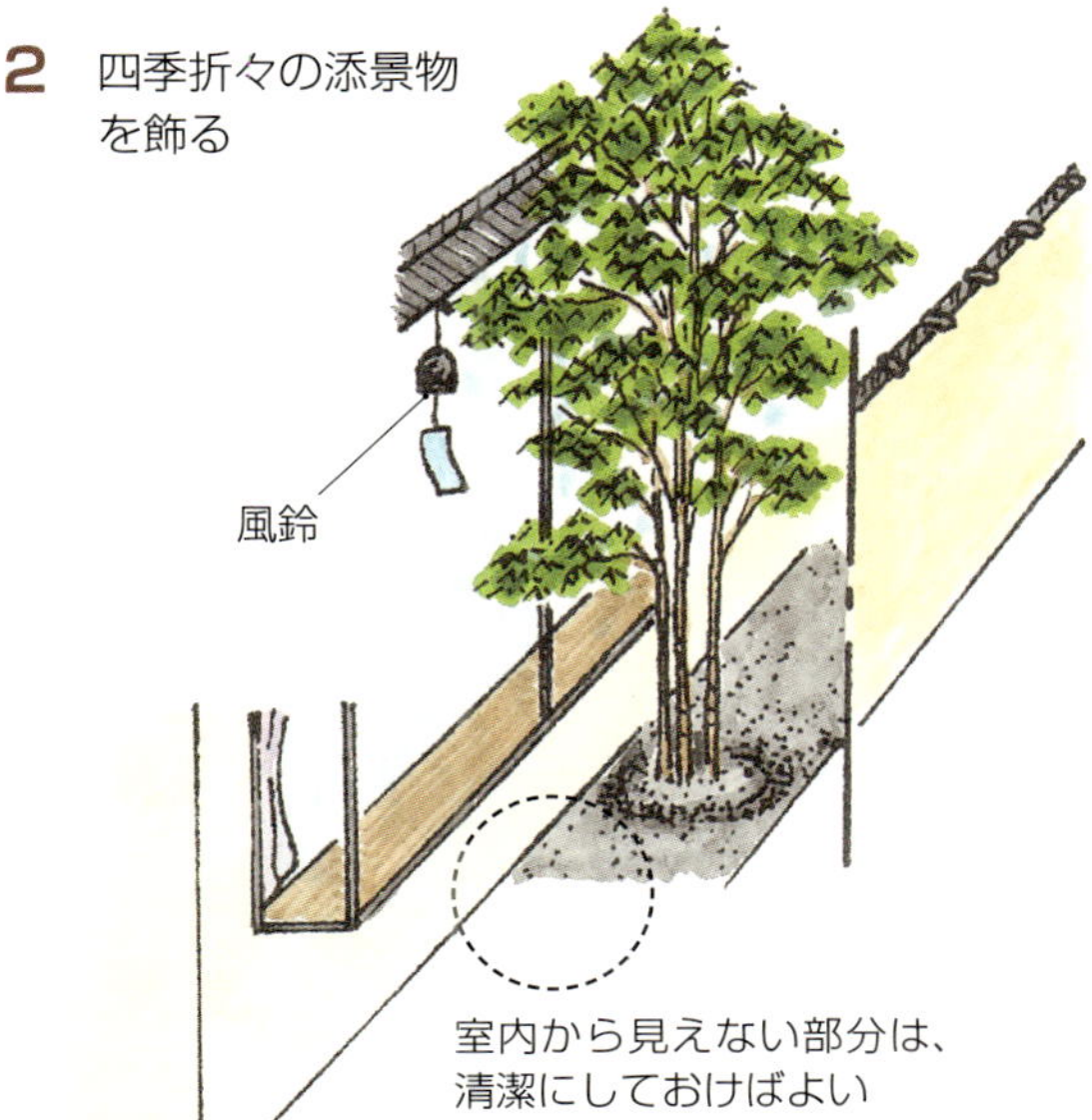

ここがポイント

冬期の日照を考えて落葉樹を

冬期に、室内への日当たりが悪くならないように落葉樹を選ぶ。また、側庭などの通路に接した場所なので、生長の早い樹種（ヤナギ、コブシ、カツラ、サクラ、センダン、トウカエデ、アオギリなど）は避ける。

左右にずらして植える

外に植える庭木を主、室内の鉢植えなどを従として、窓枠内の景色が安定して見えるように外の落葉樹を窓の中心から左右にずらして植える。

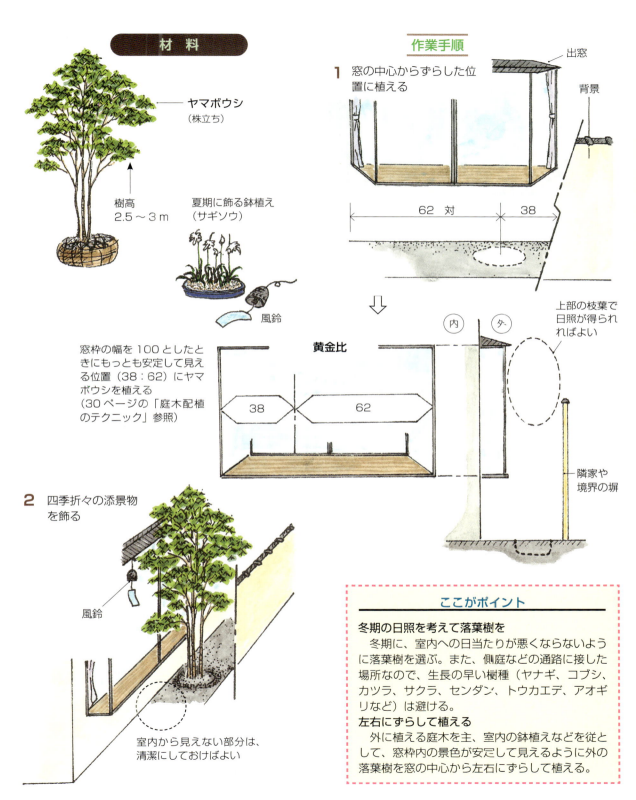

掃き出し窓ごしに観る低花木

1 木を楽しむ

難易度☆　日照◐〜●

床の間の掃き出し窓に接した小さな裏庭に、いくつかの下草と庭石を配置して観賞します。
　いつも眺めて楽しむ庭ではありませんが、どんなに狭くても障子の向こうに庭が見えると部屋の空間が広がり、和室に静寂な趣がかもしだされます。

床の間の窓枠を利用

作業適期　下草類の手にはいりやすい3〜4月に作業

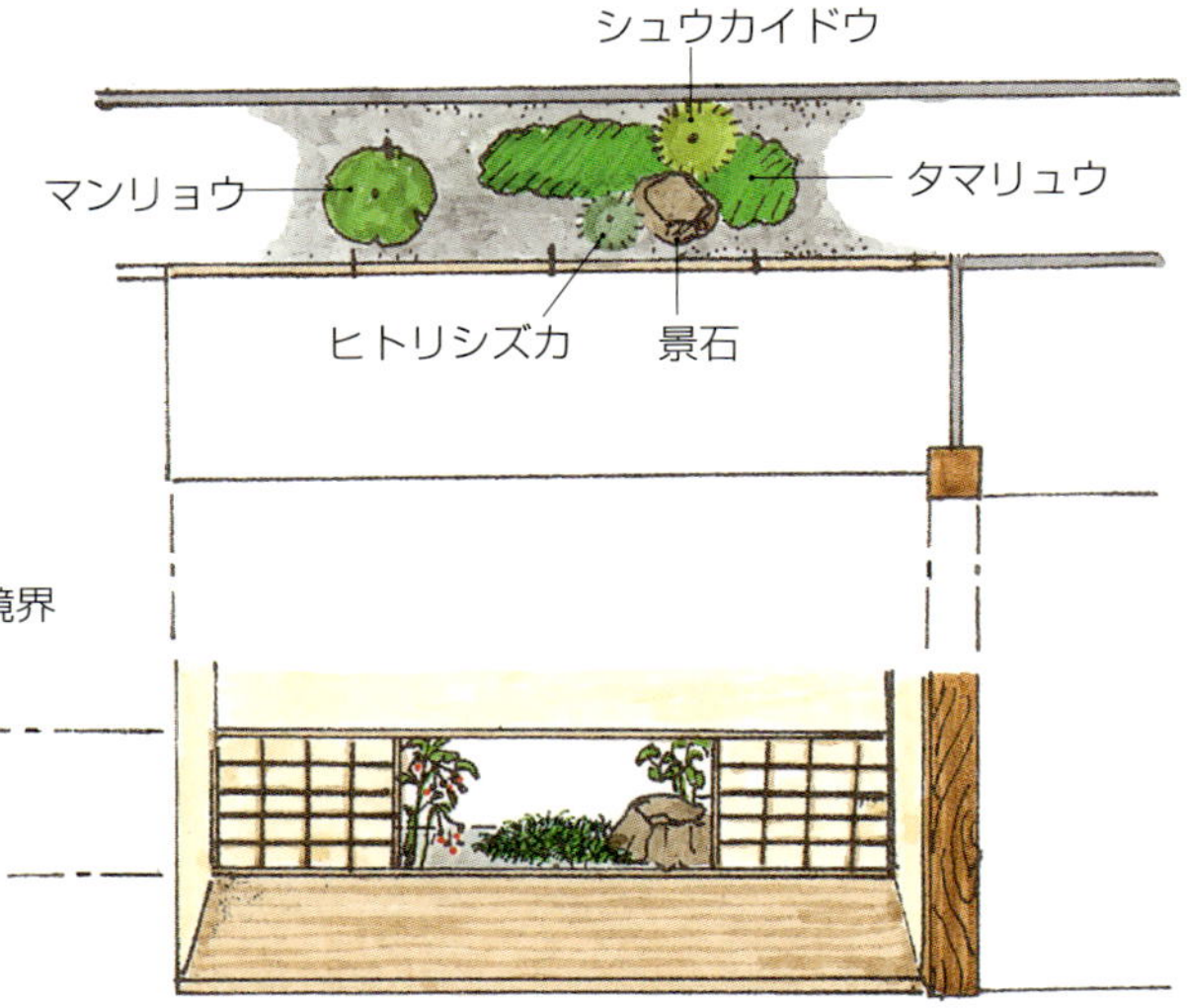

掃き出し窓から自然を取り込む

　部屋の西側（側庭、裏庭）や床の間の下に通風用の小窓がある和室での工夫例です。室内からは地面くらいしか見えない場所なので軽視されがちですが、ちょっとした工夫で眼を楽しませてくれる空間になります。
　日当たりが悪い場所なので、極陰に耐える小低木が向いています。

マンリョウ（ヤブコウジ科・常緑小低木）
　7月ごろ、小枝の先に散房状の白い花をつけ、冬期には濃い緑色の葉と赤い実の対比が楽しめます。

ヤブコウジ（ヤブコウジ科・常緑小低木）
　10〜20cmの高さで、マンリョウと同様に実を観賞できます。

シュウカイドウ（シュウカイドウ科・多年草）　中国南部原産、50〜60cmの高さで、肉質の茎先に9月ごろ、淡紅色の単性花をつけ、紅色の節とともに楽しめます。

クマザサ（イネ科・多年生常緑笹）　冬期に白い隈どりの葉が美しい。

ヒサカキ、アオキ、クチナシ、ナギイカダなども極陰地向きの小木です。

材 料

マンリョウ
高さ 30 ～ 40㎝
で 3 ～ 5 本の株
になっているもの

景石
木曽石、黒ぼく石など
地味な色あいの石
20 ～ 30㎝

タマリュウ
（地被）

ヒトリシズカ
花期４～５月

シュウカイドウ
花期９月

ここがポイント

窓枠の範囲内でつくる

障子を開けたときに見える窓枠の範囲内に景石を下草を不等辺三角形に配置する。窓下の庭が見やすい位置から見てその範囲を決めてから、庭をデザインするのがコツ。

下草（小低木類）は、あまり背が高くならず、地被として用いられる極陰性のものを選ぶ。

作業手順

1 掃き出し窓から見える庭の右側に景石を据える

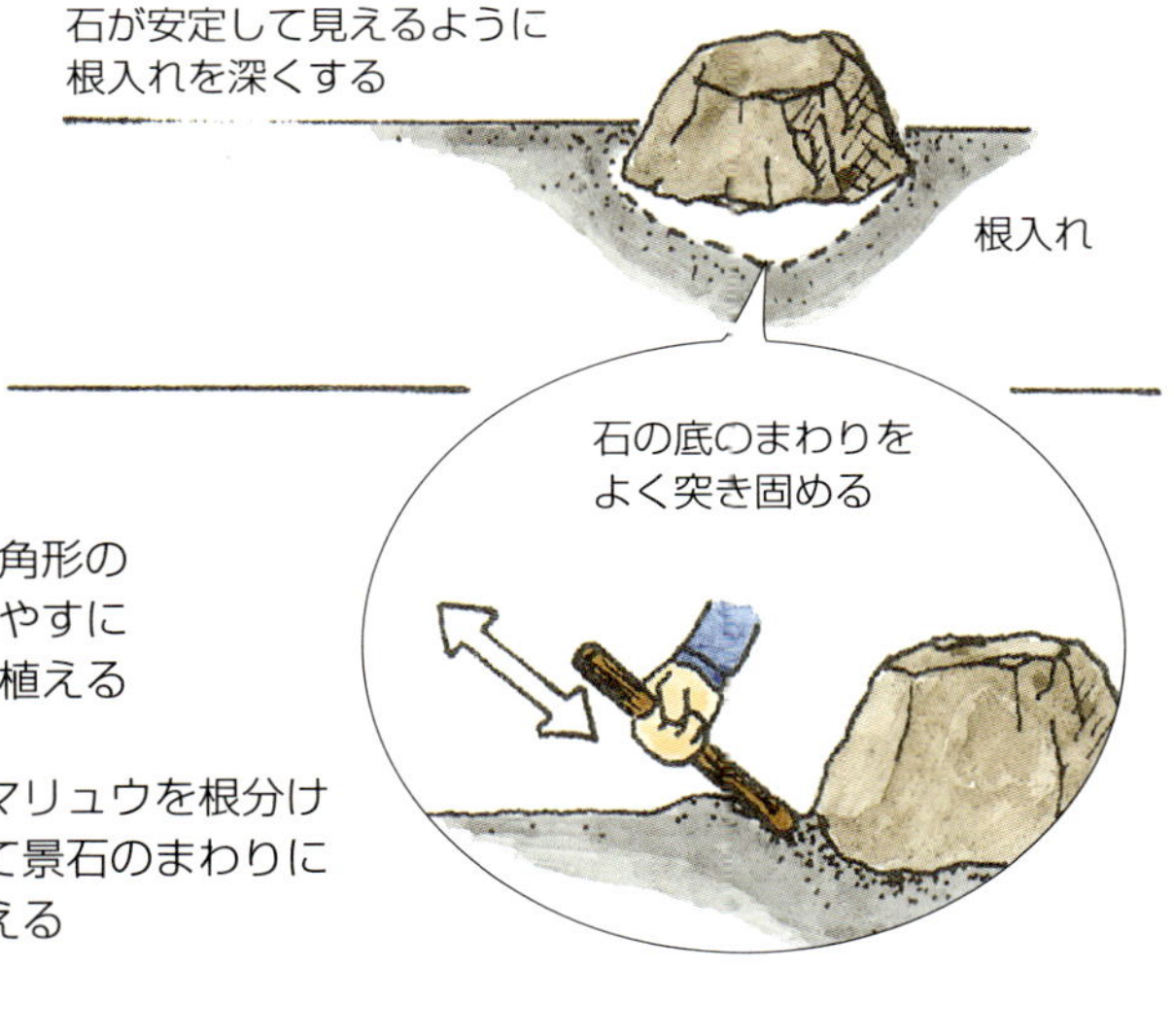

石が安定して見えるように
根入れを深くする
根入れ
石の底のまわりを
よく突き固める

2 不等辺三角形の配置をめやすに下草類を植える

3 タマリュウを根分けして景石のまわりに植える

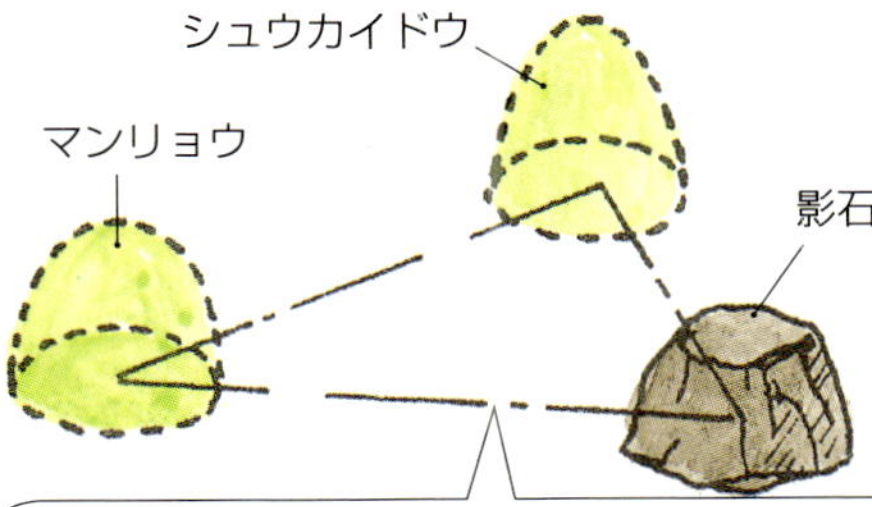

シュウカイドウ
マンリョウ
影石

フジを軒先にからませる

1 木を楽しむ

難易度☆　日照●

軒先のポールにフジをからませれば、春の4月ごろには長くたれた紫色の花が楽しめ、夏には強い日差しがやわらぐ緑陰となります。

大がかりな棚づくりでなくとも、1本の棒を軒に横に渡してフジづるをからませるだけでいいのです。株元に実ものや草花を添えれば四季の変化も楽しめます。

軒先の利用

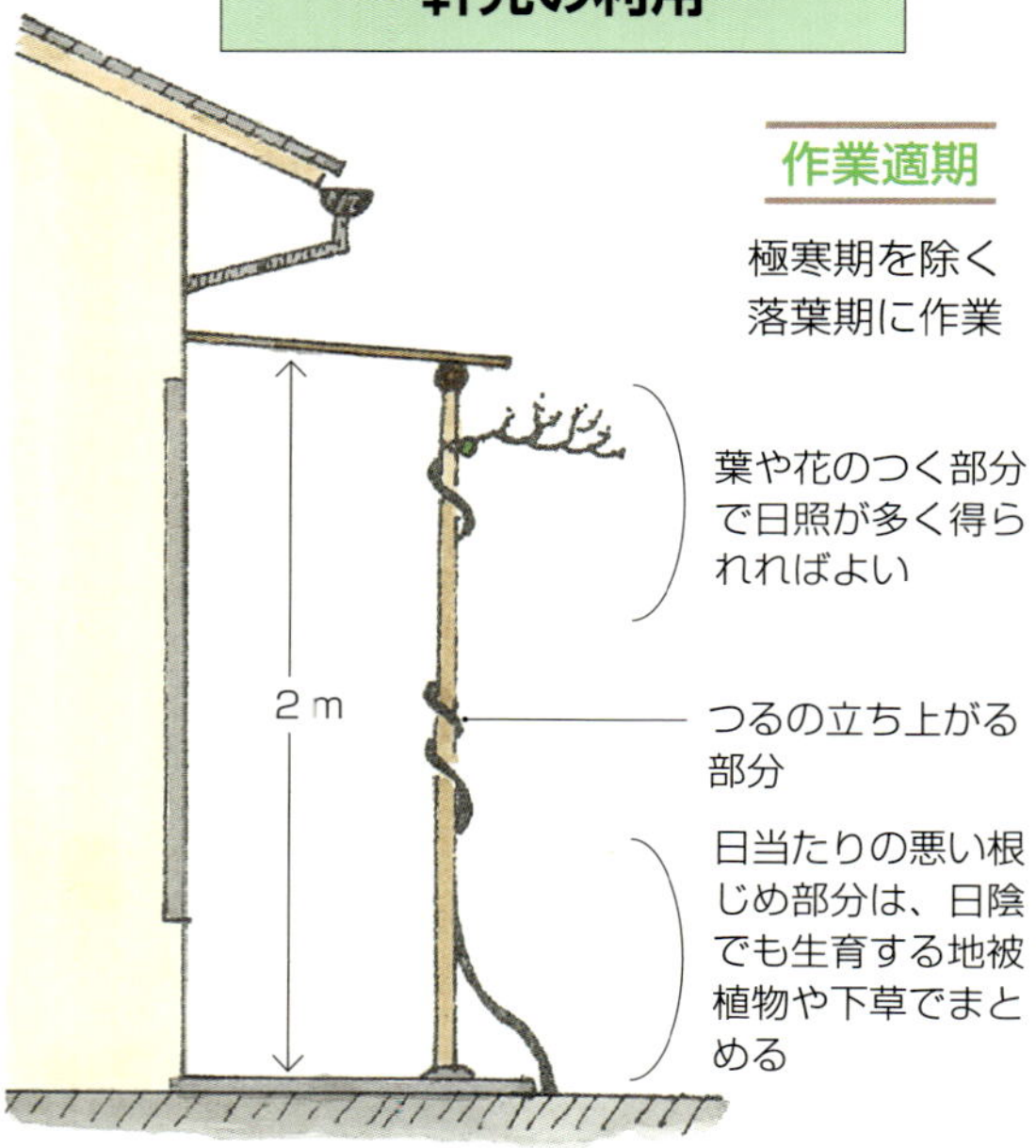
作業適期
極寒期を除く
落葉期に作業
葉や花のつく部分で日照が多く得られればよい
2m
つるの立ち上がる部分
日当たりの悪い根じめ部分は、日陰でも生育する地被植物や下草でまとめる

軒先を彩るフジのウインドカーテン

フジ（マメ科・落葉藤本）　つるが右巻きに巻きつくノダフジ、左巻きに巻きつくヤマフジのほか、園芸品種のショウワシロフジ、ノダナガフジ、ヤエコクリュウなどがあります。

花は4～5月に下垂した基部のほうから咲きはじめ、秋に豆果をつけます。

移植は容易に行なえ、植え込む場所の土壌の良し悪しをあまり気にする必要はありません。ただし、湿性地を好むので、雨樋の排水口近くに植えるとよいでしょう。雨樋のない露よけ部分(軒先)が居間に接していれば、花を眺めるのに好都合です。日当たりの悪い庭でも2～3mの高さに枝葉を仕立てれば、日照を得られることが多く、たれ下がる花総も見やすくなります。軒先に伸びるつるに多くの花芽（小枝）をつける冬期(12～2月)のせん定が肝心です。

作業手順

1　軒下の幅に合わせて竹の棒を固定する

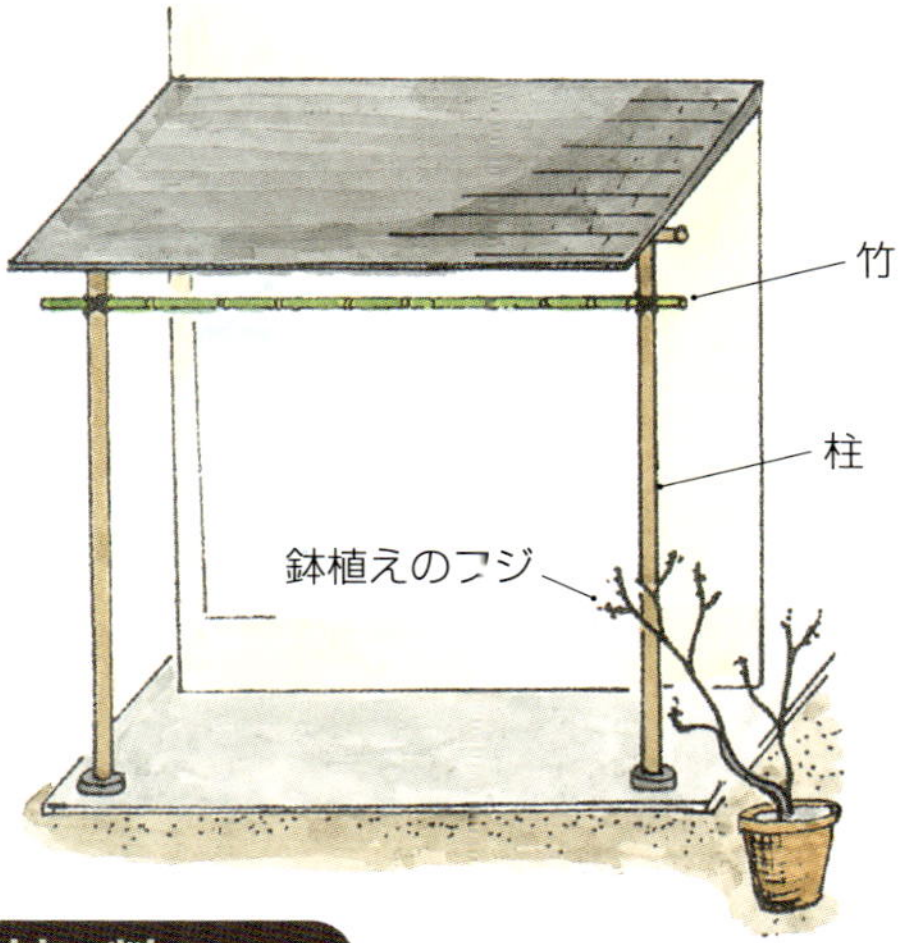
竹
柱
鉢植えのフジ

数年後

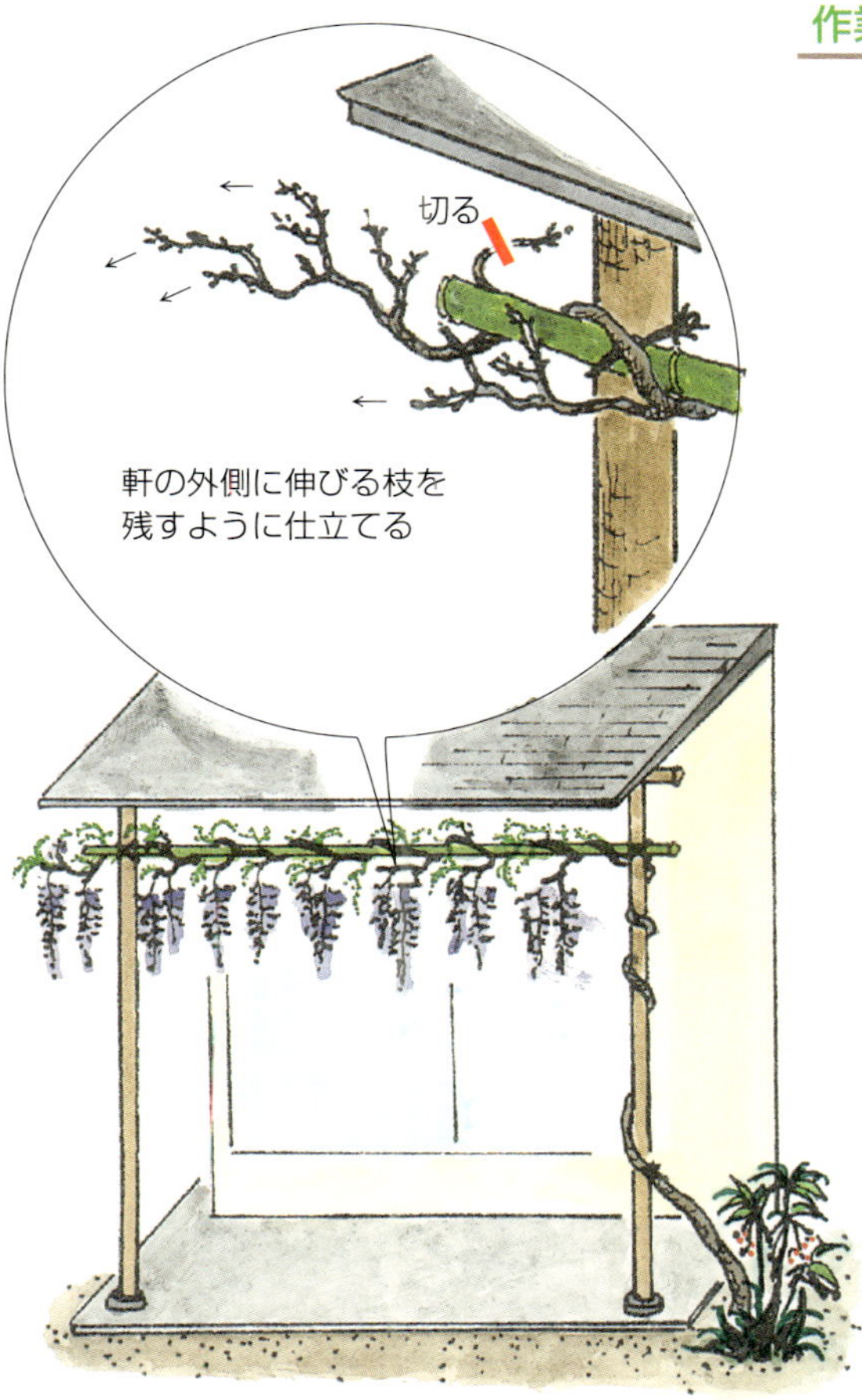
切る
軒の外側に伸びる枝を
残すように仕立てる

材　料

軒先の幅にあった長さの竹

フジ

鉢植えのものが植え付け時に作業がしやすい

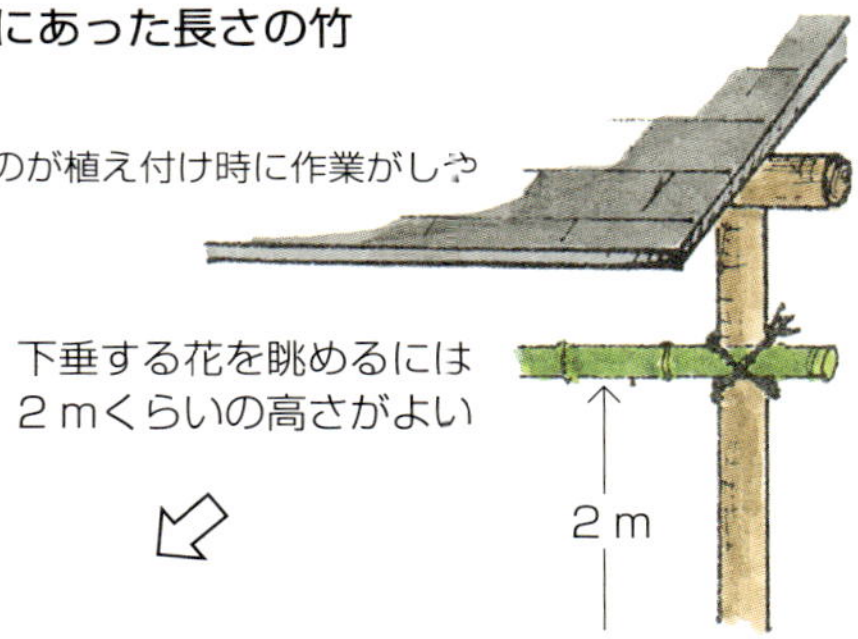
下垂する花を眺めるには
２mくらいの高さがよい
２m

2　フジを鉢から抜いて柱の近くに植え付ける

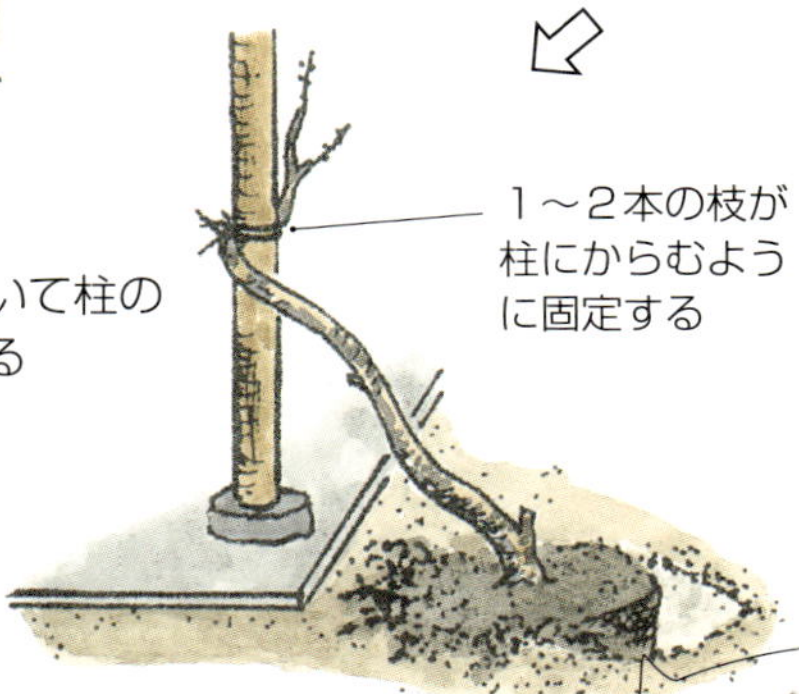
１～２本の枝が
柱にからむよう
に固定する

根じめの植物
マンリョウ
オモト
ギボウシ
シダ
ツワブキ
セキショウ
ハラン
ヤブコウジ

ここがポイント

日当たりのよい場所に

花つきをよくするには、できるだけ日当たりのよい位置（柱にそわせて）に植え付ける。株元への日照が得られなくても、花がたれ下がる部分（約２mの高さ）に日が当たればよい。

立ち上がりの部分の芽は切り取る

つるが柱にからみついて立ち上がる部分に出る芽は、通行のじゃまになるので切り取る。

根じめで補う

落葉期の景色を補うために、実ものや早春に咲く草花をフジの根元に添える。

ノウゼンカズラをポールに

1 木を楽しむ

難易度☆☆　日照●

庭木の花が少なくなる夏期に、橙黄色の花を多くつけるノウゼンカズラ。1本のポールを立てて、つるを上らせるスタンド仕立てで花を眺めます。

花つきがよく四方八方にせりだして咲くので、ポールの高さをかえれば2階などの高い位置でも観賞でき、落葉期のせん定で樹形の維持も容易にできます。

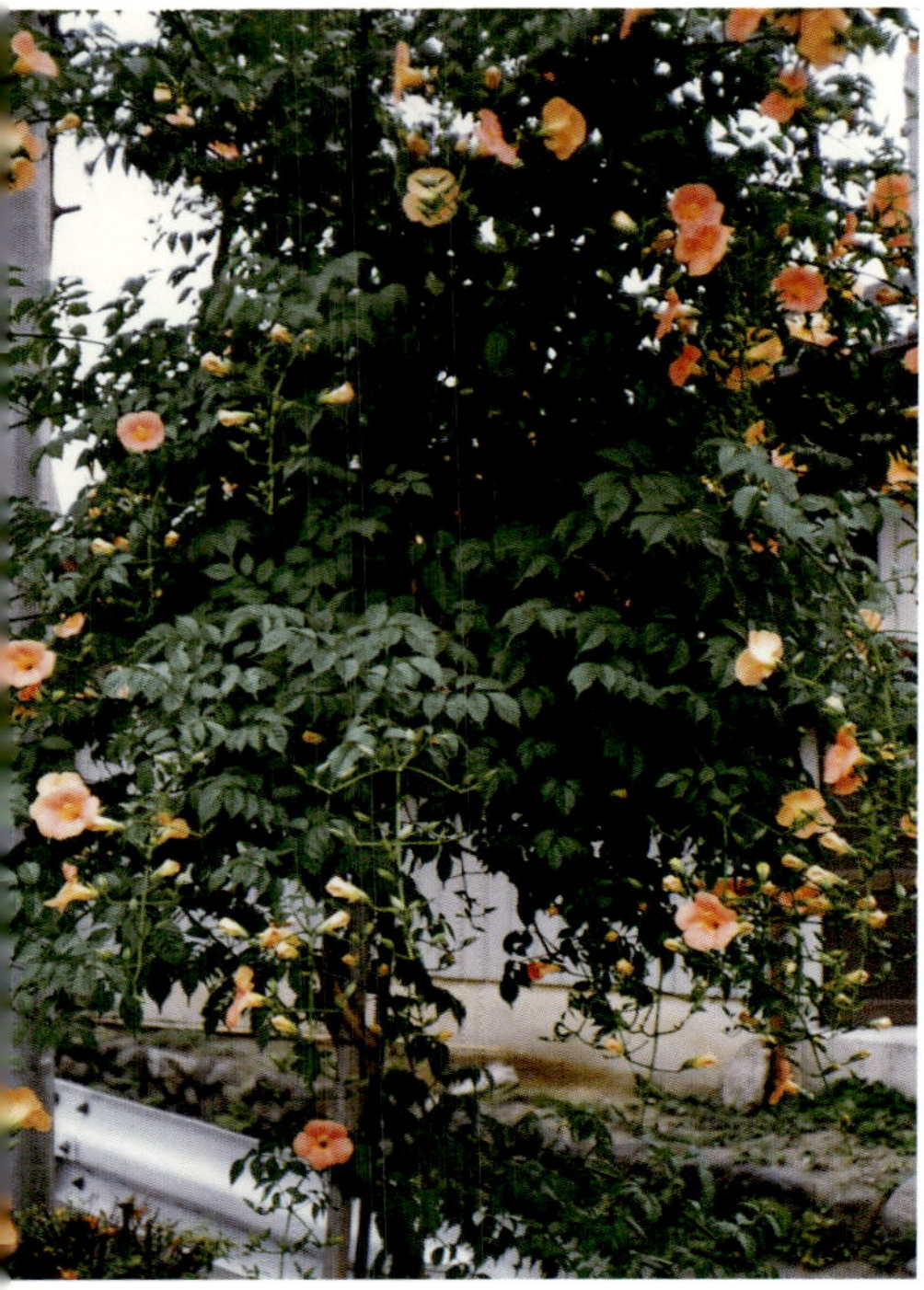

ポールを利用したノウゼンカズラのスタンド仕立て

生長が旺盛なので高い位置でも観賞可能
ポールの高さは自由自在だが、狭い場所で仕立てるには人の通行をさまたげない高さ（枝下1.5mくらい）がよい

作業適期

9～10月、2～4月の落葉期に作業

夏の青空に朱色の花が咲き乱れる

ノウゼンカズラ（ノウゼンカズラ科・落葉つる性・中国原産）　ロート形の花を対生してつけるノウゼンカズラと、花筒部が少し長く径の小さいアメリカノウゼンカズラ（アメリカ中南部原産）があります。

茎は付着根を出して張り付き這い上がり、花は7～8月、枝先に円錐花序を出し、6～7cmの朱色の花を次々とつけます（一日花）。

日当たりのよい場所を好むので、芝庭の中央部や玄関脇に単植すると見栄えがします。フジのように日当たりのよい軒先に、横に這わせることもできます（50ページ参照）。

生長が旺盛なので小さい苗木からでもよく育ちますが、早く幹を太らせるには、落葉期に油カス（寒肥）を与えます。

花つきがよくなったら、開花前から開花中に水をたっぷりと注ぎます。

ポールの上部に伸ばしたつるを放射状に仕立てる冬期のせん定で、スタンド仕立てを完成させ、ポールの根元近くの腐食防止に努めます。

ここがポイント

目的の高さまで伸ばす

ポールの頂部まで伸びたら芯を止め、つるを頂部に多く出させる（幹径が 2cmくらいに太ると花をつけるようになる）。

ポールの根入れは深く

生長してつるや葉が多くなると、頂部が重くなり倒れやすくなるので、ポールをあらかじめできるだけ深く埋め込む（ポール高の 1/5 以上）。

ポールに腐食防止を

ポールの根元が腐食して転倒しないよう、地面より少し高いところまでコンクリートで巻く。

落葉期に強せん定

深く切りつめ、勢いのよいつるを出させて花つきをよくする（厳寒期中のせん定は避ける）。

材　料

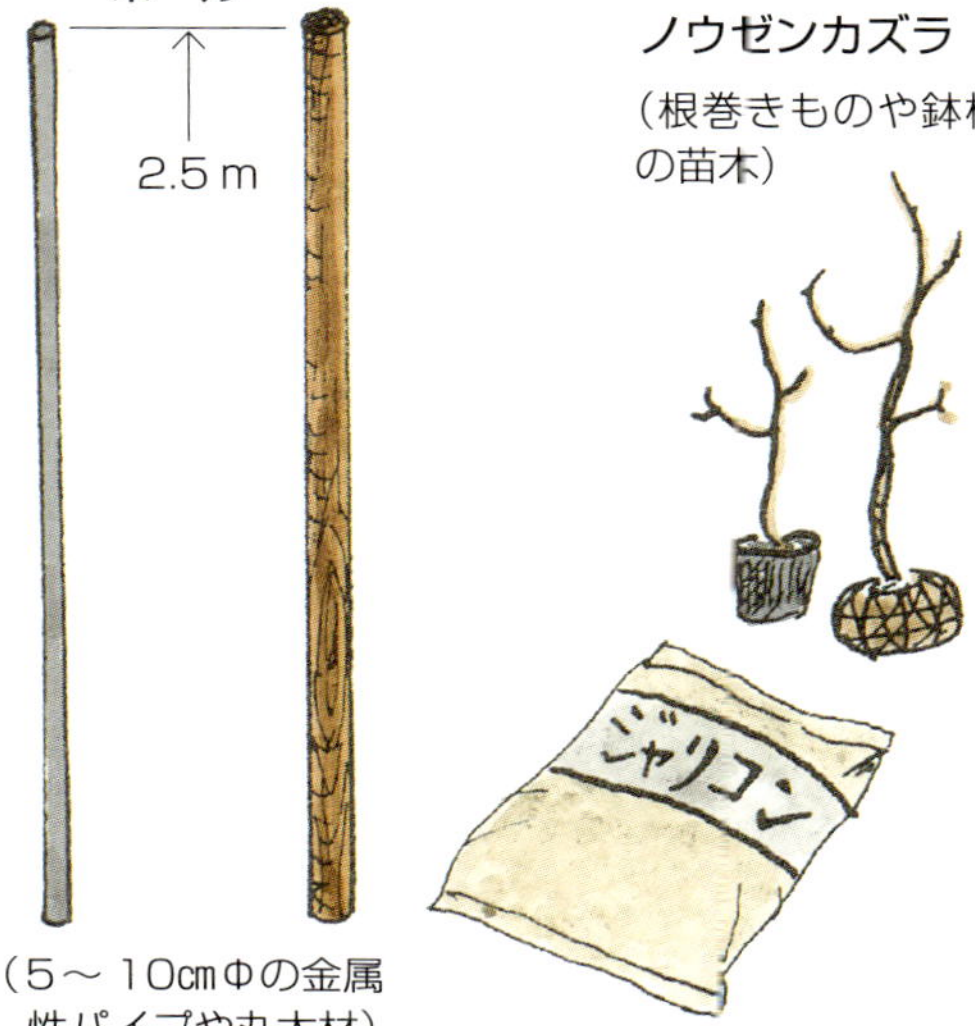
ポール
（5〜 10cmΦの金属性パイプや丸太材）
（根巻きものや鉢植えの苗木）

腐食を防ぐコンクリート
（水を混ぜるだけで使用できるモルタル）

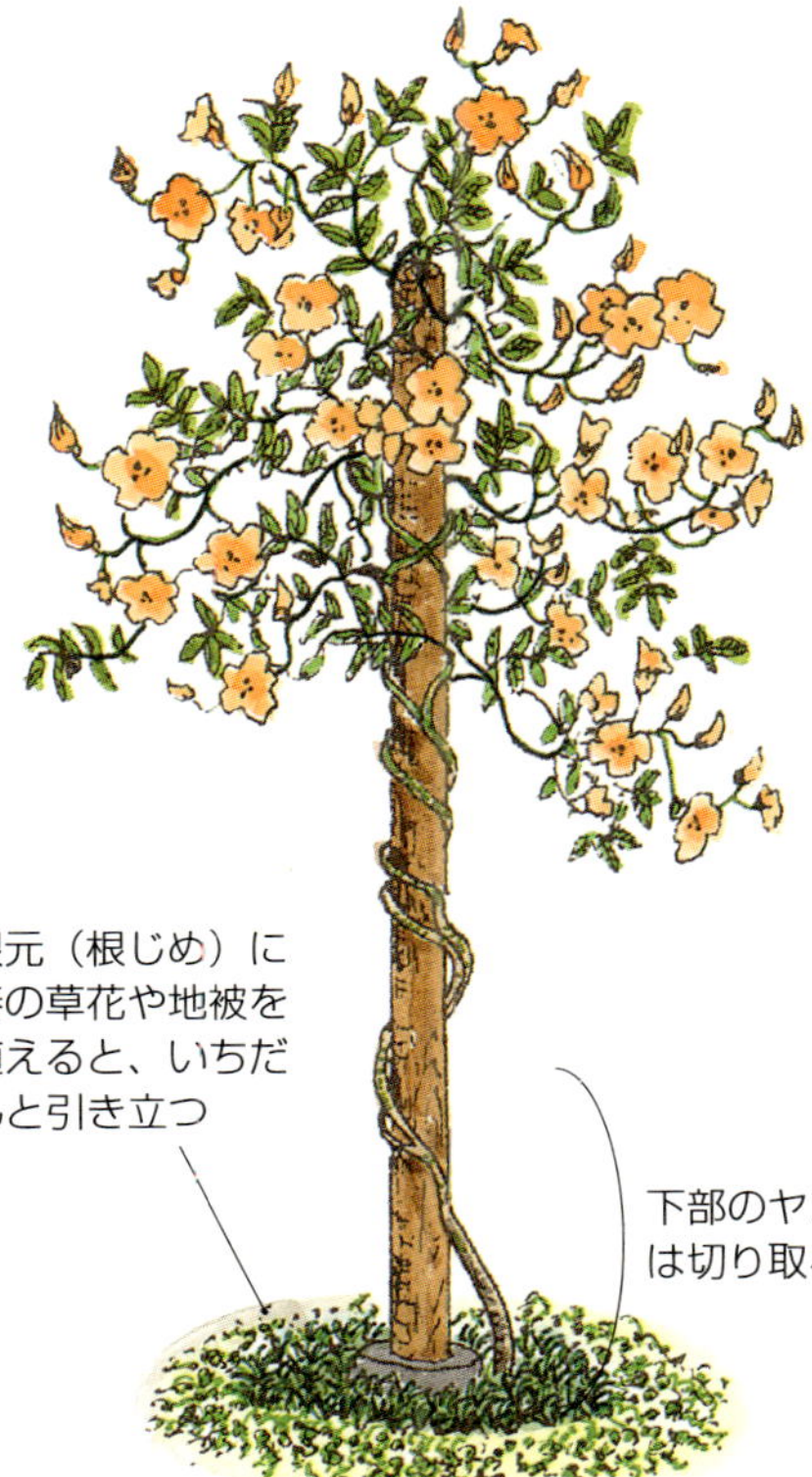
根元（根じめ）に春の草花や地被を植えると、いちだんと引き立つ
下部のヤゴ枝は切り取る

作業手順

1 垂直を確認してポールを立てる

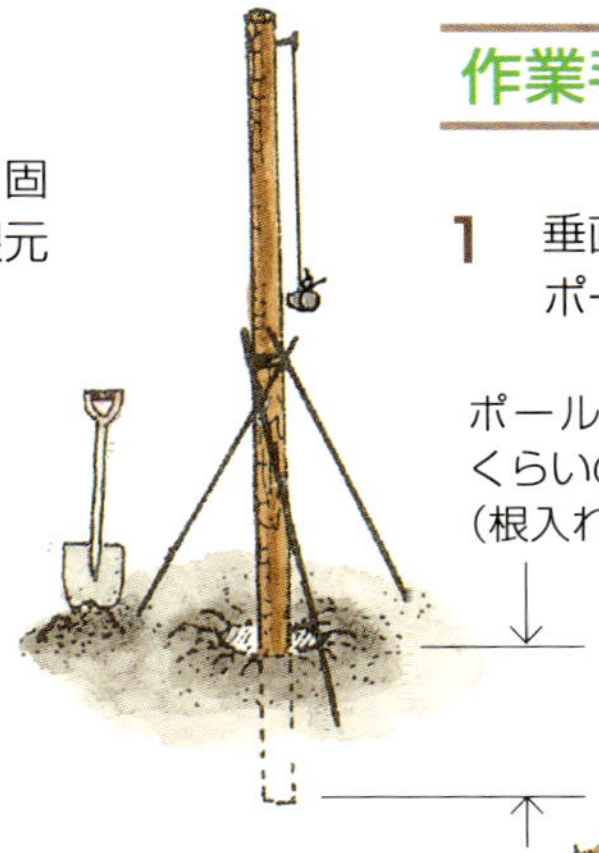
ポールの高さの 1/5 くらいの溝を掘る（根入れ）

2 溝に根元の腐食を防ぐコンクリートを巻く

コンクリートが固まるまでポールに支柱を添える

3 コンクリートが固まったら苗木を根元に植える

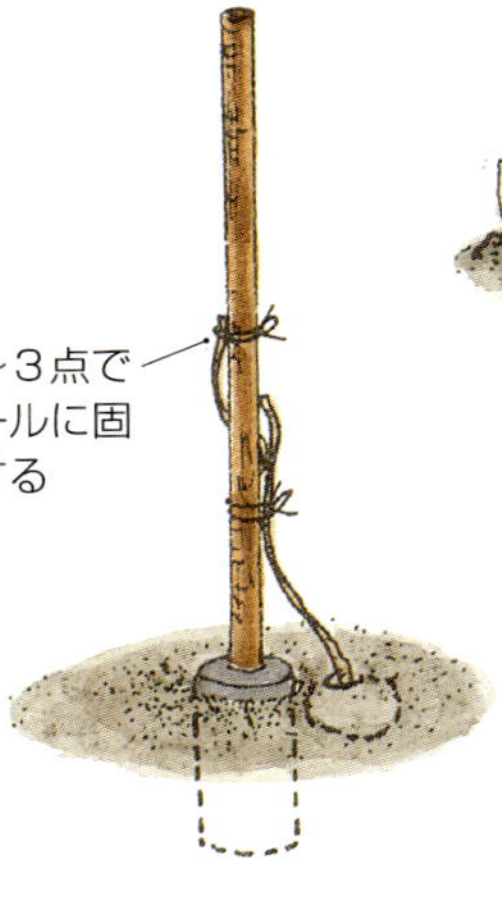
2〜３点でポールに固定する

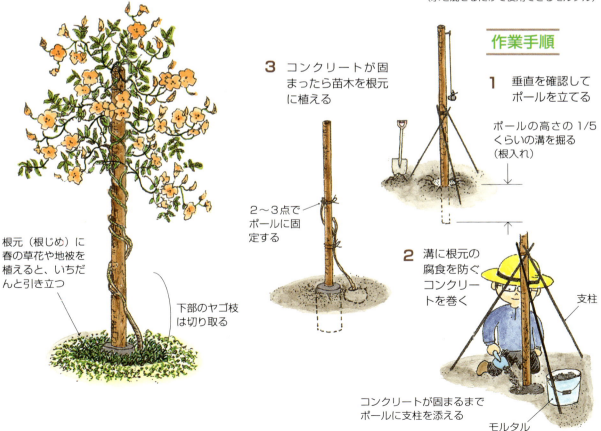

ネットフェンスに這わすつる性花木

1 木を楽しむ

難易度☆　日照●～◑

ブロック塀の代わりに施工されることの多くなったネットフェンスに、つる性の花木をからませましょう。

白系の花をつけるテッセンや小輪のツルバラなどをからませれば、ネットフェンスのかたい雰囲気がやわらぎ、通風のよい境界垣が楽しめます。

作業適期

2～4月の苗木が入手しやすいときに作業

アケビ、スイカズラ、ツルウメモドキ、ツルバラ、テッセンなどがトレリス仕立てに適する

テッセン（クレマチス）

ツルウメモドキ

ツルバラ

ネットフェンスを利用したトレリス仕立て

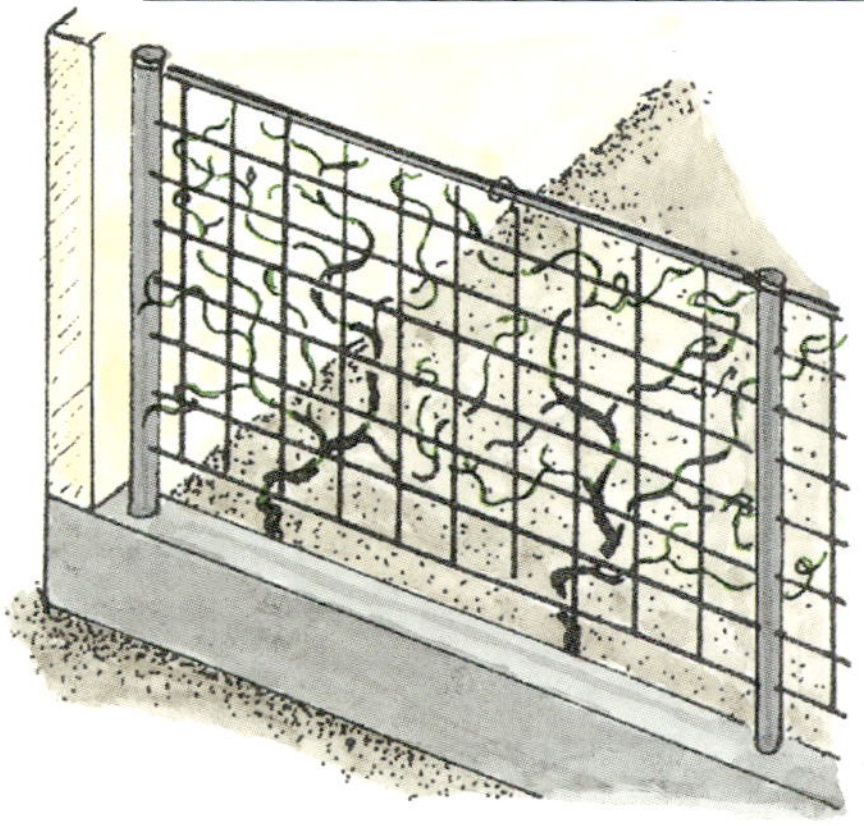

ネットフェンスはつる性花木の花壇

テッセン（キンボウゲ科・落葉つる性・中国原産）　白色を基調とした花（萼片）が5～6月に咲くテッセンやカザグルマのほか、四季咲きの交配種のクレマチスがあります。色もＨＦヤング（紫色）、クリムソンキング（紅色系）、アサガスミ、マダムヴァンホーテ（白色系）と多数です。

ツルバラ（バラ科・つる性）　小輪系のナニワイバラやモッコウバラ、西洋バラ系のコックテイル、クリムソングローリーなどが適しています。

スイカズラ（スイカズラ科・半落葉つる性）　5～6月黄色の花が咲きます。

ツルウメモドキ（ニシキギ科・落葉つる性）　秋に実が黄色に熟すと三つに裂け、中から朱色の種子があらわれます。

アケビ（アケビ科・落葉つる性）　4～5月に淡紫の花が咲き、秋に実ります。

テッセンのつるの誘引は、茎が折れやすいので注意します。折れたつるはテープ類を巻きつけて保護することができます（クレマチス類も同様に作業します）。

材　料

テッセン、クレマチス
（あんどん仕立てやポット苗）

ポット苗

あんどん仕立て

クイック・タイ
（つるを固定するのに便利）

テッセンは深植えを好むので、少し深めの穴を掘っておく

作業手順　（テッセンを使った例）

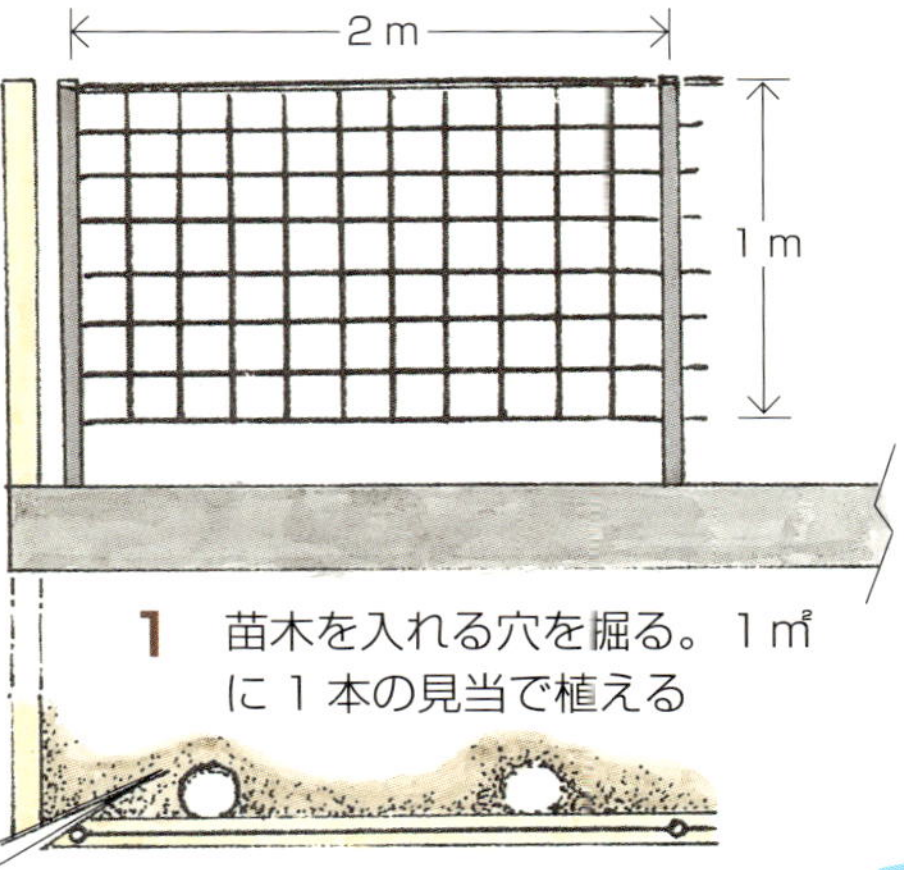

1　苗木を入れる穴を掘る。1㎡に１本の見当で植える

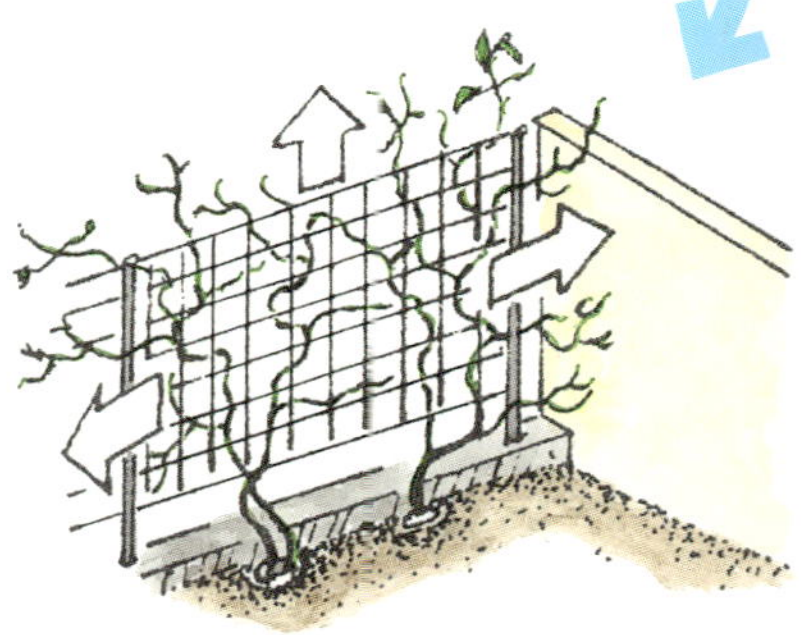

2　苗木を植えて、つるが１カ所に集中しないように四方へ誘引する

3　新しく伸びた枝やヤゴ芽は誘引してクイック・タイでフェンスに固定する

ここがポイント

苗木の種類を統一する

花の色をあれこれ混ぜると、垣根に落ち着きがなくなるのでできるだけ統一する。

1㎡に１本の苗で十分

テッセン（クレマチス）は生長が旺盛なので、つるを四方へ誘引すれば1㎡に１本でいい。

苗木は深植えに

テッセンは湿地を好むので、植え付けは少し深めにするか、根元に敷きわらをするとよい。

テッセンは 12～1月に強せん定が可能

新梢の先に花をつけるので、冬に強くせん定し、春に伸びる新梢は大切にする。

ベランダで盆栽を観る

1 木を楽しむ

難易度☆☆　日照●

日当たりが悪くなければ、狭いベランダでも盆栽と添物を飾るだけで立派な庭になります。
背景となる手すり部分によしずを張って遮蔽し、手づくりの飾台に盆栽を飾り、四季の変化に応じて盆栽や草もの、添景物を交換して楽しみます。

作業適期

日曜大工の作業でいつでも行なえる

ベランダの利用

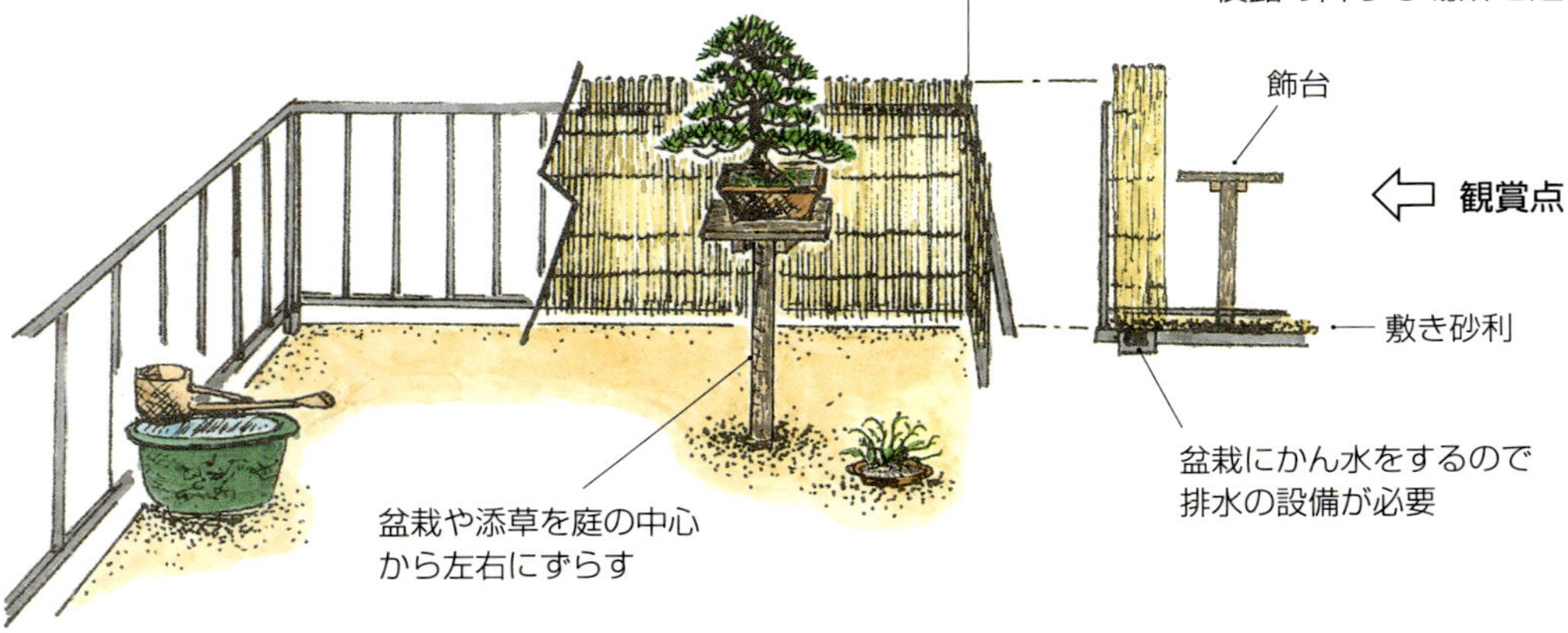
1.5 m以上の席幅がほしい
日当たり、通風がよく、夜露の降りる場所を選ぶ

ベランダの一角に盆栽を飾る

中型の盆栽（樹高30～50㎝ほど）が窮屈な感じにならないためには、ベランダの幅（間口）が1.5～2m必要です。ベランダにスペースの余裕があれば、飾台に高低差をもたせ、何種類かの盆栽（松柏↔雑木）を組み合わせて配置すると引き立ちます。

また、背景がすけて見えると視線が庭、盆栽に集中しなくなるので、すだれ垣やよしずで後ろの景色をさえぎるのがコツです。飾台の脇には、四季折々の情緒がある山野草を添えます。できたら鉢で持ち込み、背丈のつまったものがよいでしょう。

床には敷き砂利を敷き、水たまり石（水石）、かん水用の水鉢やジョウロを添景物として置くと盆栽が引き立ちます。ただし、水鉢はベランダにかかる荷重を考え小さなものを使用してください。

飾台は、盆栽への水やりで水がかかり、底板部分が腐食しやすくなるので注意します。また、天候の悪い強風時には、必ず盆栽を飾台からおろすよう心がけましょう。

材　料

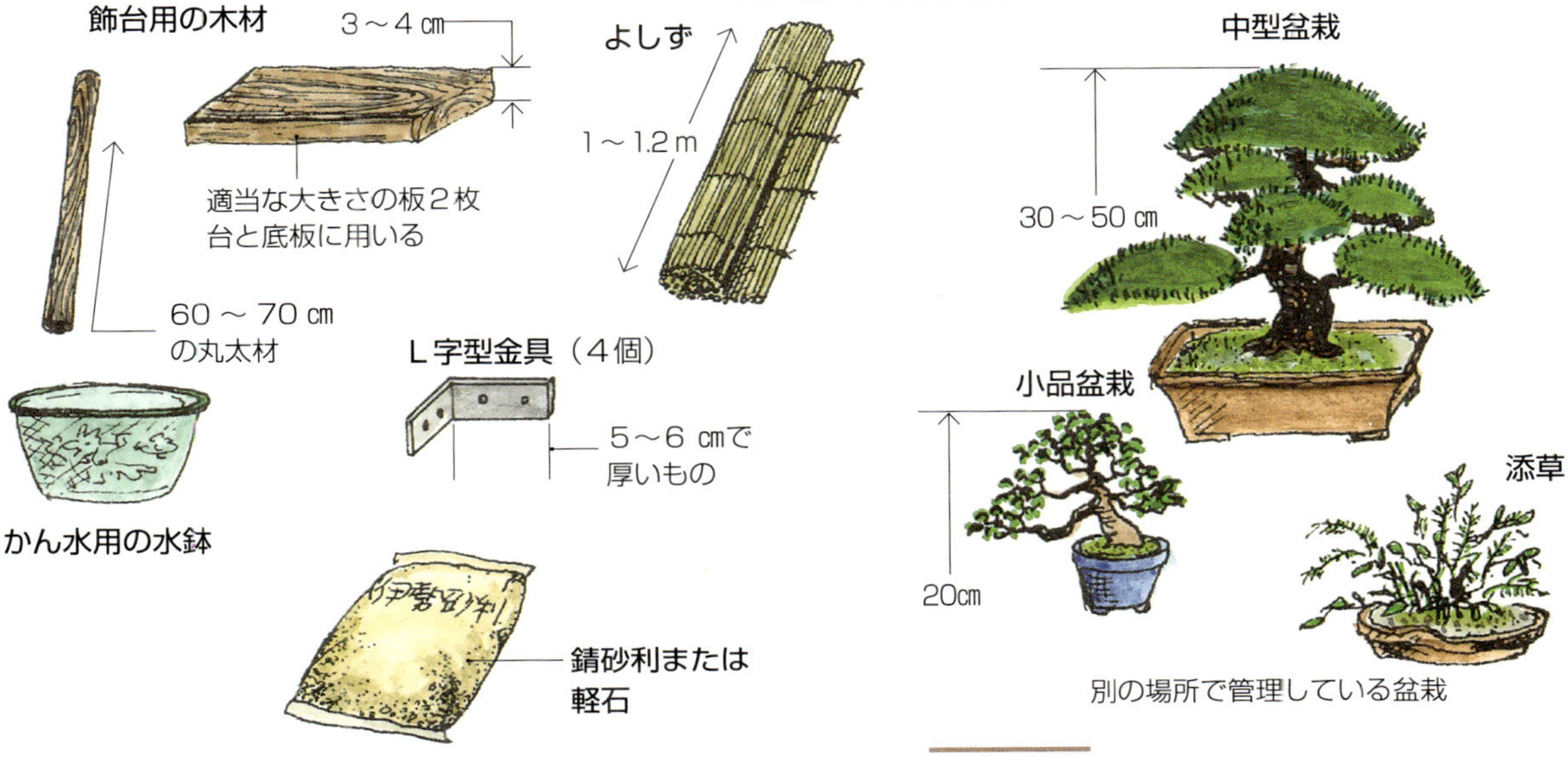

飾台用の木材
3～4 ㎝
適当な大きさの板２枚
台と底板に用いる
60 ～ 70 ㎝
の丸太材
よしず
1～1.2ｍ
Ｌ字型金具（４個）
5～6 ㎝で
厚いもの
かん水用の水鉢
錆砂利または
軽石
中型盆栽
30～50 ㎝
小品盆栽
20㎝
添草
別の場所で管理している盆栽

作業手順

1　背景のよしずを張る

ベランダの手すりに
引き寄せて固定する

2　飾台をつくる

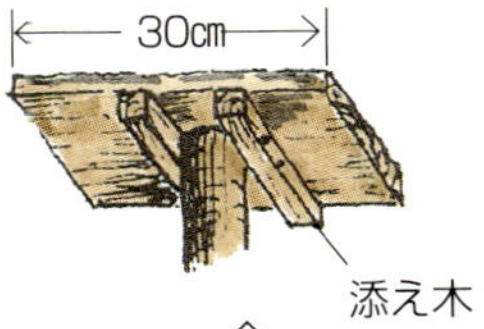

30㎝
添え木

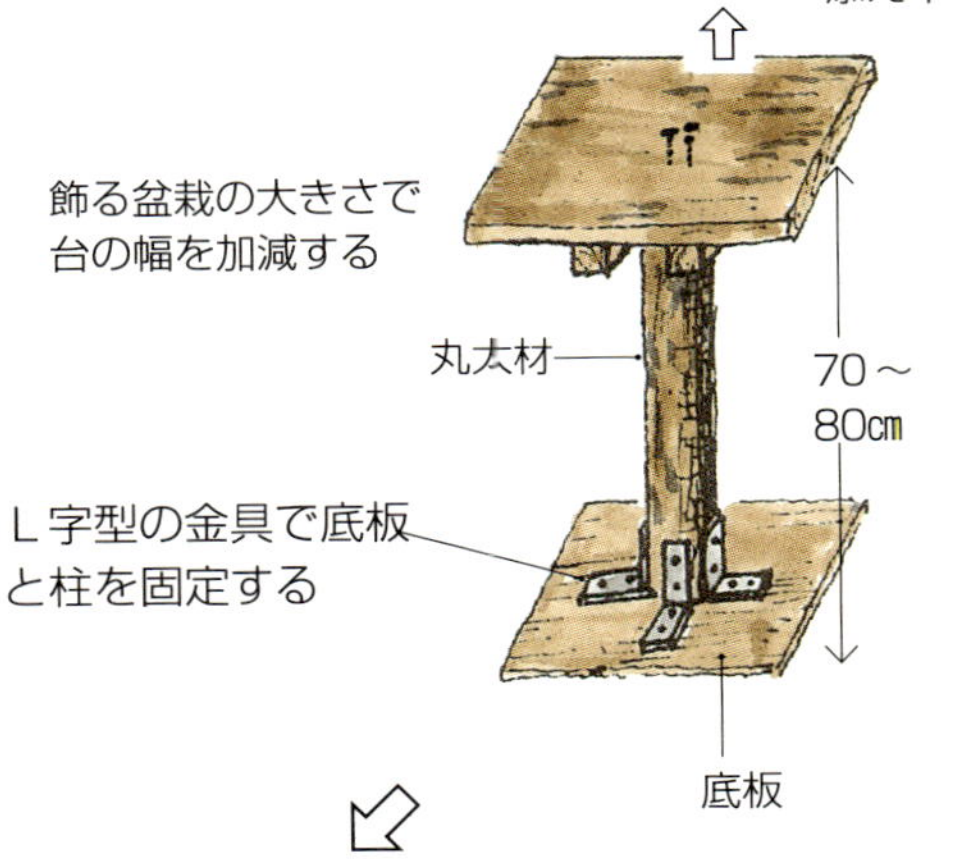

飾る盆栽の大きさで
台の幅を加減する
丸太材
70～
80㎝
Ｌ字型の金具で底板
と柱を固定する
底板

3　底板を敷き砂利で隠して盆栽を台にのせる

ここがポイント

ベランダを観賞用と生活用に区分けする

　ベランダは物干しなどの実用的な生活空間でもあるので、あらかじめ眺めるだけの庭として利用できる部分があるかどうかを決めておく。広いベランダでは、生活空間との境を袖垣根で仕切るとよい。ただし、ベランダが非常通路になっているアパートなどでは、取り外しが自由にできるようにしておく。

排水設備は万全に

　盆栽には１日１～２回のかん水が必要なので、ベランダの排水設備を整えておく。

1 木を楽しむ

難易度☆☆☆　日照○〜◑

玄関先に盆栽を飾る

前庭のアプローチ部分の庭木、添景物を引き立て役にして盆栽を観賞するのも一手です。

飾台上に松柏盆栽を置きたいときは、紅葉や実の楽しめる木や春一番に花の咲く木を庭木に選び、飾台脇に小さな灯籠を置くといちだんと映えてきます。

門から玄関までのアプローチを利用

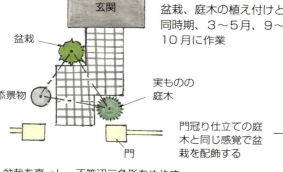

作業適期

盆栽、庭木の植え付けと同時期、3〜5月、9〜10月に作業

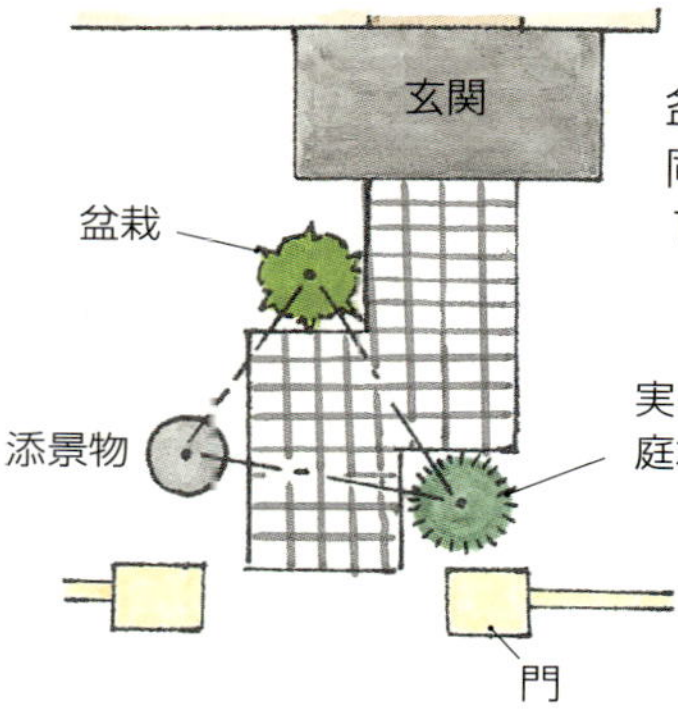

盆栽を真とし、不等辺三角形をめやすにアプローチを構成する

門冠り仕立ての庭木と同じ感覚で盆栽を配飾する

盆栽が引き立つ玄関先のアプローチ

門扉から玄関までの間に、主庭と同じ要領（真、対、添の不等辺三角形の配置）で庭つくりをします。盆栽を門冠りの松や庭の主木に見立て、対比する落葉樹の四季を眺めます。

庭木が落葉樹の場合は黒松、赤松、五葉松、檜、杜松、真柏、杉などの松柏盆栽がいいでしょう。飾台上で根張りや幹模様、枝ぶりや大木感、古木感を表現できれば狭い庭でも奥深く感じられます。

対となる庭木は立木や株立ちになりやすい落葉樹が合っています。とくに実の観賞できるウメモドキ、カマツカ、ナンテン、ナナカマドや、早春に花の観賞できるサンシュユ、ダンコウバイ、トサミズキ、ヒュウガミズキ、マンサク、ロウバイなどがおすすめです。

枝葉が横方向に伸びやすい樹種や単幹で太幹の樹種、下垂性の樹種などの配置は避けます。それらは盆栽を圧倒して引き立て役にならず、アプローチの通路としての実用面をさまたげる添景物になってしまうからです。(真)(対)(添)の3点の配置で、アプローチの前庭を完成させます。

ここがポイント

盆栽と庭木を対面する位置に

庭の**真**になる盆栽（松柏盆栽）と**対**になる庭木（落葉樹）をアプローチをはさんで対面する場所に配置すると、おたがいが引き立つ。

添景物は盆栽を圧倒しないものを

盆栽の飾台脇に添える灯籠や水鉢などの添景物は、大きさ、装飾の点でひかえめのものを使用する。アプローチは人の行き来が多いので、灯籠は生け込みや置灯籠などの安定感のあるものを選ぶ。

材料

松柏盆栽

庭の主木として実ものの庭木と対比させる

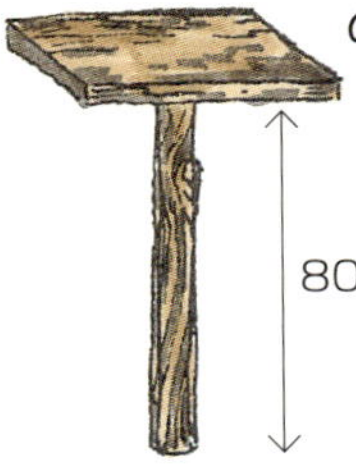
80～90㎝

コンクリート製の擬木の飾台（猿棒）

樹高
1.5～2ｍ

ウメモドキ

盆栽と実ものの庭木の添えとして配置する

道しるべ灯籠

灯籠の根じめに用いる

クマザサ

作業手順

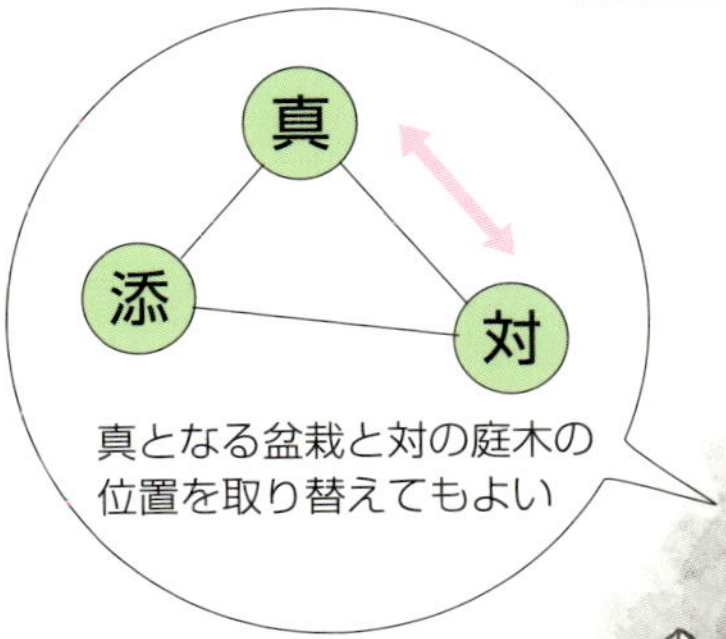

真となる盆栽と対の庭木の位置を取り替えてもよい

1 日当たりのよい位置に主木の盆栽をのせる飾台を埋める

飾台が倒れないようにまわりを突き固める

2 対となる位置にウメモドキを植える

3 道しるべ灯籠を垂直に据えて根じめのクマザサを植える

縁先に観るクロマツと光悦寺垣

1 木を楽しむ

難易度☆☆　日照●

日当たりのよい縁先には、日当たりを好むクロマツやゴヨウマツなどの松柏を植えて、日なたぼっこを楽しみましょう。

出入りのじゃまにならぬようにまとめた縁先の角の坪庭です。背景には清楚な趣のある光悦寺垣を配して、松の幹模様と枝ぶりを引き立てましょう。株元には、ヒメシャガ、ツワブキなど2～3種の下草を添えて春から秋の花や緑を楽しみます。

縁先の角を利用

日当たりのよい南側の縁先に仕切りの光悦寺垣とクロマツを組み合わせる

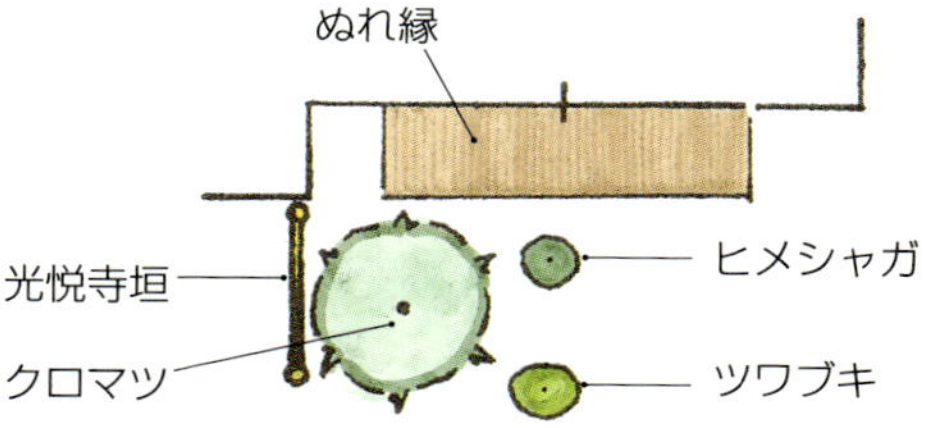

春と秋に花が咲く下草で小庭に彩りを添える

作業適期

クロマツの移植適期、3～4月中旬に作業

日当たり、通風を好む松柏類

クロマツ、ゴヨウマツ、アカマツなどの松柏類は日当たりを好み、最低でも1日4～5時間以上の日照が必要です。日当たりのよい南側の縁先角は、松柏を植える数少ない適所です。ただし、松柏は生育に夜露が必要なので軒下は避けてください。

通行のさまたげにならないよう、1.5m前後の樹形がほぼ完成されたものを植えてください。松は葉が太く短く立った葉性のよいものを選びましょう。

背景の仕切りには、通風がよく、松が映える落ち着きのある光悦寺垣が合っています。

根元には敷き砂利をして化粧し、小さめの下草を2～3種配置して年間の変化を楽しみます。ヒメシャガ、ツワブキ、タマリュウなどの多年草が向いています。

ヒメシャガ（アヤメ科・多年草）10～30cmの細い花茎を伸ばし、淡紫色の花を5～6月に開きます。

ツワブキ（キク科・常緑多年草）海辺に生える30～70cmの多年草。

材料

光悦寺垣

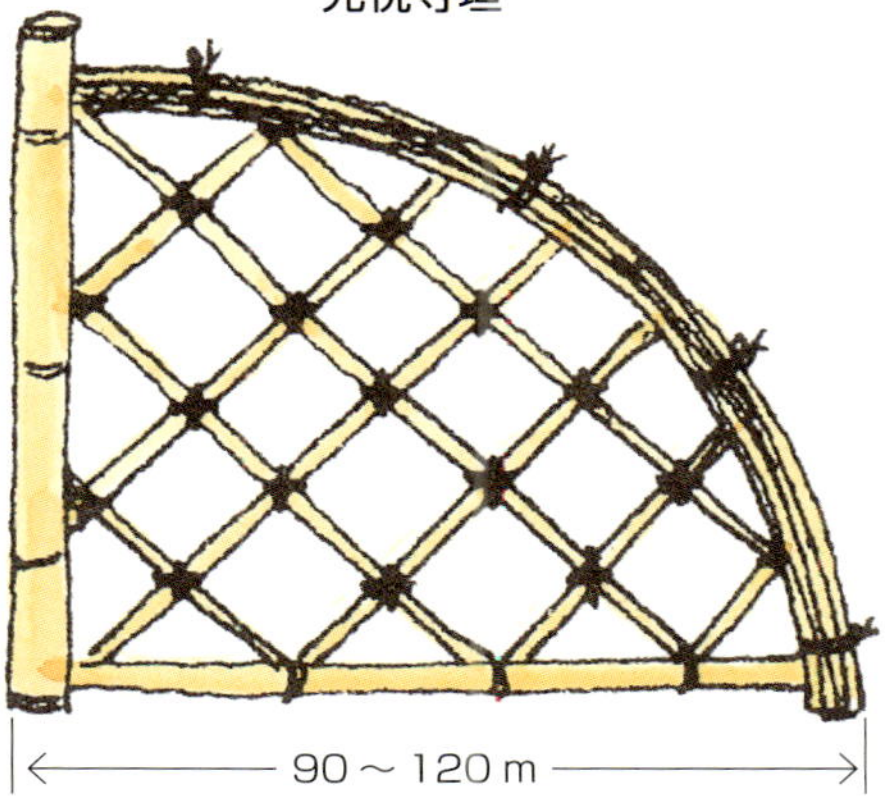

90～120 m

3尺、4尺ものとして市販されている

クロマツ

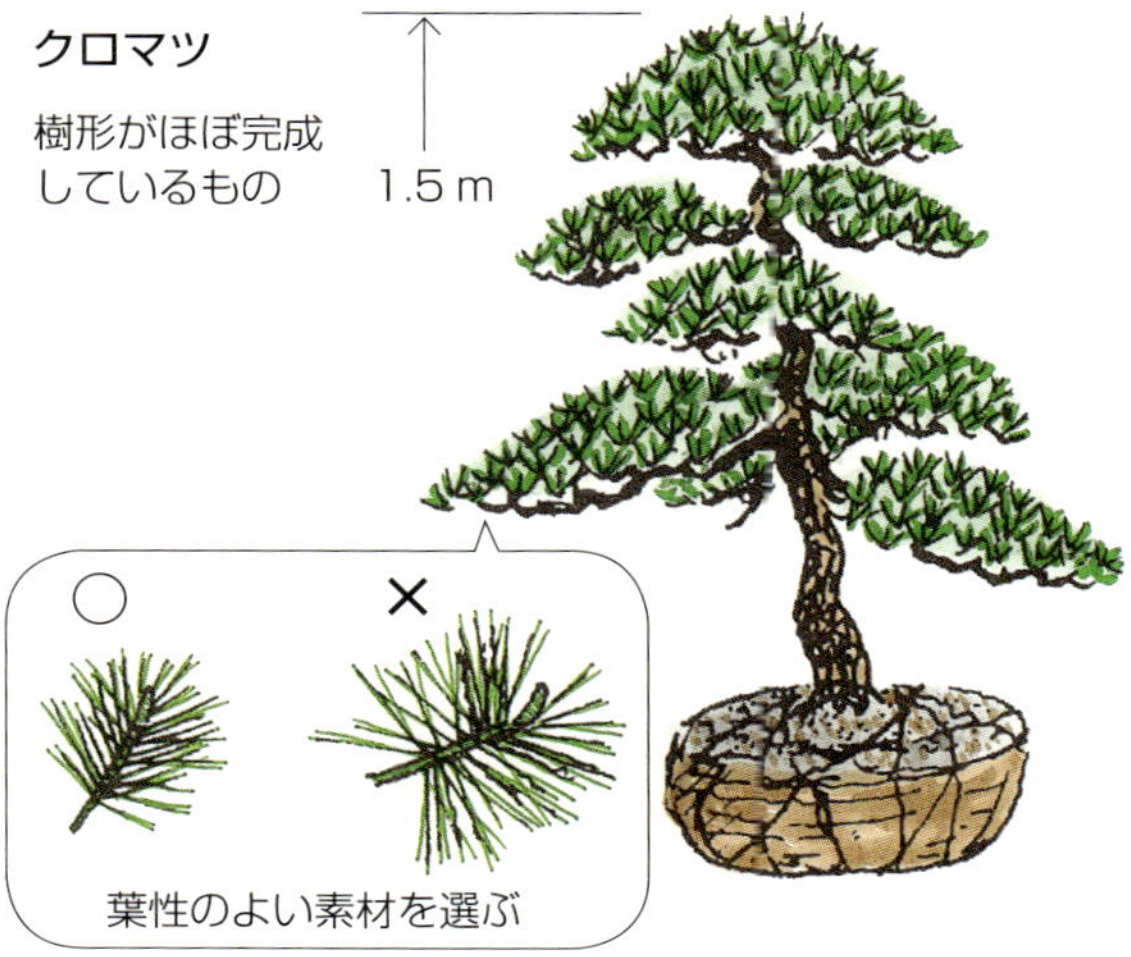

樹形がほぼ完成しているもの
1.5 m
○
×
葉性のよい素材を選ぶ

ツワブキ

花期 10～12月

ヒメシャガ

花期5～6月

作業手順

1 光悦寺垣を壁に取り付ける

釘と針金で壁に固定する
ぬれ縁

2 クロマツを浅く植え込む

3 不等辺三角形をめやすに下草を植え込む

ツワブキ
ヒメシャガ

ここがポイント

水はけをよくし浅植えする

松柏は湿地を嫌うので、雨水がたまらないよう少し盛土をし、根鉢の上面が見えるくらいに浅植えし、敷き砂利をする。排水が悪いと根腐れしやすい。

下草は小さめのものを2～3種

松を引き立たせ、四季の花や緑を楽しむ下草は、大きくならないものを2～3種、松を中心に不等辺三角形をめやすに植え込む。種類や数が多いと松が引き立たないので注意。

玄関先を竹と袖垣根で飾る

スッと直立して伸び、一年中さわやかな葉の緑と、風でゆれる葉ずれの音が楽しめる竹。竹は日当たり、排水が悪くても順応して育ちます。日当たりの悪い玄関先や狭い通路の側端などに植えるだけで、落ち着いた風情が出てきます。

春に出るタケノコは、生長が早く生命の力強さを感じます。竹のさっぱりした青さを黒穂垣に映せば、いっそう引き立ちます。

玄関の脇を利用

日当たりの悪い北側の玄関をダイミョウチクと袖垣でまとめる

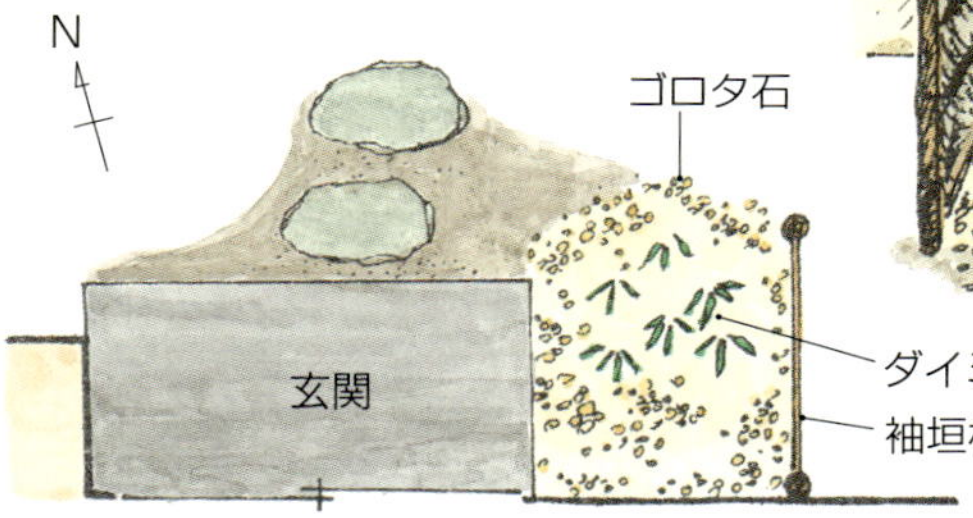

作業適期

タケノコの生長前の時期
３～４月または11月ごろに作業

1 木を楽しむ

難易度☆　日照◐～●

どんな所にでも植えられる便利な竹

竹は小さな庭つくりにたいへん重宝な庭木です。日当たりや排水が悪くても、狭い場所でも、夜露のおりない軒先でもかまいません。ただし、高く太くなるモウソウチク、マダケは不向きで、クロチク、ダイミョウチク、シホウチクなど細いものがおすすめです。

竹を植える際に重要なことは、かならず底抜けのコンクリ製枠（深さ50cm以上）をいけて、旺盛に伸びる地下茎を制御することです。そのまま植えると地下茎があちこちに伸び、収拾がつかなくなります。

肥料もいらず、植え替えや細かなせん定の必要もなく、管理の手間がかかりません。高くなったら先端を切ると、小さな葉がたくさん出てきます。ゴロタ石を下にすきまなく並べると、竹の青さにマッチして竹株らしくなります。

ダイミョウチク（多年生常緑竹）　別名トウチクといい、稈の高さ1.5～2mくらいの株立ち素材が、観賞用として植栽されます。とくに、節間の長い斑入り葉種を、庭木として利用することが多い。

材　料

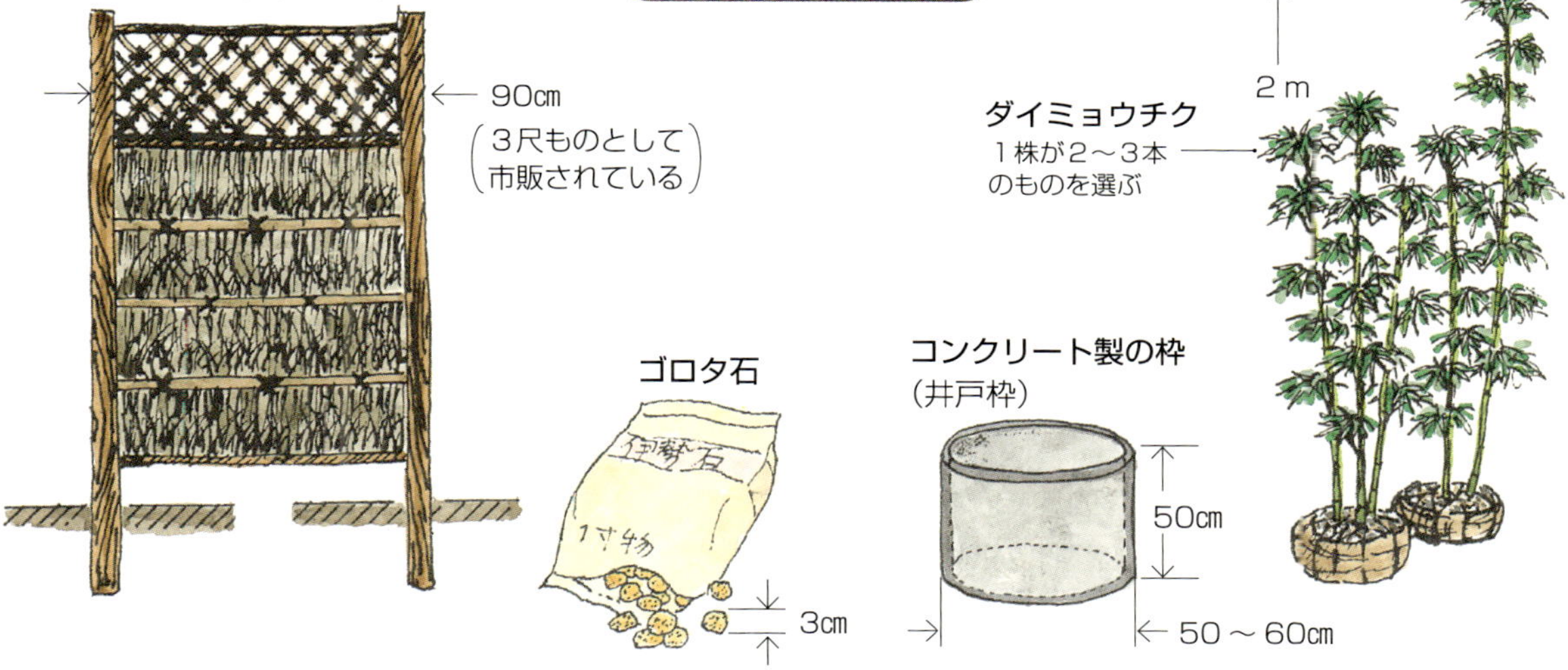

ここがポイント

コンクリート製の枠を埋め込む

　根がスペース以上に伸び出さないよう、必ず深さ 50cm以上の底の抜けたコンクリート井戸枠をいけ込む。少しでもすきまがあると、そこから外に出るので注意する。地表から見えるコンクリ枠はゴロタ石で隠す。

植え付け適期は3～4月か 11 月に

　植え付け適期は、タケノコの伸びる前の3～4月か 11 月。5月に植えるとタケノコに養分をとられ枯れやすい。

作業手順

1　コンクリート製の枠を埋め込む

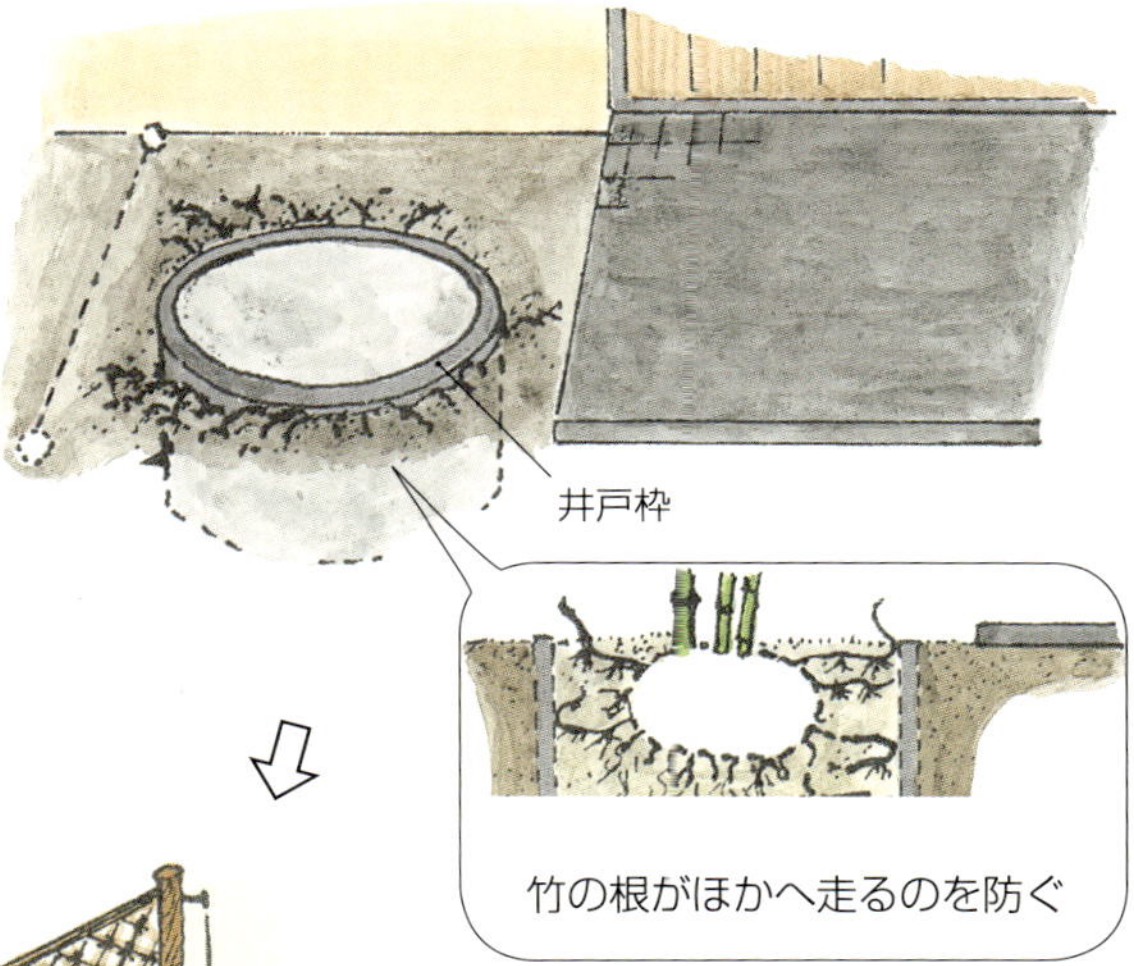

2　垂直を確かめて袖垣を固定する

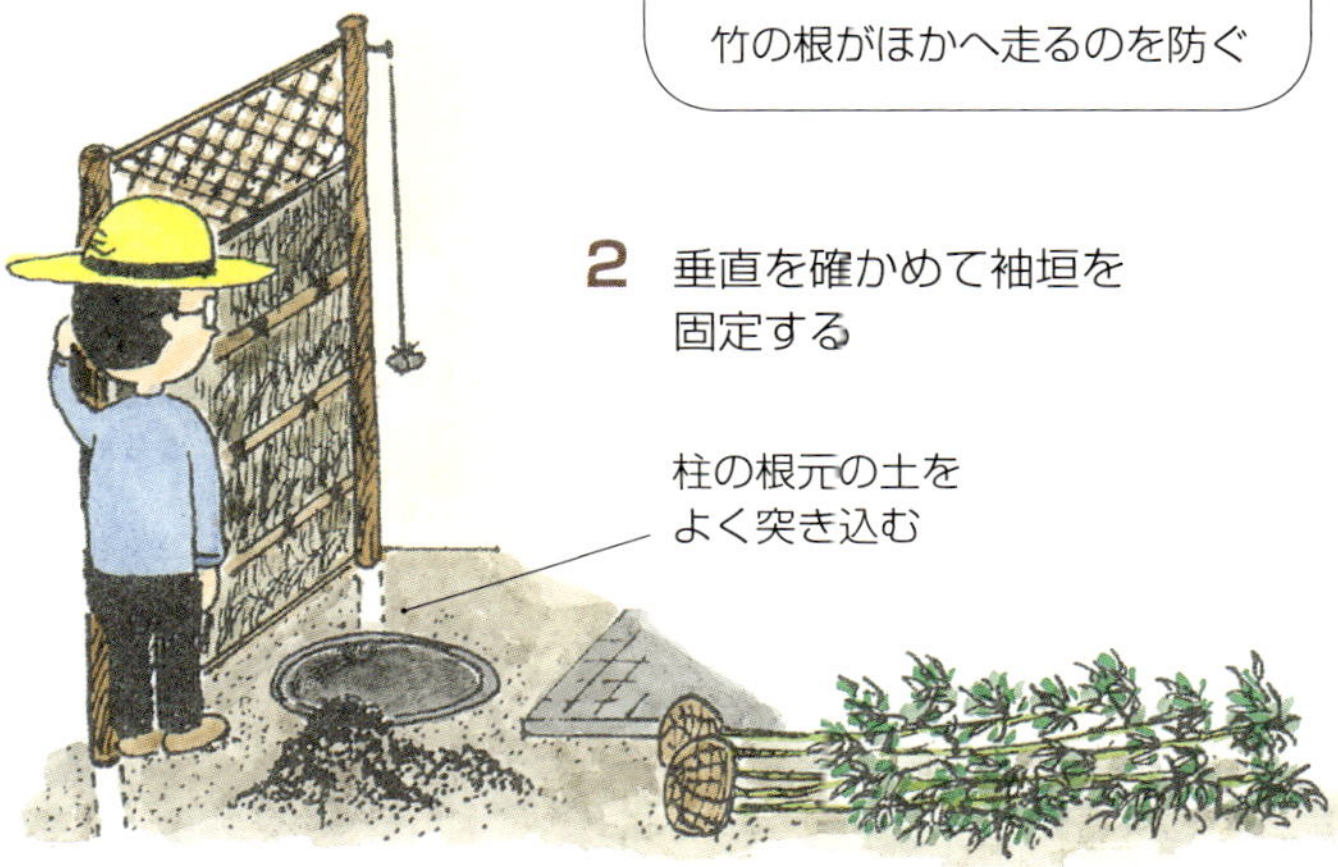

3　ダイミョウチクを植え込みゴロタ石で地面をおおう

ゴロタ石をすきまなく並べる

玄関脇にトウジュロを植える

1 木を楽しむ

難易度☆☆　日照●～◐

10m以上にも直立して伸びるトウジュロは、暖地向きの常緑樹。先端の葉が陽光を浴びて風にゆれる姿は気持ちがいいものです。

シュロナワを巻いて引きしまった縞模様の太く長い幹は、家の壁色に映え、美しい情景をつくりだします。

トウジュロは倒れにくいですが、足元を土留めをかねて縁どりすると、どっしりとした趣が出てきます。土はねを防ぐ地被植物で、足元を化粧してもよいでしょう。

玄関の脇を利用

2～3本のトウジュロと土留めをかねた丸太材の縁どりで玄関脇をまとめる

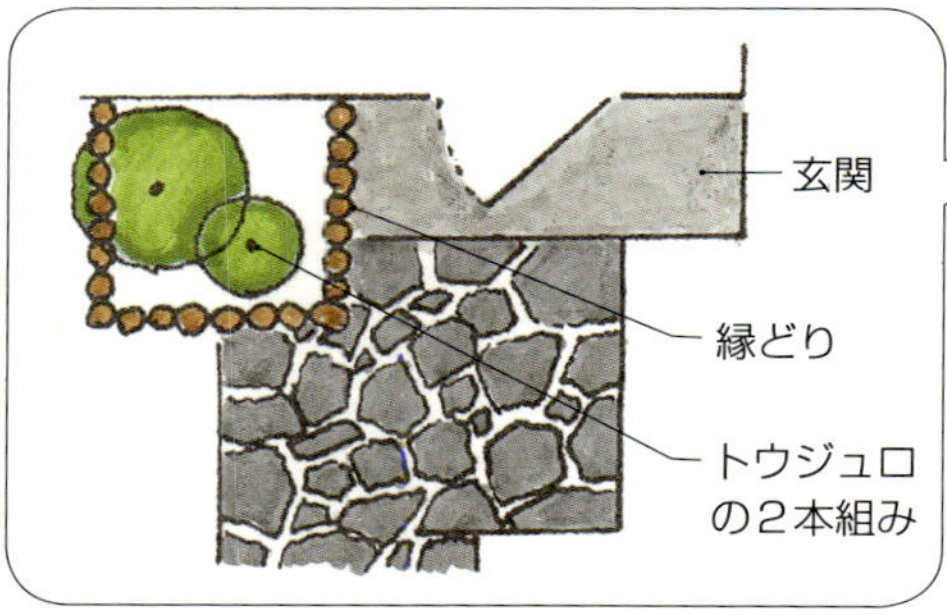
玄関
縁どり
トウジュロの2本組み

作業適期

暖地性の常緑樹なので4～5月に作業

小さい素材を植えて毎年黒シュロナワを巻く

暖地性の庭木には、ニオイシュロラン、ソテツ、トウジュロなどがあります。トウジュロは場所もとらず南国の風情がただよい、和風の庭にも洋風の庭にも合います。1年で10～20㎝伸び、毎年高くなります。腋芽は出ず先端を切ると枯れてしまうので、玄関の高さを考え2m以内の小さなものを1㎡に2～3本植えます。

枯れた芽や葉柄は切り、幹を包む繊維をめくって2本のシュロナワで下から毎年伸びた部分に巻き上げていきます。この作業をしないと見苦しくなります。

また、たれ下がる花もそれほど美しくないので、花芽のうちにかいておくとよいでしょう。

変化が少ないので、足元は丸太材などで縁どりしたり、庭石と組み合わせてデザインするとよいでしょう。

シュロには、葉形の大きなワジュロとやや小さめのトウジュロがありますが、ワジュロは葉が折れ曲がりやすく、見栄えが悪いので配植は避けます。

材　料

シュロナワ

黒色に染めてあるものを使う

トウジュロ

1～2ｍ
葉柄が短く
葉の小さい
ものを選ぶ

縁どりの寸法

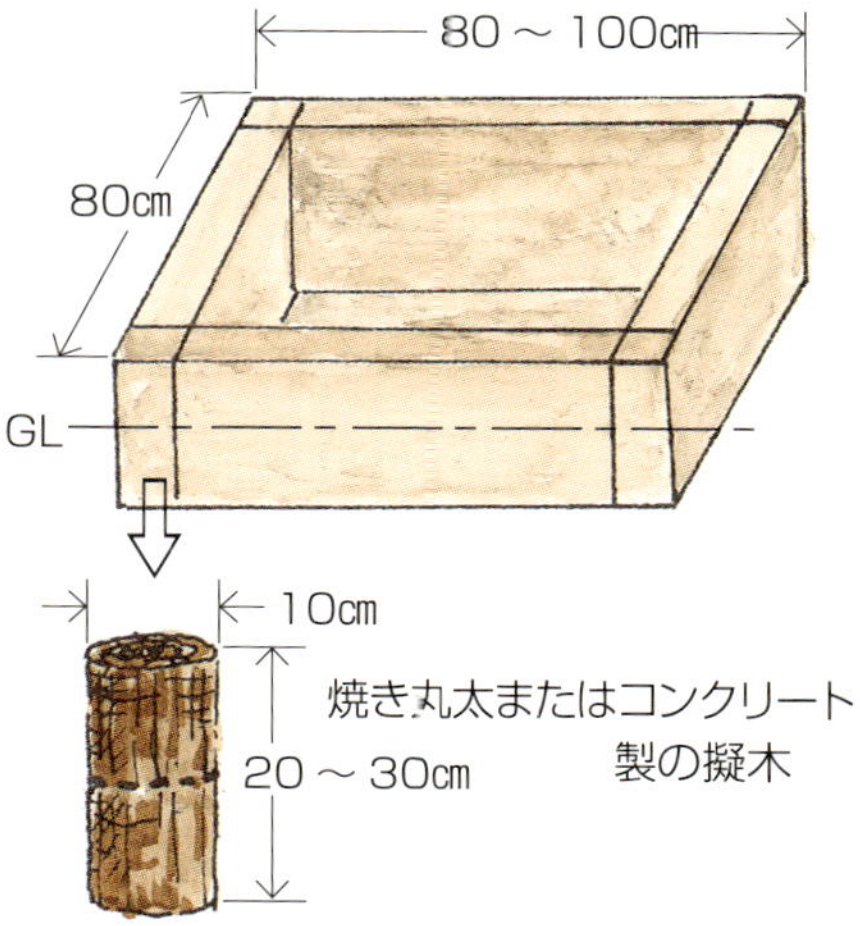

80～100㎝
80㎝
GL
10㎝
20～30㎝
焼き丸太またはコンクリート製の擬木

ここがポイント

背丈が低く葉柄が短く小葉のものを

　場所はとらないが、毎年伸びてどんどん高くなる。丈の低く小葉で葉柄の短いものを選ぶとよい。丈の違うものを２～３本植えると見栄えがよい。

枯れた葉や葉柄を切り、黒いシュロナワを毎年巻きつける

　枯れた葉が垂れ下がると見苦しくなる。繊維毛をめくってその上から２本の黒いシュロナワを巻きつけ、引きしまった幹にする。

作業手順

1　縁どりをつくる

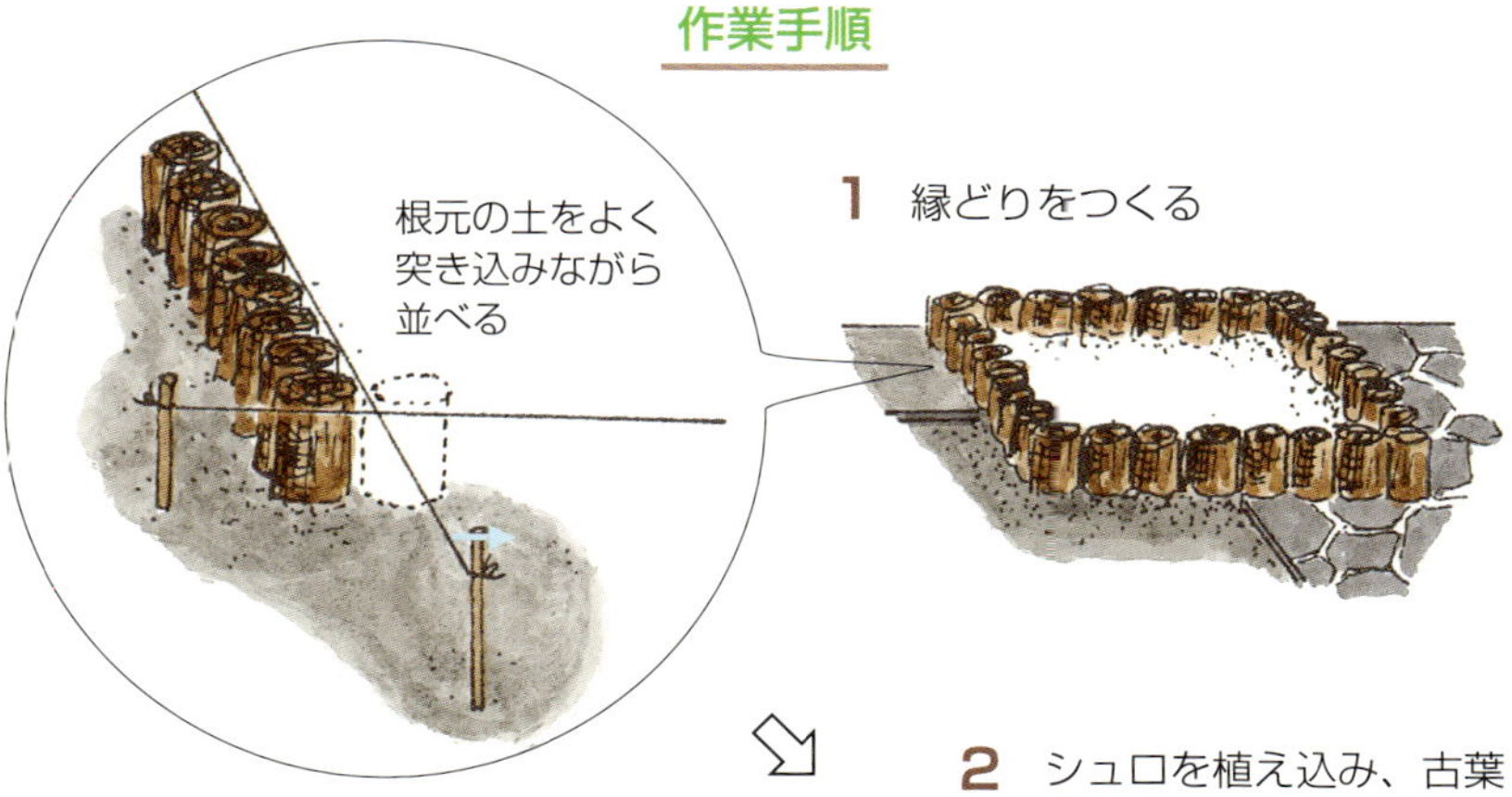

根元の土をよく
突き込みながら
並べる

2　シュロを植え込み、古葉と花がらを取る

繊維毛をめくってふるい
葉柄や花芽を切り取り、
幹を均一の太さにする
花芽

3　幹の繊維毛を２本のシュロナワで下から上に巻き上げる

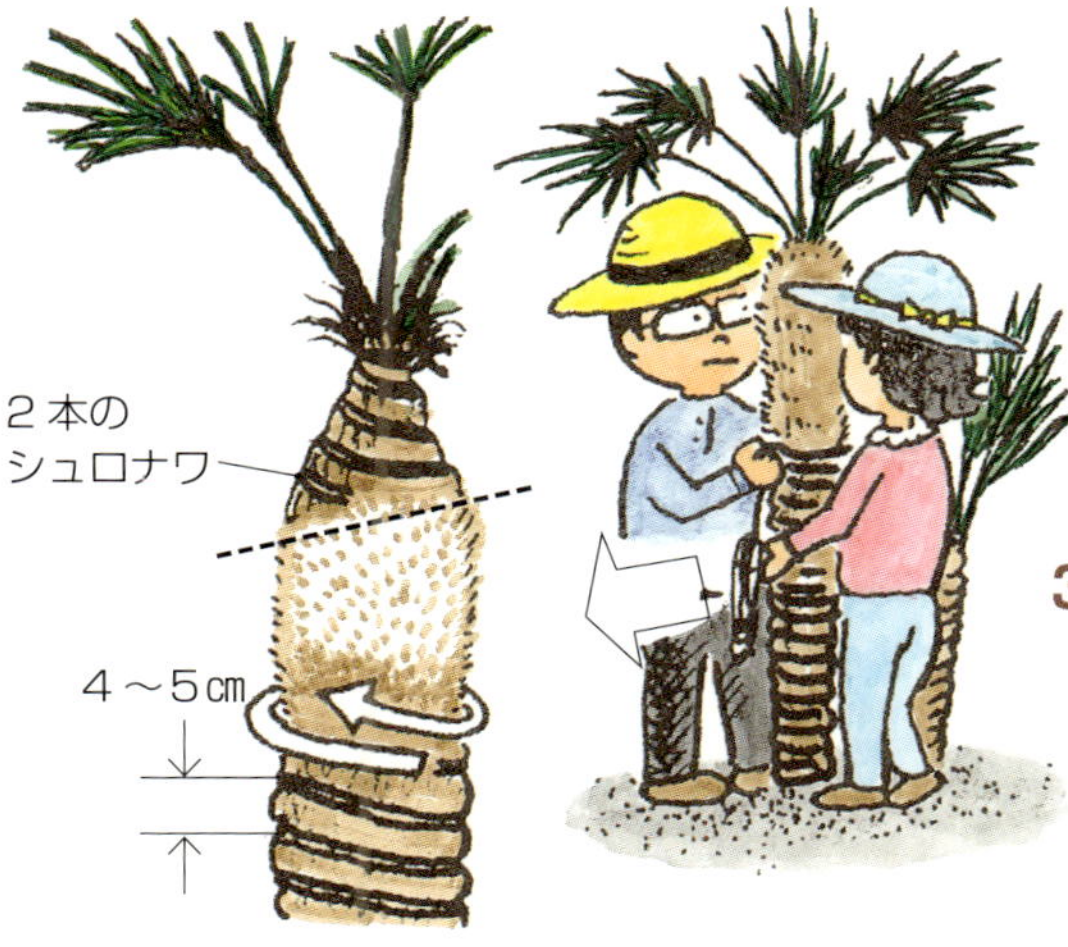

２本の
シュロナワ
4～5㎝

バードウォッチングを楽しむ庭

1 木を楽しむ

難易度☆☆　日照

実のなる木を多く植え、小鳥の集まるバードウォッチングができる庭つくりも楽しいものです。

夜明けとともにさえずる小鳥の声を寝床で聞いて目が覚めるのもうれしいものです。ちょっとした工夫で狭い庭も小鳥の楽園になります。

実のなる庭木や餌台を利用して鳥を呼ぶ

庭に植えてある常緑樹や隣家の庭木の近くに実のなる庭木を植えて野鳥を招き寄せる

野鳥の観察しやすい位置に餌台と庭木を配置する

作業適期

実のなる庭木の移植適期に合わせて９～10月、２～４月に作業

常緑樹や隣家の庭木近に実のなる木を植える

小鳥は用心深いものです。人の目に直接ふれると近寄ってきません。できるだけ隣家の庭木や街路樹の近くの場所に、実のなる木を密植しましょう。

できたら小鳥が隠れるシイ、カシなどの高木の常緑樹があると好都合です。日当たりが悪いと実がなりにくくなるので、日当たりのよい場所を選ぶことも大切です。また、実のなる高中低木を組み合わせると小鳥が集まりやすくなります。

高木…ウメモドキ、ガマズミ、クロガネモチ、カマツカ

中木…グミ、カキ

低木…アオキ、ナンテン、ピラカンサス、ムラサキシキブ、マンリョウ、スグリ

ただし、ウムモドキ、アオキ、クロガネモチは、雌雄木が別なので注意してください。

ミカンやリンゴを餌台に置くと、メジロやヒヨドリが集まり、水場にはシジュウカラが訪れます。

ここがポイント

庭木がまとまってある場所をつくる

狭い場所なので、できるだけ隣家の庭木や街路樹も利用して、小森林をつくる。高木の下に中低木の木を密植し、小鳥が安心して近寄ってこれる環境にする。

餌台や小鳥用の受け皿を設置

実のないときにも集まってくるよう、餌台や水飲み場を部屋から遠ざけて設ける。枝に果物をさしておくのもよい。小鳥を怖がらせないよう、室内からバードウォッチングを楽しむ。

フン害が問題になるところには植えない

駐車場、玄関先などに実のなる高中木を植えるとフン害に悩まされるので注意。

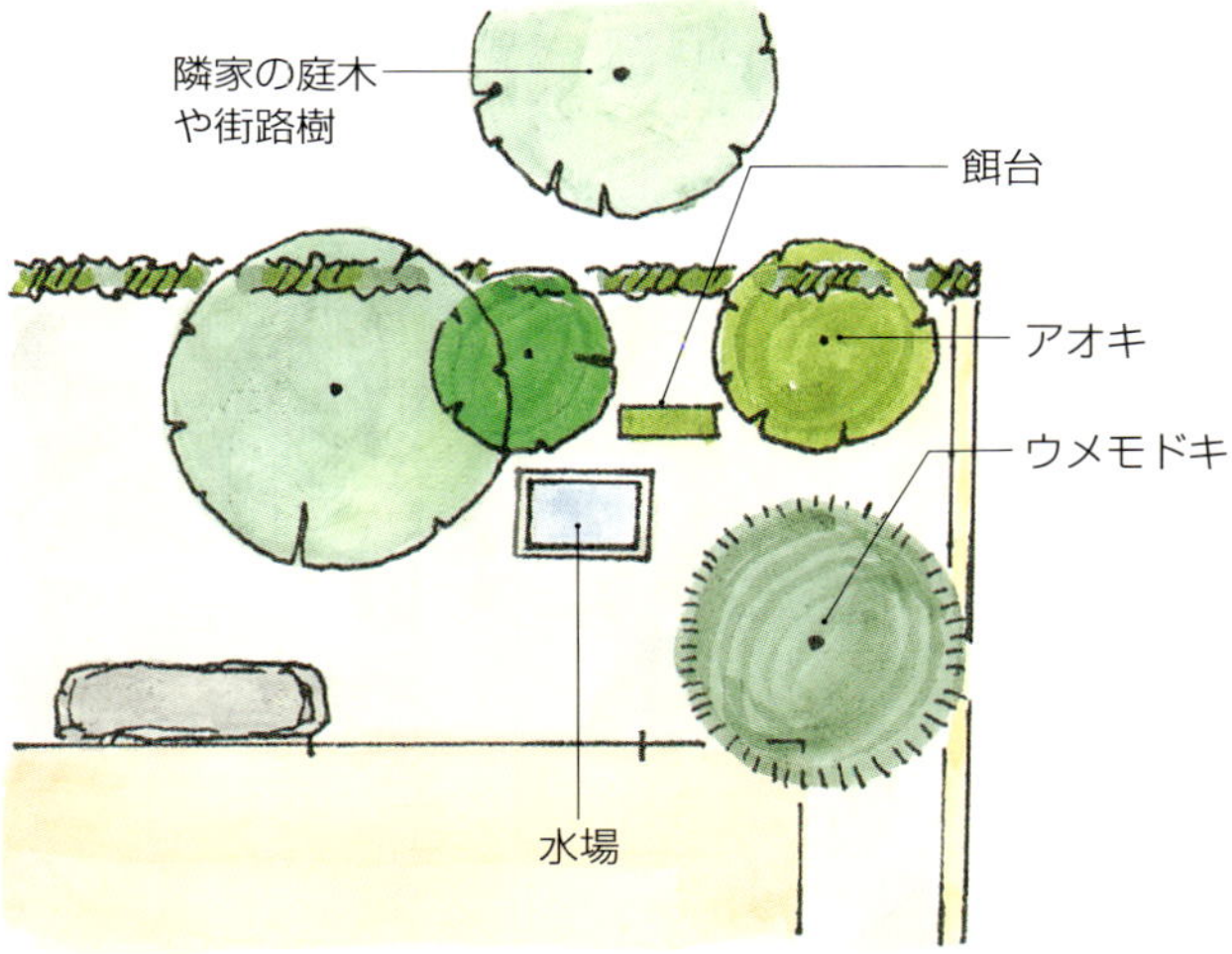

材料

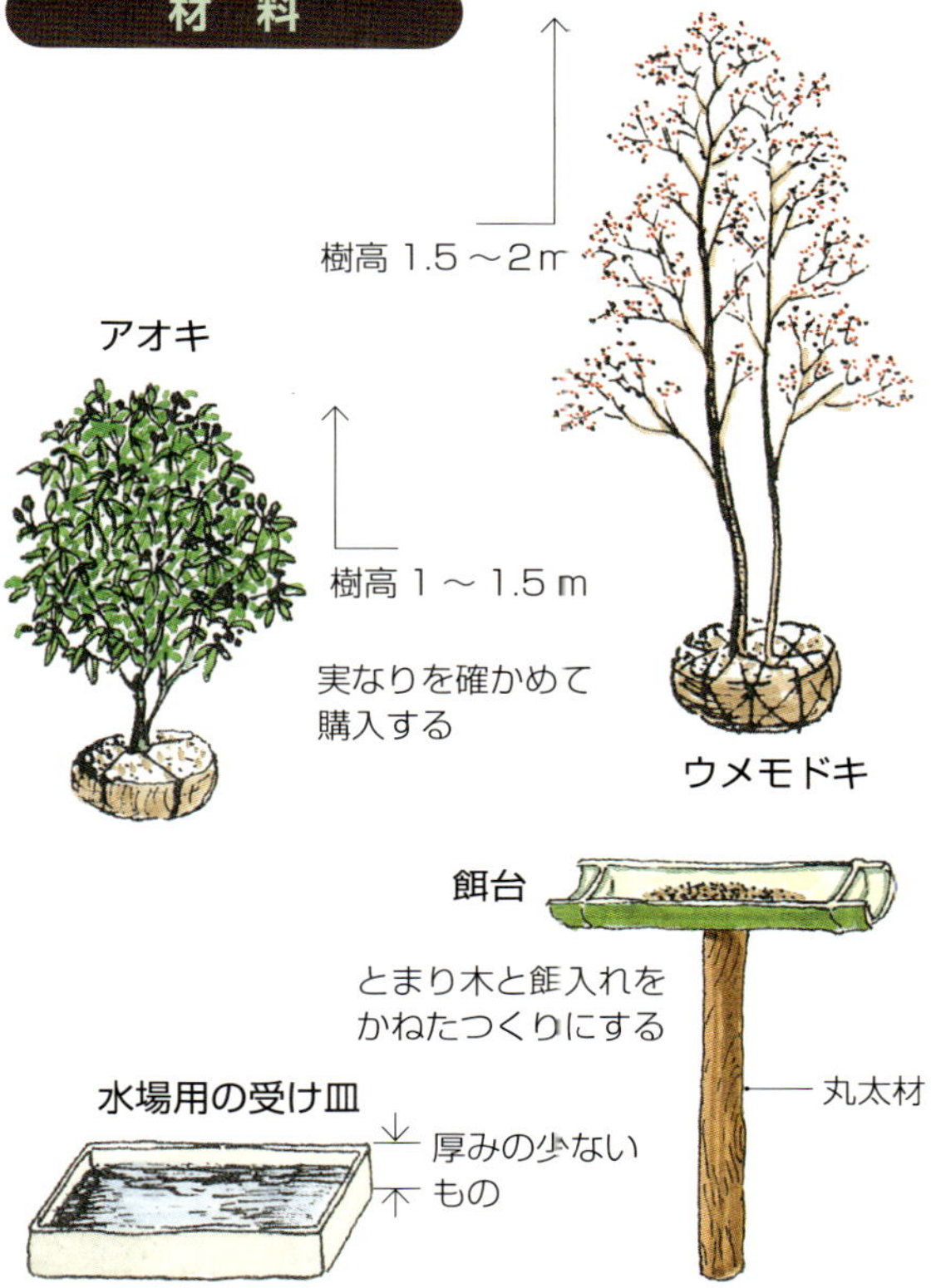

作業手順

1　餌台を製作する

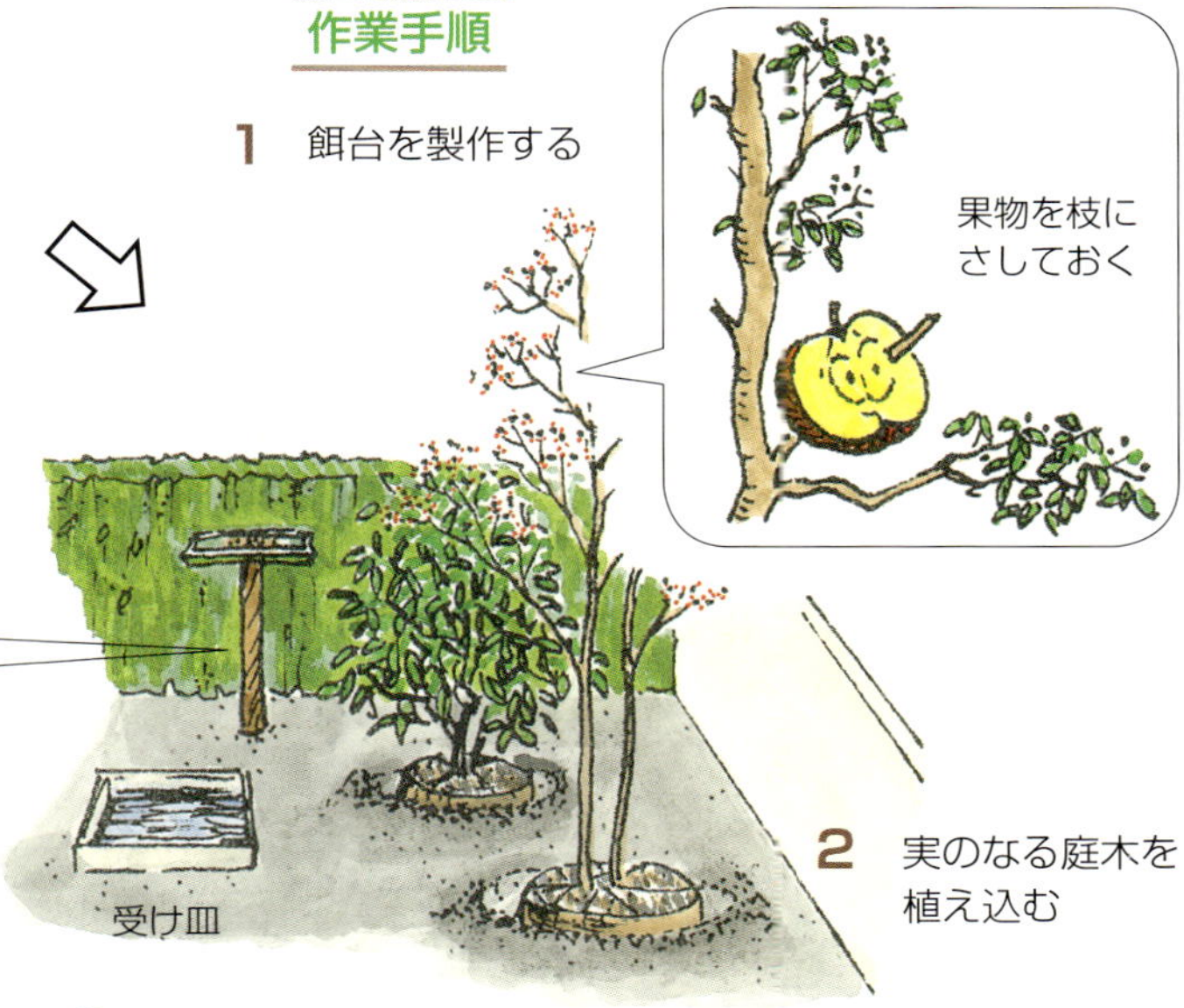

2　実のなる庭木を植え込む

3　製作した餌台と水を与えるための受け皿を植栽の近くに配置する

庭角に果樹を植える

敷地の隅に果樹を植えるのもおもしろい。昔は庭に食欲を刺激する果樹を植えると品がなくなるといわれましたが、別に気にすることはありません。花が咲き実がつき色づいてくる様子を眺めるだけでも心豊かになります。

1 木を楽しむ

難易度☆　日照●

作業適期

カキ、ザクロなどの落葉樹の植え付けは2～3月と10～11月、柑橘類は4～5月か9月中に作業

育てやすい樹種を利用

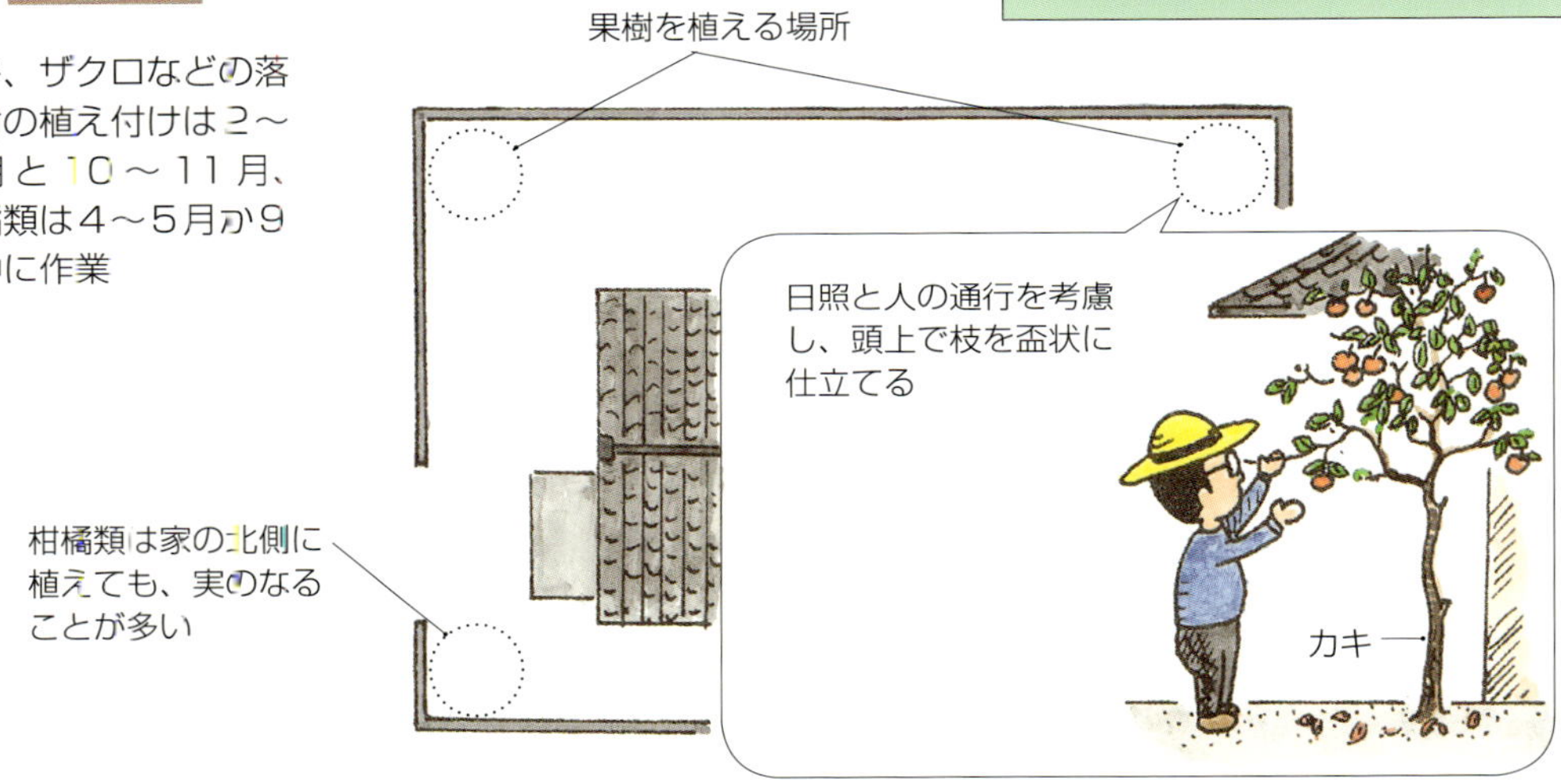
果樹を植える場所
日照と人の通行を考慮し、頭上で枝を盃状に仕立てる
柑橘類は家の北側に植えても、実のなることが多い
カキ

キンカン、カキ、ザクロがおすすめ

狭い場所では、あまり大きくならず育てやすいものがいいでしょう。樹形にこだわる必要はありませんが、通行のじゃまになる下枝は切って、頭上くらいの高さからなるようにします。

おすすめ果樹は、春のウメ、ナツミカン、初夏のアンズ、スモモ、秋のカキ、ザクロ、冬のキンカン、ユズなど。とくに実つきがよくつくりやすいのがキンカン、カキ、ザクロ。ただし、八重咲きのザクロは実がなりにくいので避けてください。カキは1本でも実のつきやすい品種や地域の気候に合う品種を選ぶことが大切です。

柑橘類は日陰でも比較的よくなるので、キンカン、ナツミカンは北側に植えてもいいですが、他の果樹はできるだけ日なたに植えましょう。

キンカン（常緑低木）　せん定は刺に注意する。

ザクロ（落葉小高木）　キンカンと同様、鋭い刺の短枝に注意してせん定する。

カキ（落葉高木）　花芽と葉芽が区別しやすい冬の落葉期にせん定する。

ここがポイント

通行のさまたげにならない隅に

　果樹は収穫作業などがともない、枝も広く張るので広い場所が必要になる。敷地の角隅に植え、できるだけ高木にならないように育てるといい。そのためには、実のなりはじめた苗木を植えるか、できるだけ早くならせてなりグセをつけることがコツ。早くから強いせん定をくり返すとなりグセがつかない。

境界線から1ｍ以上内側に

　大きくなるカキ、ザクロなどは、道路や隣地に出ないように境界の1ｍ以上内側に植えること。

材　料

カキ（苗木）
1.5ｍ

1本でも果実のつきやすい自家稔性種の富有柿、次郎柿、江戸一などを選ぶ

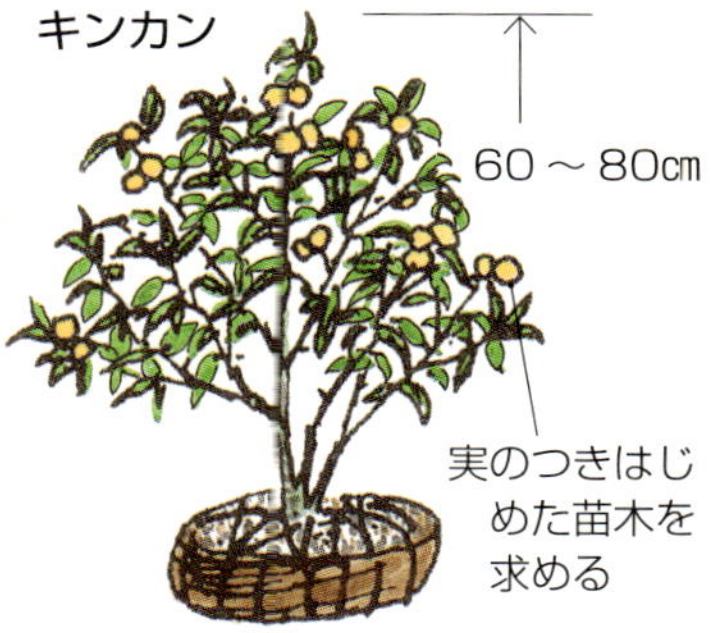
キンカン
60～80㎝
実のつきはじめた苗木を求める

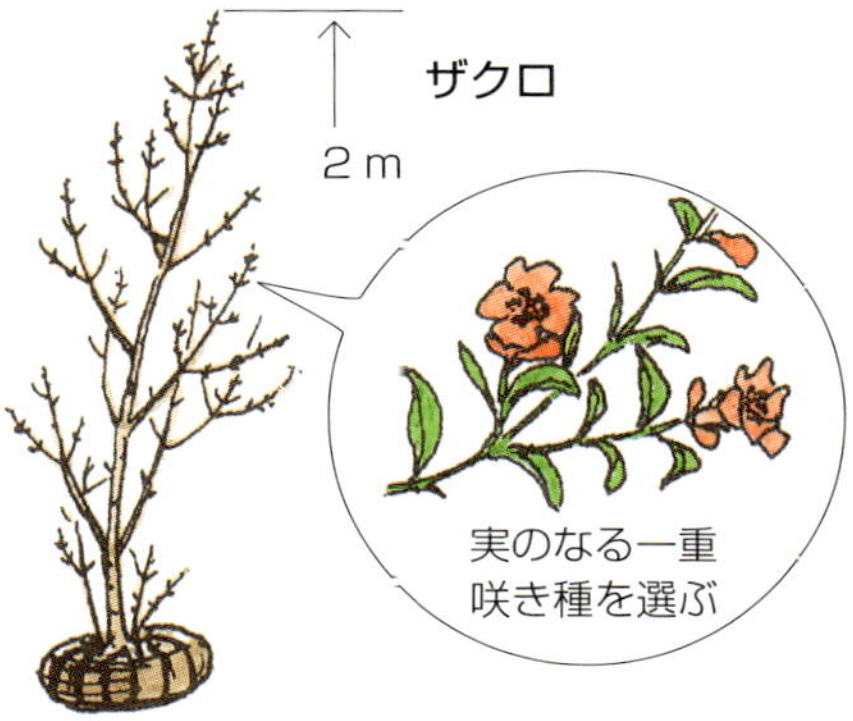
ザクロ
2ｍ
実のなる一重咲き種を選ぶ

作業手順

1　カキの苗木を植える

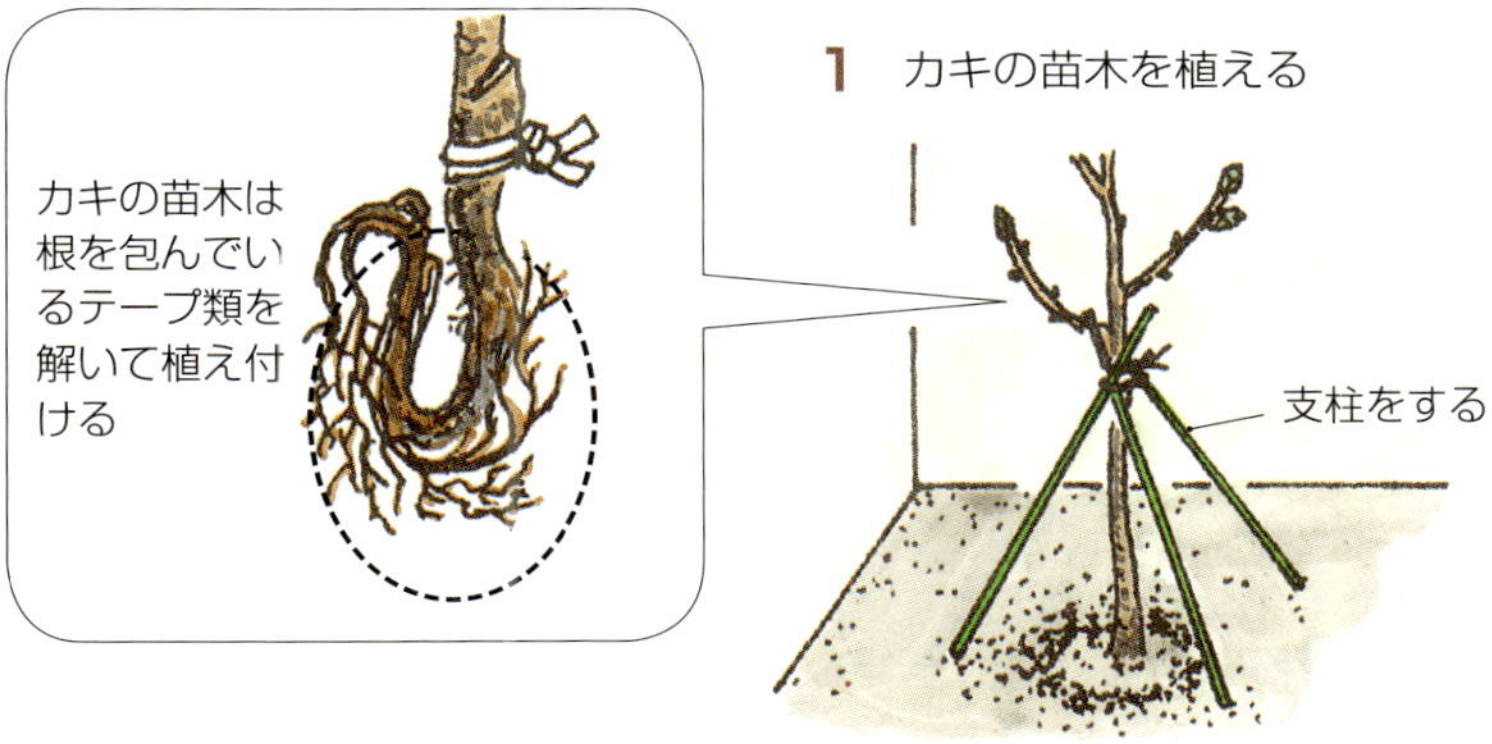
カキの苗木は根を包んでいるテープ類を解いて植え付ける
支柱をする

2　ザクロとキンカンを組み合わせて植える

数年後
塀の上や低い脚立で収穫できる高さに仕立てる

和室から冬の花木を観る

1 木を楽しむ

難易度☆☆☆　日照●～◐

花の少ない殺風景になりやすい冬に花木を植えて花やその香りを縁先で楽しみましょう。サザンカ、ウメ、ツバキ、ロウバイ、マンサクなど、寒期に咲く花も少なくありません。これらは、他の添景物などと組み合わせて、古くから和風の坪庭に配植されています。

また、床の間に切り花として生ければ、庭の趣を部屋の中まで持ち込めます。

軒先や和室前を利用

作業適期

落葉樹の芽だし前の２～３月に作業（常緑広葉樹の植え付けを同時に行なうときは幹や根鉢を保護する）

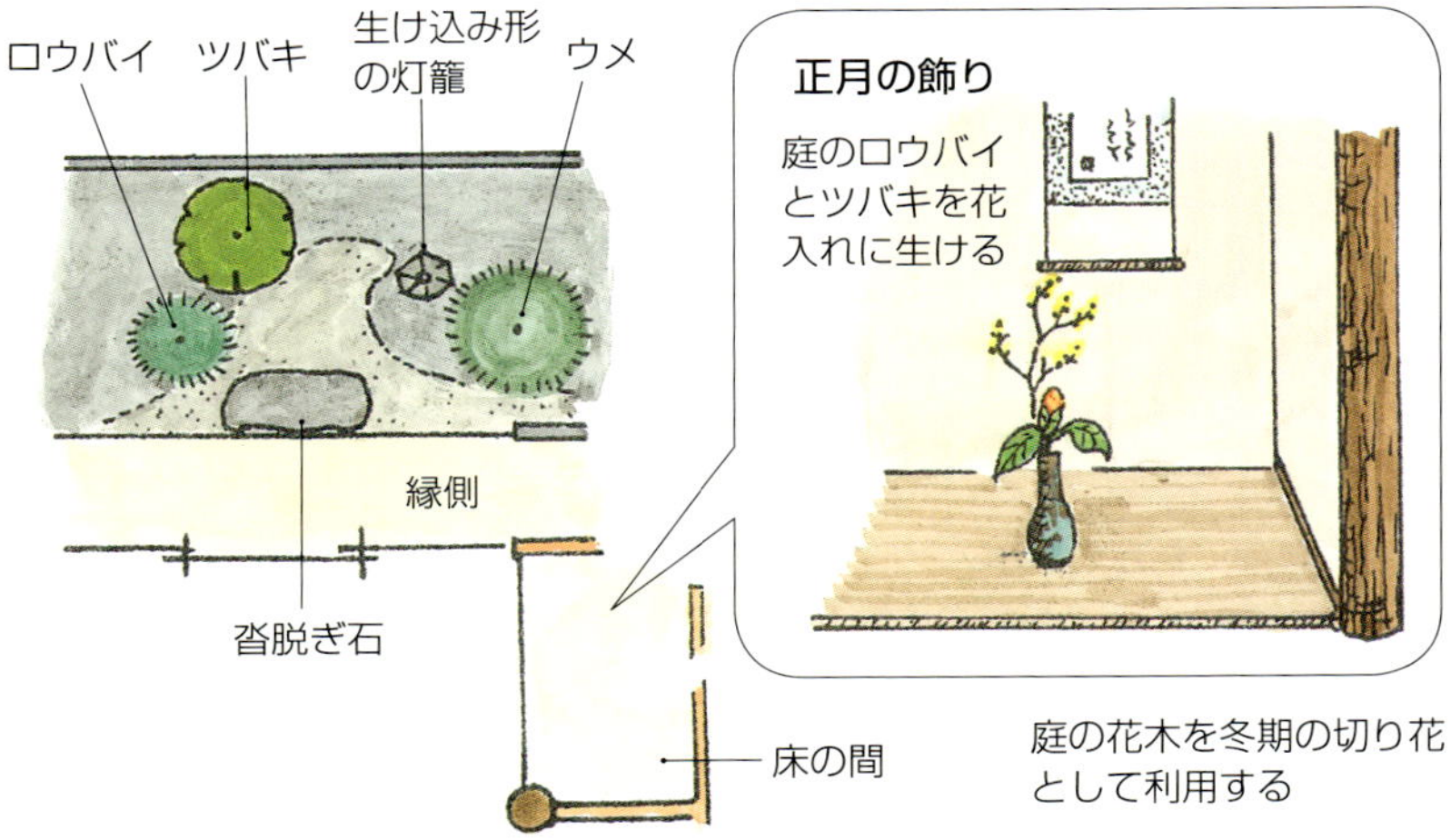
ロウバイ
ツバキ
生け込み形の灯籠
ウメ
縁側
沓脱ぎ石
床の間
正月の飾り
庭のロウバイとツバキを花入れに生ける

庭の花木を冬期の切り花として利用する

中央に懐をつくり奥行きを広く

上図は縁先から奥行き３m、幅５mくらいの本書のなかでは比較的広い庭の例です。

この庭の奥行きをより広く見せるには、中央部に曲線の懐を設けて不等辺三角形状に植えるのがコツです。手前には香りの強い木（ウメ、ロウバイ）を植え、奥は少し盛土をします。スペースがあれば、小さな生け込み型の織部灯籠などを添えると風情が深まります。

ロウバイ（ロウバイ科・落葉低木）江戸時代初期に渡来。１～２月の葉が出る前に黄色の花を横向きに開く。

また、次のような四季の花木を組み合わせて楽しむのもいいでしょう。

春	トサミズキ、レンギョウ、ユキヤナギ、ボケ、コブシ、ジンチョウゲ、カイドウ、サンシュユ
初夏	フジ、ツツジ、サツキ、ボタン、バラ、クチナシ、アジサイ、シャクナゲ
夏	ナツツバキ、ムクゲ、ノウゼンカズラ、サルスベリ、ザクロ、ネムノキ
秋	ハギ、モクセイ、フヨウ

ここがポイント

花木を3～4本組み合わせる

花木はサザンカ、ツバキのほかは落葉樹なので、常緑の下草（クマザサ、ツワブキ、タマリュウなど）と組み合わせる。花木の種類は3～4種にとどめ、灯籠、景石、沓脱ぎ石、御簾垣《みすがき》を添えてまとめたほうがいい。

背景の工夫がほしい

和室前の坪庭は境界をはっきりつくり、背景に工夫がほしい。ブロック塀に漆喰を塗ったり、御簾垣で仕切るなどの工夫をすれば、落ち着きが出て花が引き立つ。

材料

生け込み形の灯籠

織部形や六角露地形、水蛍形など、竿の部分を土中にいける形式のもの

ウメ

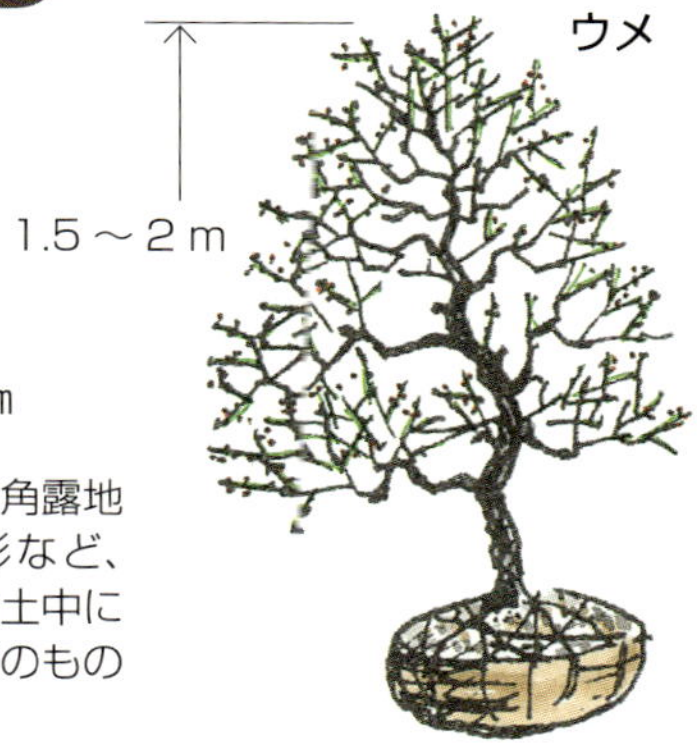

下草類

（常緑の下草）

沓脱ぎ石

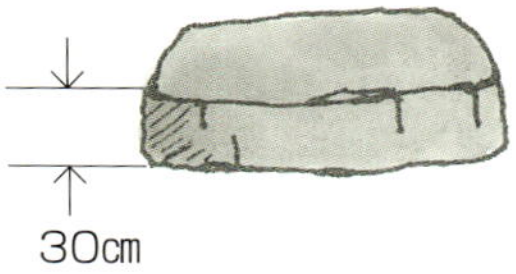

ロウバイ

（株立ちのもの）

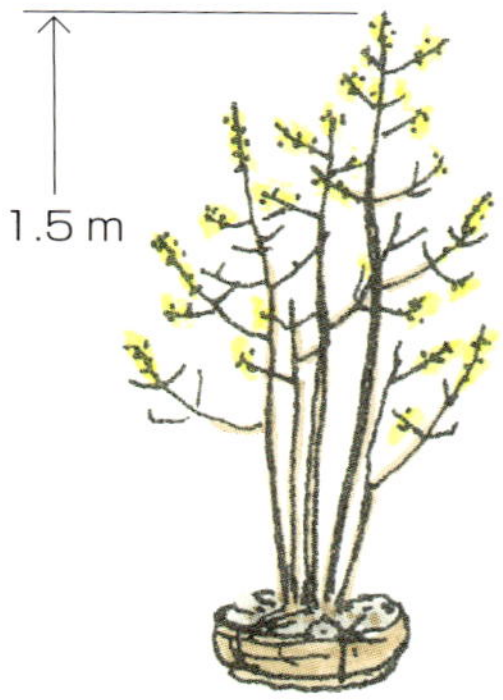

ツバキ

小輪系の種類

作業手順

1 不等辺三角形をめやすに地模様を決める

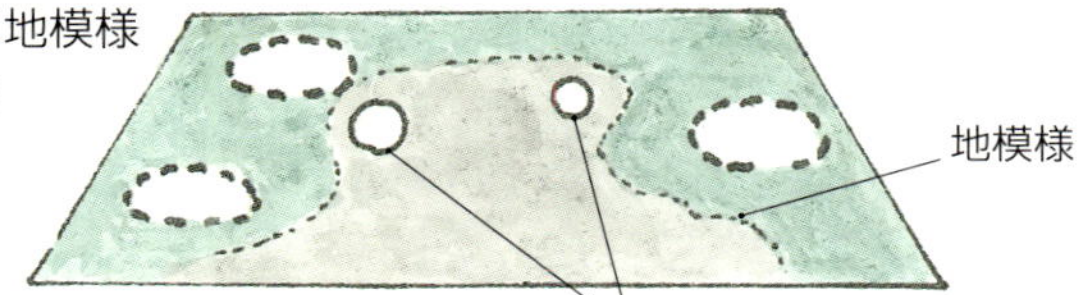

2 沓脱ぎ石と灯籠を据える

3 3本の庭木を植え込み、根じめの下草を添える

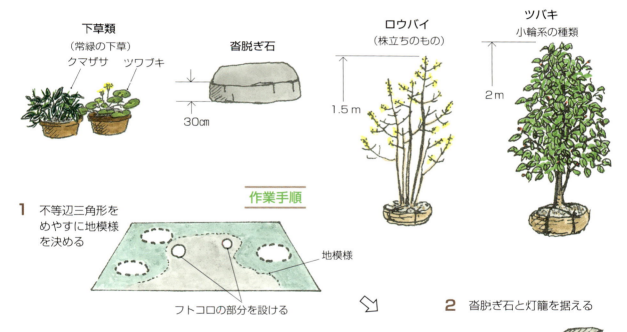

緑陰樹のある芝庭園

1 木を楽しむ

難易度☆☆☆　日照●

庭の南西隅に芝生、テラスを設けた洋風庭園。テラスの南西寄りに落葉樹を植え、花期の長いアベリアで縁どって夏の緑陰を楽しみましょう。

テラスにベンチを置けば、見るだけで涼しくなりますし、屋外の居間として食事などを楽しむスペースになります。

落葉する緑陰樹を利用

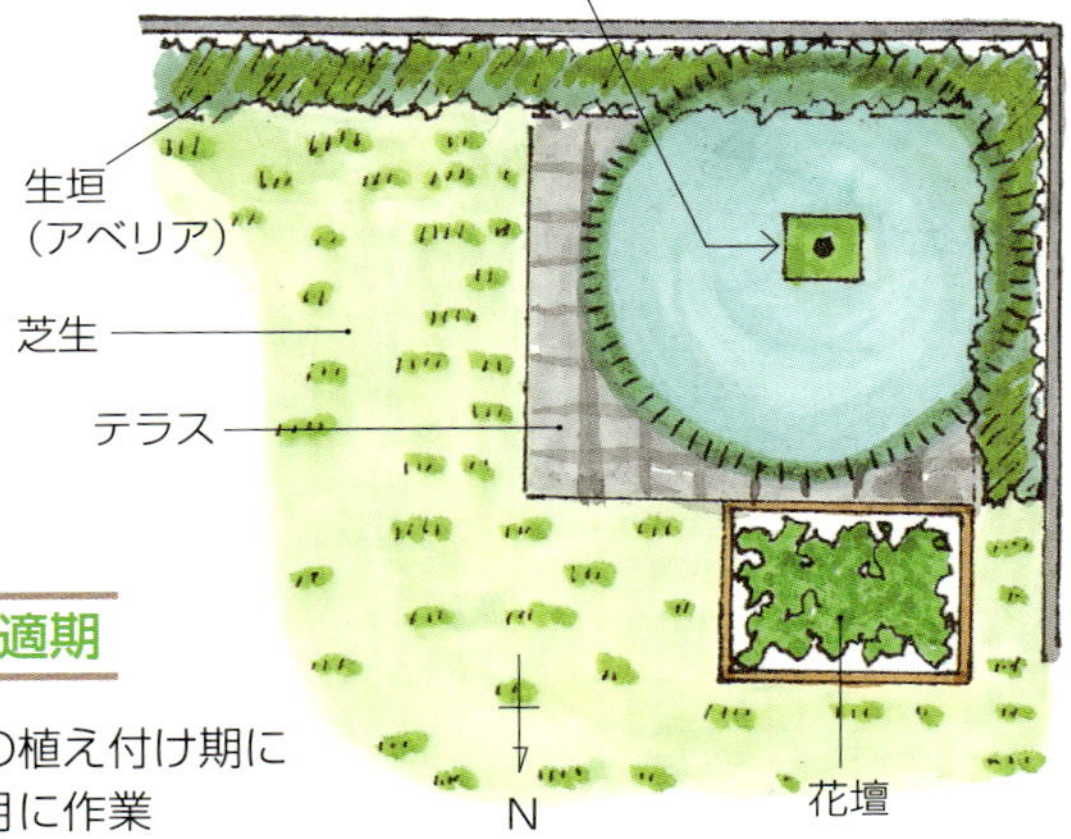
緑陰樹
（コナラを庭の右奥に植える）

作業適期

落葉樹と芝生の植え付け期に
対応させて３月に作業

芝生の生えにくい部分をテラスに

日当たりをもっとも好み、日陰では育ちにくい芝生。緑陰樹の下や塀際は日照不足で芝生を植えても育たず、雑草の天下になってしまいます。そのような場所を利用して、コンクリート平板を並べてテラスをつくりましょう。

緑陰樹には夏の強い日差しをさえぎり、冬は葉が落ちて明るくなる落葉樹を選びましょう。ケヤキなどの生長の旺盛なものは不適です。葉が比較的大きいコナラ、ヤマボウシ、カエデ、センダン（暖地）、カツラ（寒地）、ハルニレ（寒地）などが向いています。

雑草の発生を少なくするには、できるだけ芝生を密に植えて、すきまをはじめから少なくしましょう。できたらベタ張りにすると、あとの管理が楽になります。

●落葉する緑陰樹

コナラ（落葉高木）　日当たりのよい山野に見られ、放任すると10ｍ以上の大木に。シイタケの原木としても有名。

ヤマボウシ（落葉小高木）　緑陰樹として日陰をつくるほか、6～7月に白い花弁のように見える総苞片が楽しめます。

ここがポイント

芝生は3～4月に多めに入手

芝生張りの適期は入手しやすい3～4月。中が黄色くなっているものは避けて、緑の濃いものを選ぶ。2束で1坪といわれているが、せいぜい1束で1㎡が限度。できたらベタ張りすると後の管理が楽。

川砂を敷いてコンクリ平板を水平に

厚さ5cmくらいの平板ならモルタルを流す必要はない。川砂を1cmくらい水平にならして敷けば、排水もよく作業が楽になる。

位置は夏の強い西日を避ける南西隅に

緑陰を楽しむには、夏の強い西日が避けられる南西隅の角に大きな緑陰樹を植える。

材　料

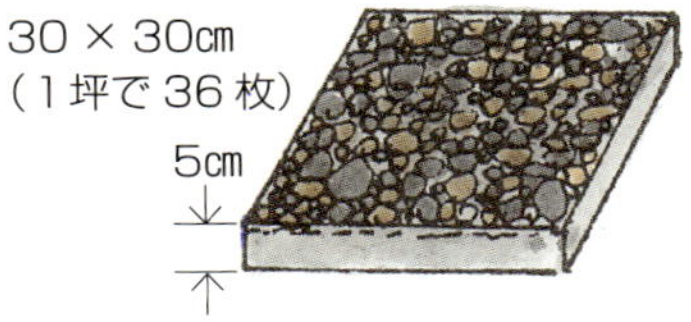

コンクリートの平板

踏み面の仕上げ方が異なるものが多種類市販されている

川砂　コンクリートの平板を据えるのに用いる

芝生（高麗芝）

2束で1坪分

作業手順

1　緑陰樹の植え込みは庭師にまかせる

2　テラスを奥の部分からつくりはじめる

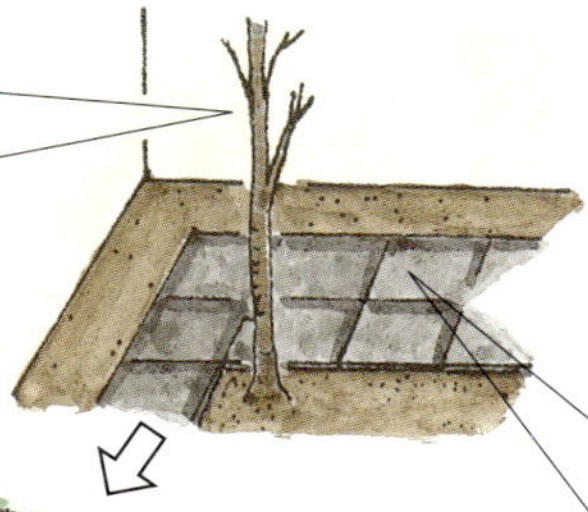

コナラの立ち木
（樹高3～4m）

アベリア
（1m幅に3株）

3　塀際にアベリアを植え、仕上げに芝生を張る

芝生は後の手入れを楽に行なうためにすきまなく張りたい→ベタ張り

川砂を1cmほどの厚さに敷き、平板を水平に並べる

合板の上につくる移動式石庭

2 石を楽しむ

難易度☆　日照●〜●

石庭なら土は必要ありません。1㎡たらずの合板の上に景石を置き、砂を敷きつめるだけで、立派な石庭ができます。移動も自由自在なので、玄関先や玄関の廊下、床の間、ベランダなどに、映える背景を考えて設置しましょう。

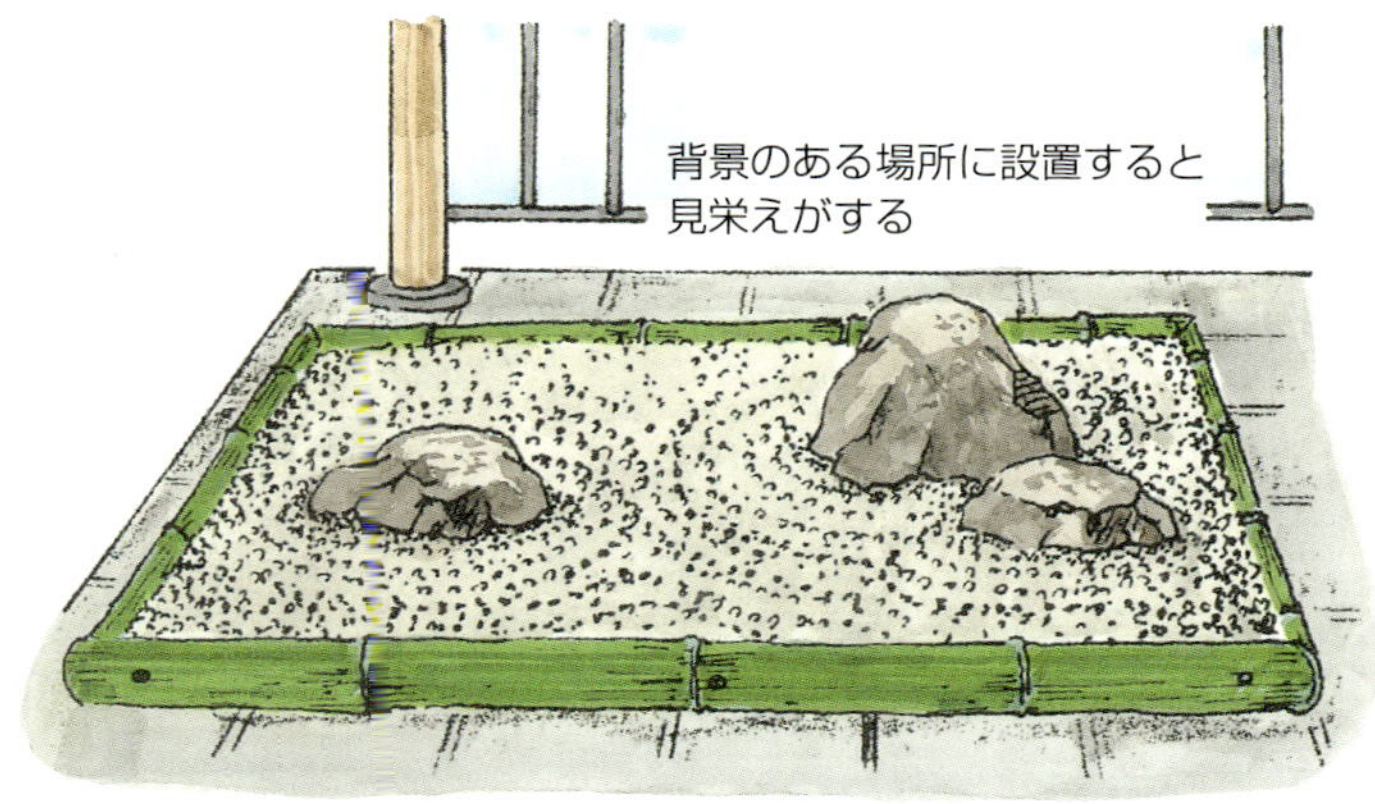

背景のある場所に設置すると見栄えがする

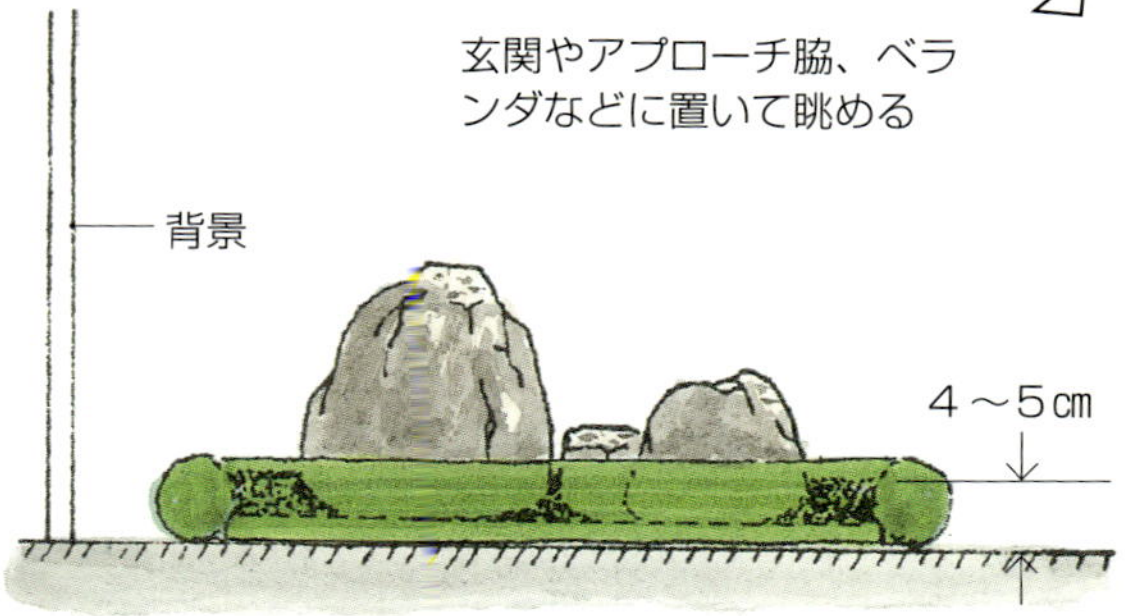

玄関やアプローチ脇、ベランダなどに置いて眺める
背景
4〜5㎝

1㎡の合板を利用

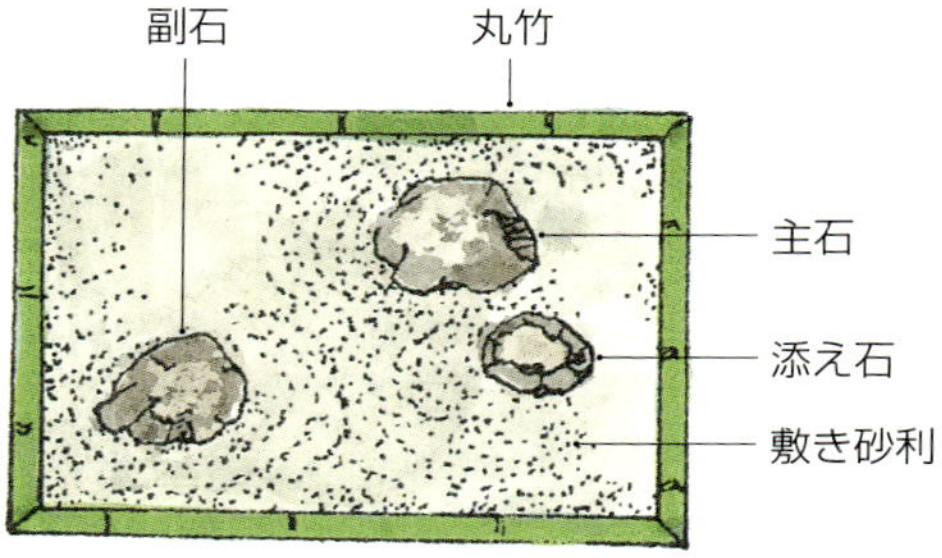

副石
丸竹
主石
添え石
敷き砂利

約1㎡の合板のまわりに竹の枠を組み、3個の景石と敷き砂利でまとめる

作業適期

植物を使用しないのでいつでも作業できる

景石・砂の種類を統一する

景石は身のまわりにあるものでかまいませんが、種類や色が同じものを使うことが原則です。自然の岩山は同じ種類の岩石でできているからです。

景石の形、大きさは変えて、主石、添え石、副石と、背景の面（枠の面）と平行にならないように不等辺三角形状に並べます。底が浅いので、底が平らで下部が広がっている石を選ぶことがコツです。色は木曽石、黒ぼく石のように派手でないものを選びましょう。

石数は、2，3，5，7石というように奇数が原則ですが、1㎡くらいなので3石が限度です。

合板に丸竹で枠をつくり、砂が飛び散らないようにし、景石が地下に末広がりになって見えるように工夫して据えます。

据え方は、不等辺三角形をめやすに配置し、景石の正面を観賞点に向け、一番断面が大きくなっている部分まで砂利を敷き、波紋を描けば完成です。完成後は、石庭にほこりがつかないよう、全面の掃除に努めます。

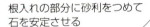

ここがポイント

置く場所を考えて大きさを決める

玄関先やアプローチ脇、玄関内や床の間など、置く場所に応じて合板や石の大きさを決める。石の高さも大きさに応じて選び、砂の空間を多くすることが石庭を広く見せるコツ。日当たりのよい場所に置く場合は、砂のかわりにコケを植え付けてもよい。

背景には目立つものを置かない

石庭の静寂感を引き出すには、背景に生活設備や花など目立つものを置かないこと。

材　料

合板（ベニヤ）

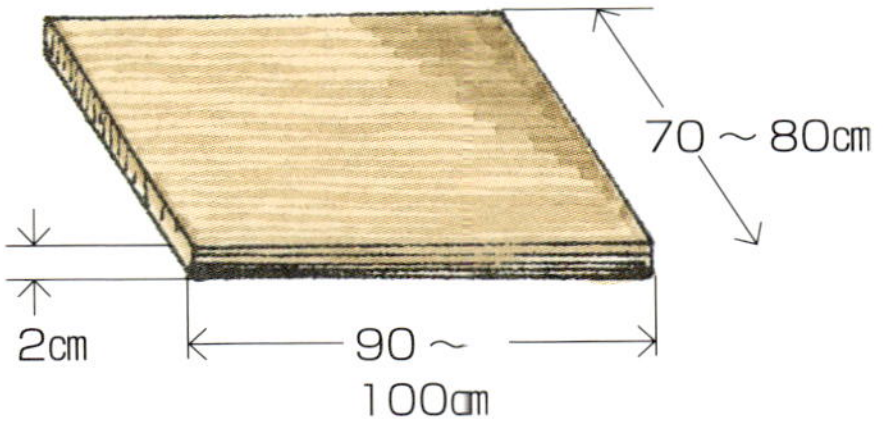

70 ～ 80cm
2cm
90 ～
100cm

丸竹（マダケ）

5 ～ 6cm

合板の縦、横の長さに合わせたものを枠に用いる

敷き砂利

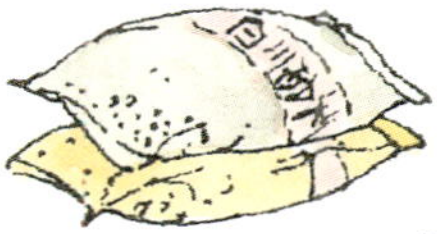

白川砂利
伊勢砂利

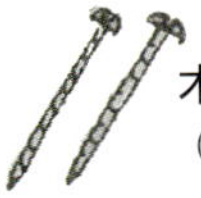

木ネジ
（8cm）

景石

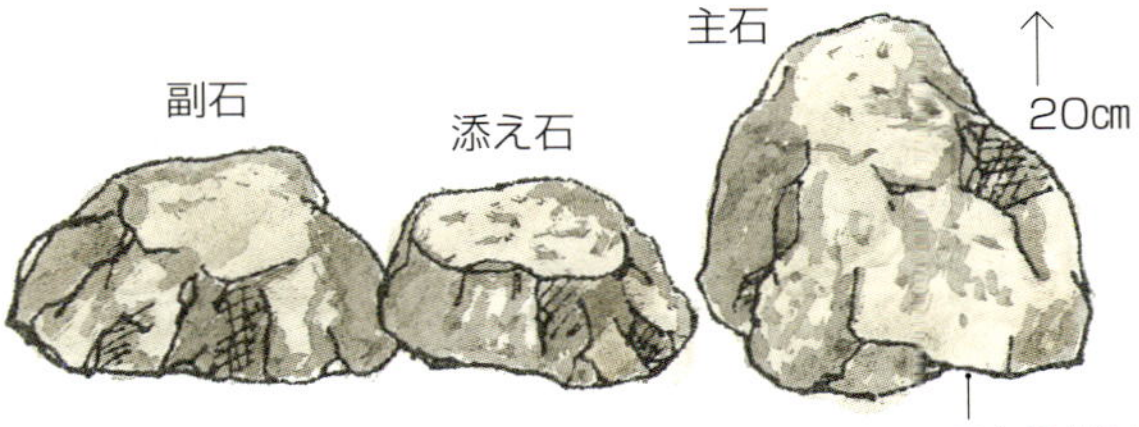

主石
20cm
副石
添え石

できるだけ底が平らで末広がりの石を用いる

作業手順

1　角の部分を斜めに切った竹の枠を合板に止める

合板

あらかじめ丸竹に穴（3カ所）をあけておき木ネジで合板に固定する

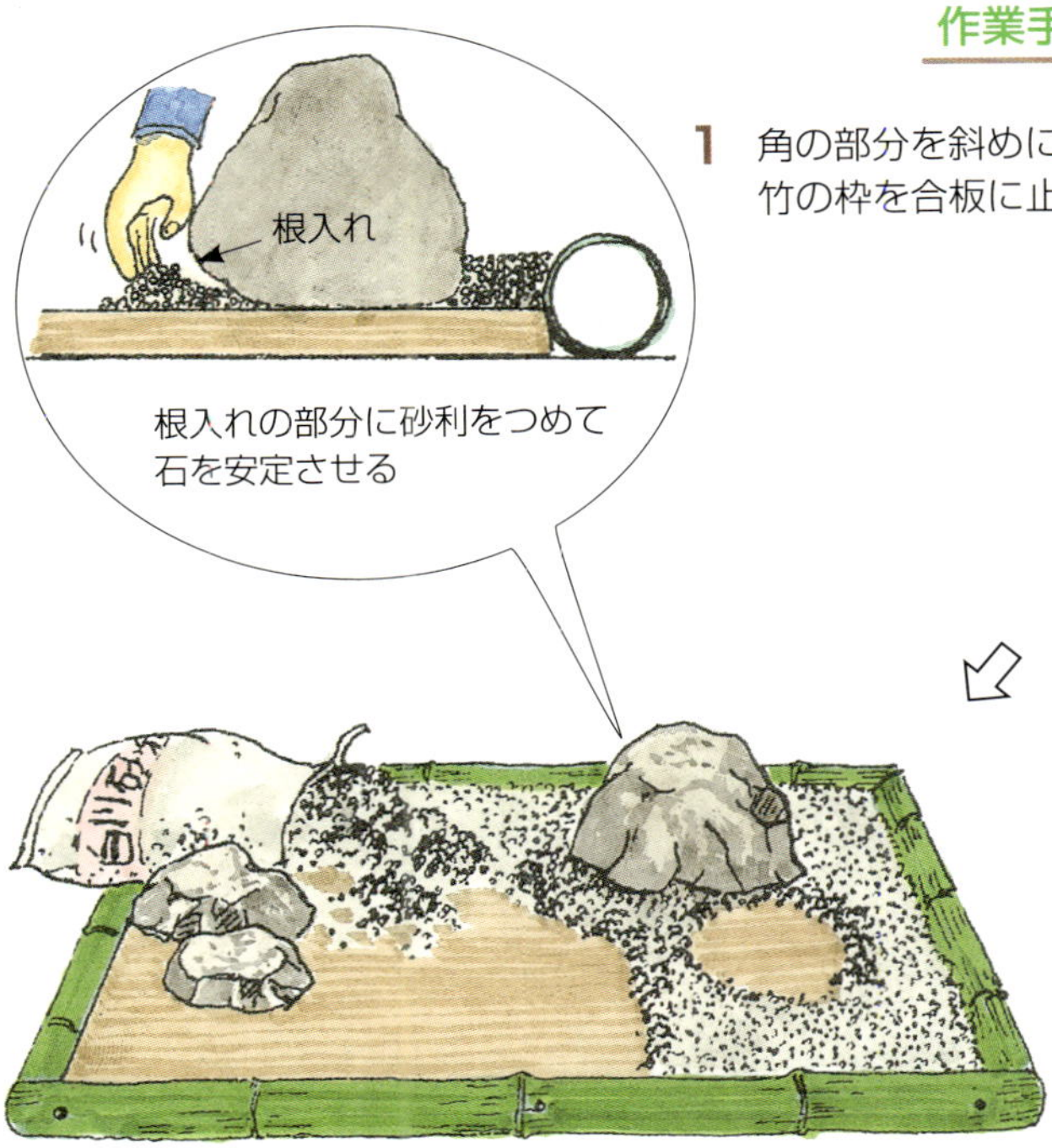

根入れ

根入れの部分に砂利をつめて石を安定させる

2　不等辺三角形の配置をめやすに景石を据え、まわりに砂利を敷く→少し厚めに敷くと波紋（縞模様）を描くことができる

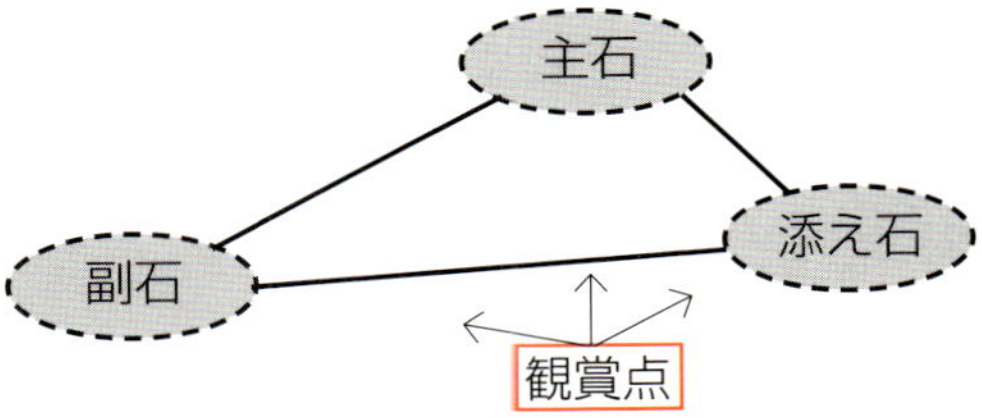

主石
副石
添え石
観賞点

人工芝と灯籠でつくる移動式石庭

難易度☆　日照●～●

岬形灯籠を中心に、海岸の砂浜を模してつくった移動式石庭です。

海に突き出た洲浜にある灯籠の下にはゴロタ石を、白浜や海には白川砂利を、海岸の松林には人工芝（コケでもよい）を配置します。

ベランダや庭の左角部分に設置して眺める

背景

合板上の灯籠を据えた位置により、石庭の設置する場所を変えて眺める

1㎡の合板を利用

ゴロタ石（洲浜）
丸竹
岬形灯籠
人工芝
控え石
敷き砂利

約1㎡の合板の上に据えた灯籠に人工芝と少し引き離した控え石を添えて立体感を強調する

作業適期

74ページの石庭と同様に日曜大工的な作業なのでいつでも行なえる

置き灯籠の種類

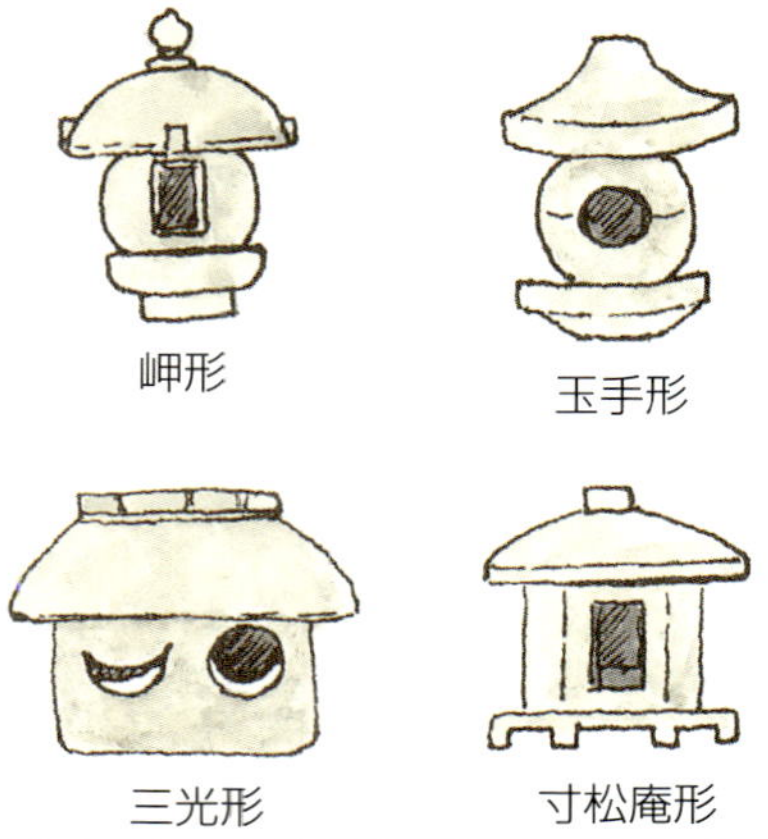
岬形
玉手形
三光形
寸松庵形

灯籠を奥隅に置き曲線の地模様を

灯籠は小庭の角や玄関などの足元を照らすものですが、岬形灯籠は海を照らす灯台です。火口を海の中央に向けて据えます。

浮島を模した控え石は、その光を受け止める位置に配置し、景観のバランスをとります。あくまで主石は灯籠なので、あまり大きくない景石を選びます。

人工芝は背景となる緑で曲線の地模様に合わせて切り配置します。屋外に置くならコケでもかまいません。完成後は全体の掃除に努めます。

材料

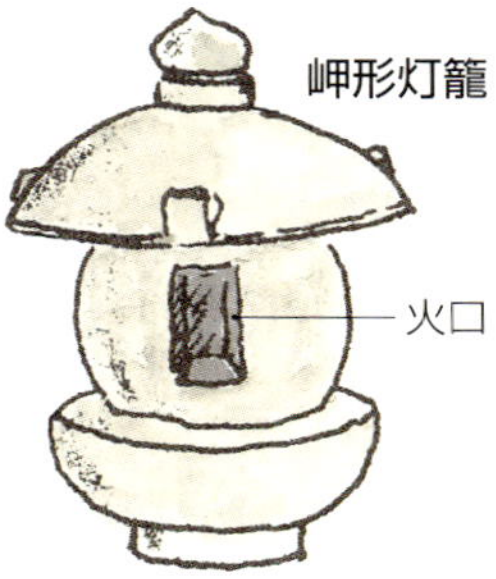

岬形灯籠　できるだけ小型のもの

台石　灯籠をのせる上面の平らな鉄平石

竹枠をつけた合板

74ページで製作したものと同じサイズでつくる

人工芝

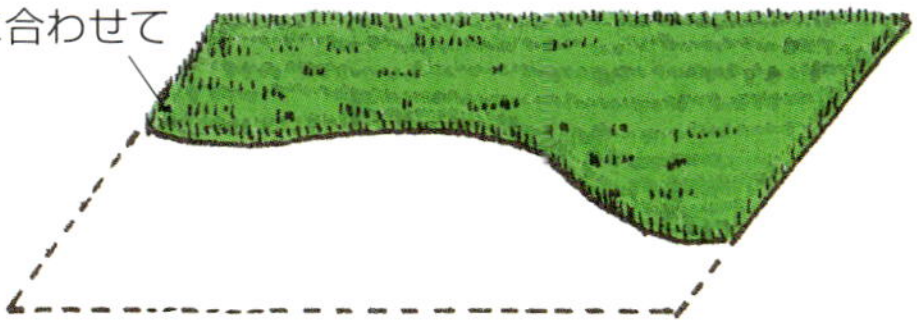

地模様に合わせて切る

他の置き灯籠を飾ってもよい

ゴロタ石

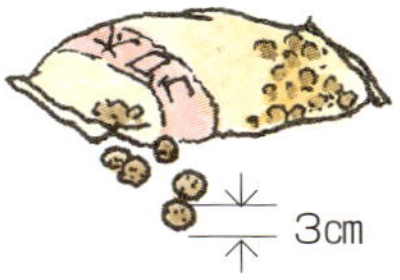

敷き砂利

（白川砂利）

景石

ここがポイント

目がいくポイントを奥隅に

視線は手前よりも、まず奥隅にいく。主石となる灯籠は奥隅に配置し、石庭を左隅に置くときは左隅に、右隅に置くときは右隅に置く。

控え石は、その対角線上に灯籠の重さを受けて引き立たせるため置く。砂は、白川砂利（白）、桜川砂利（錆色）、伊勢砂利（薄茶）など汚れが目立ちにくく派手でないものを。

作業手順

1　人工芝を枠内に敷き、灯籠の台石と景石を据える

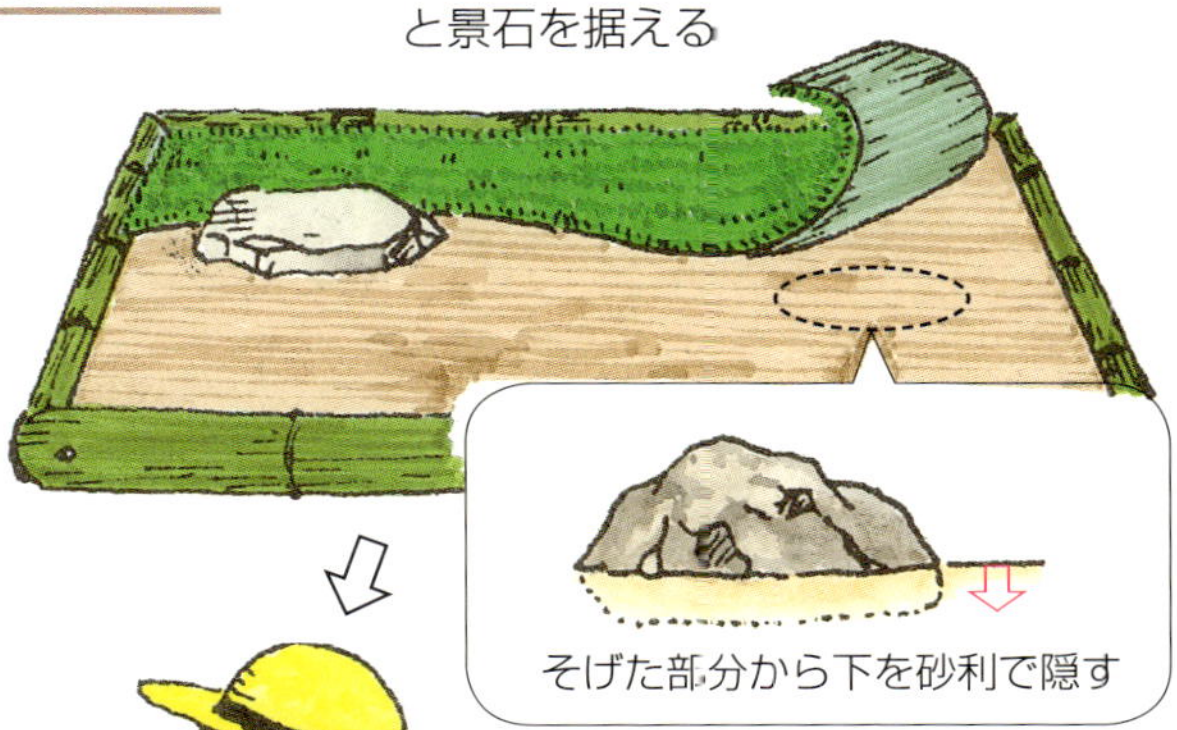

2　灯籠を据える

岬形灯籠の火口（開口部）が石庭の中心を照らす方向に据える

3　ゴロタ石を並べて洲浜をつくり、白川砂利を敷く

コンクリ平板でつくる通路

2 石を楽しむ

難易度☆☆　日照○〜◑

さまざまにデザインされたコンクリート製の平板を敷きつめて歩きやすくつくる玄関前の通路です。幾何学模様を考えて並べ、脇にマメツゲなどの低木で仕切れば、洋風の落ち着いた通路になります。日当たりがよいところなら、周囲を芝生にすれば汚れも少なく平板の模様が引き立ちます。

スペースに余裕があるときは、できるだけ幅を広くして歩きやすくし、列植した玉仕立てのマメツゲとともに、デザインされた模様を楽しみましょう。

30×30㎝のコンクリート製の平板を利用

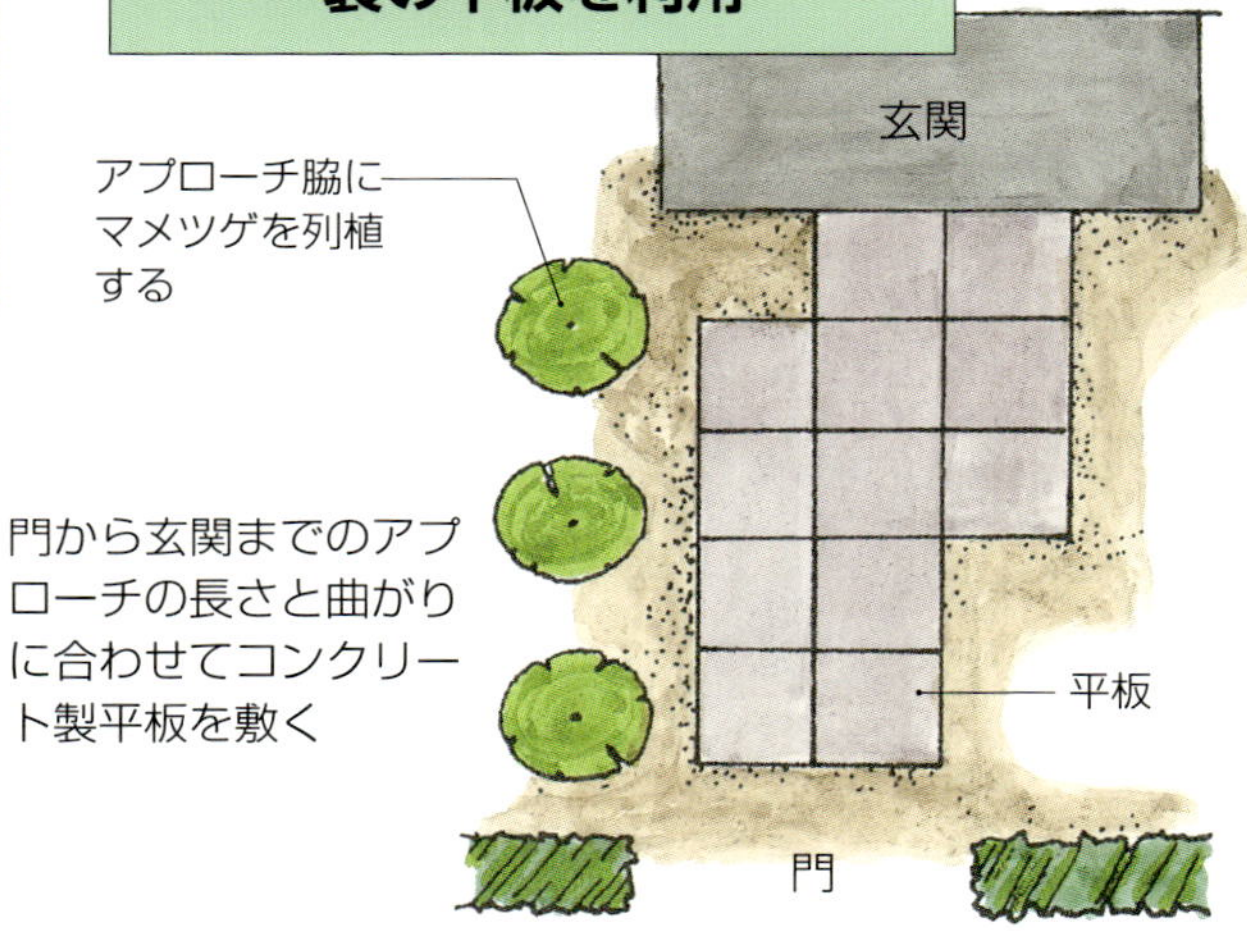
玄関
アプローチ脇にマメツゲを列植する
門から玄関までのアプローチの長さと曲がりに合わせてコンクリート製平板を敷く
平板
門

作業適期

マメツゲの移植期に合わせて3〜4月、9〜10月に作業

庭にモルタルを打ち平らに並べる

平板は厚さが5㎝と薄いので、埋め込むだけではぐらつきます。下地を平らにならし、モルタルで固めて動かないようにすることがコツです。

モルタルは、セメントと砂を1対2に混ぜてつくるか、配合済みのインスタントモルタルを利用します。

モルタルは一般に水で練ってから使いますが、均平に並べるには、水で練らずにそのまま下地に1〜2㎝の厚さに敷き、平板を水平にすきまなく並べた後、上から下に平均に水が浸み込むようにかん水すると、容易に均平に固定できます。水で練ったモルタルを敷いてから並べると、平板がモルタルで汚れたり均平にするのに苦労します。

1〜2日、乾くまで犬などがはいりこまないように囲っておきます。

コンクリート平板を半分ずらしたデザインや、斜めに曲げたデザインをした場合は、切断用のダイヤモンド・カッターが必要になります。切断道具としてディスク・グラインダーを使いますが、ケガをしないように十分注意しましょう。

材　料

マメツゲ（玉仕立て）

30cm

モルタル

砂とセメントを
混ぜた製品

（インスタントモルタル
または砂＋セメント）

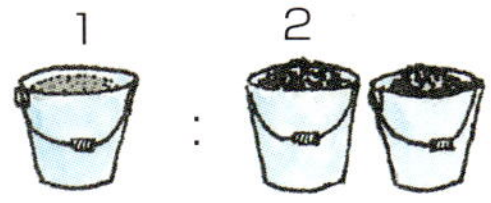
1
2
:
セメント
砂

コンクリート製平板

踏み面のデザインを好みに応じて選ぶ

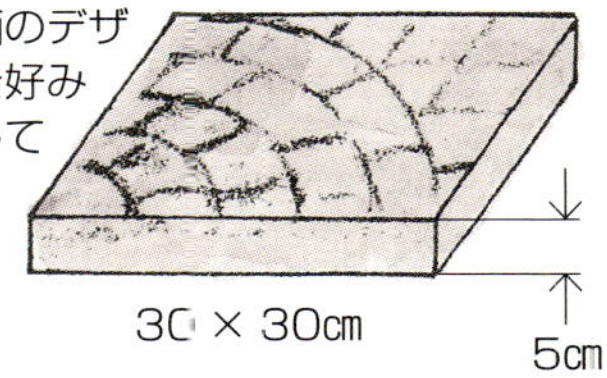
30 × 30cm
5cm

作業手順

地面を平らにならす

1　アプローチの形に合わせて下地をつくる

2　乾いたモルタルを平均に敷いてコンクリートの平板を並べていく

水平器
モルタル１～２cm
平板

3　並べ終わったら軽くかん水する

4　アプローチにそってマメツゲを植える

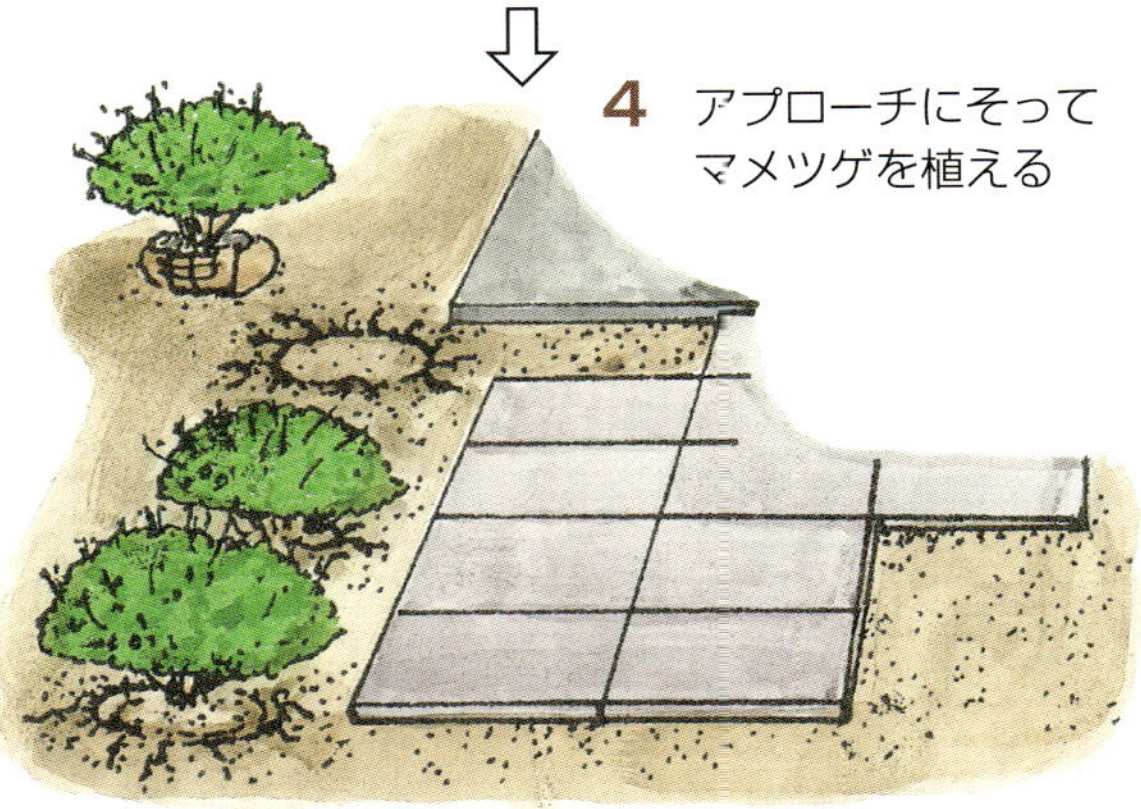

ここがポイント

糸を張って
水平に並べる

　平板を水平に並べていくには、3cmくらい掘った下地面を平らに踏み固めてから、平板の上面の高さに合わせて水平に糸を張り、糸の高さに合わせて並べていくとよい。傾斜地では、階段をつくり段差をつけるとよい。

　最後にあきが出ないように玄関先からきっちりと並べる。

敷石のデザイン

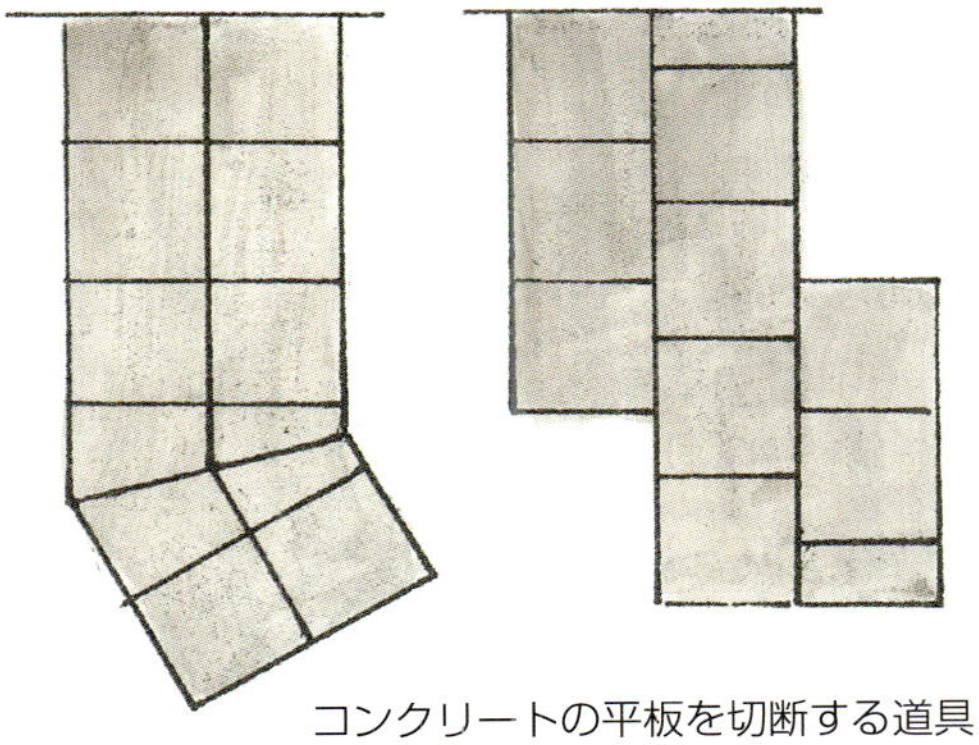

コンクリートの平板を切断する道具があると、並べ方も多彩になる

鉄平石でつくる延段通路

2 石を楽しむ

難易度☆☆☆　日照●～●

奥行きのある長いアプローチには、鉄平石を敷きつめた延段が向いています。鉄平石と御影石を混ぜて配置すると、色合いや形に変化が出ます。

形が統一されていない鉄平石を、水平に美しく、動かないように並べるには、石を切断する専用道具と少し工夫が必要です。

作業適期

芝張りやタマリュウの植え付け期に合わせて３～４月か９～10月に作業

延段の種類

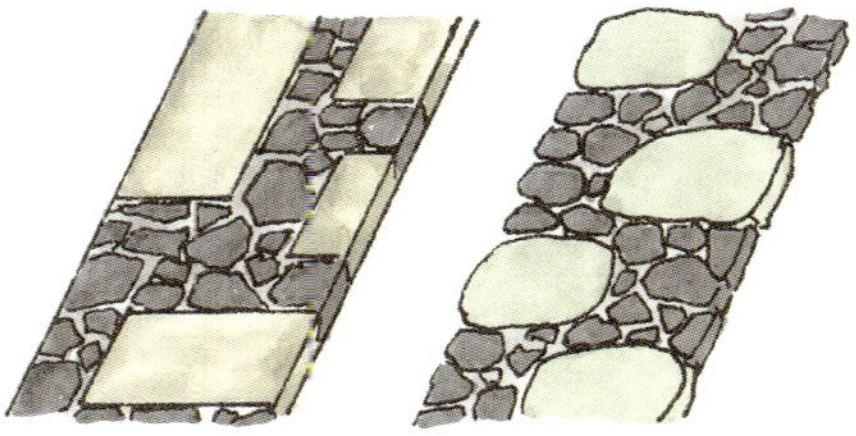

長方形の切り石や飛び石の材料を混ぜてつくってもよい

鉄平石を利用

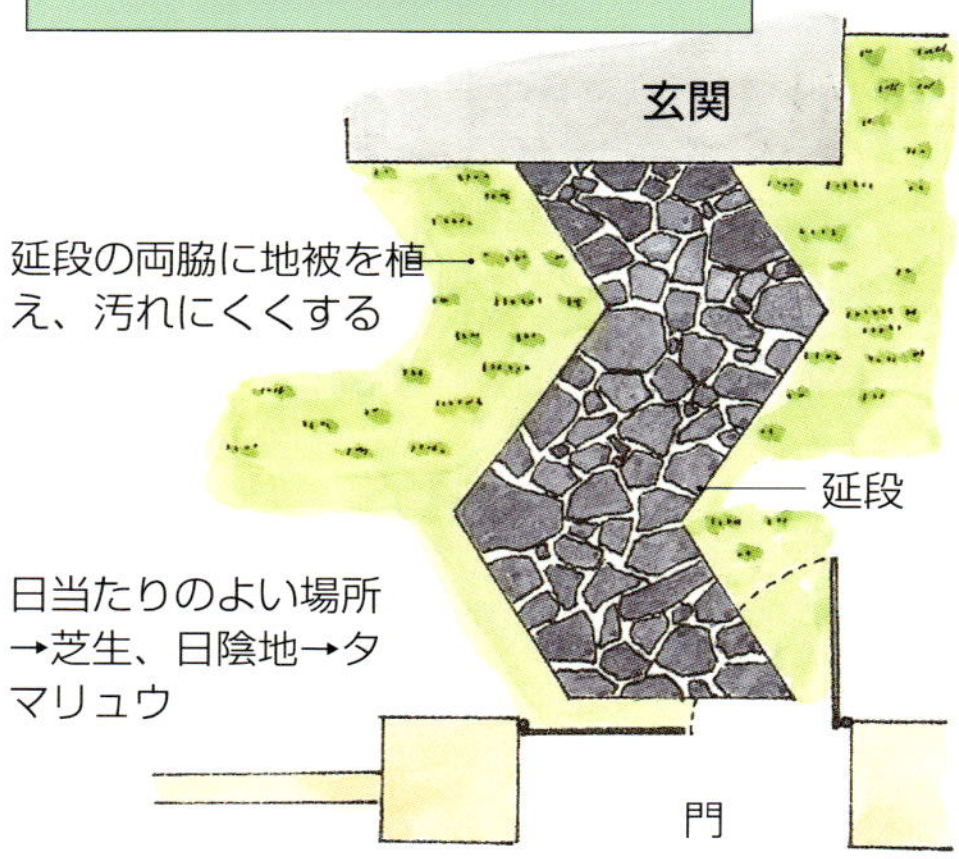
玄関
延段の両脇に地被を植え、汚れにくくする
延段
日当たりのよい場所→芝生、日陰地→タマリュウ
門

枠をつくりモルタルを厚く敷く

並べる部分を深さ5cmくらい掘り下げ水平の下地をつくり、外枠を並べて杭を打ち固定します。

鉄平石は薄いので、モルタルを地表面の高さ（5cm）まで敷き、上から木づちなどで半分沈むくらいに打ち込みます。モルタルがやわらかいと飛び出して表面が汚れ、目地が高くなってしまうので、モルタルは耳たぶくらいのかたさに練ります（汚れは早めに水で拭き取る）。

目地の幅は、1～2cmに均一にしたいのですが、あまりこだわらなくてもよいでしょう。まず目がいきやすい曲の角部分に大きな石を設置し、一つひとつ水平に並べます。八ツ巻（大きな石の周囲に輪状に並ぶ）、並列石（同じ大きさの石が平行に並ぶ）、十文字目地（目が十字になる）、逆石（とがった部分が外に向く）などはできるだけ避けてください。

ジグソーパズルをはめ込むような細かい作業になりますが、根気強くすることが大切です。組み合わせがうまくいかないときは、切断用の道具を使います（ケガに注意）。

ここがポイント

モルタルは水を2～3回に分けて練る

モルタルを耳たぶのかたさに練るには、まずセメントと砂を先に混ぜてから、セメントと同量の水を2～3回に分けて練る。やわらかくなりすぎたら砂を加えるとよい。

打ち込みすぎないように注意

中央部から周囲を軽くたたき水平に打ち込み、厚さの半分くらい沈める。目地の部分は細い板切れかコテで均平にする。

材料

鉄平石

束ねられたものや袋入りのものが市販されている

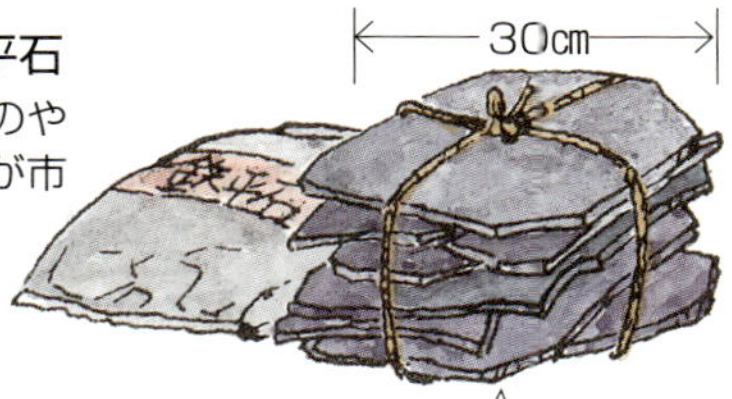

30cm

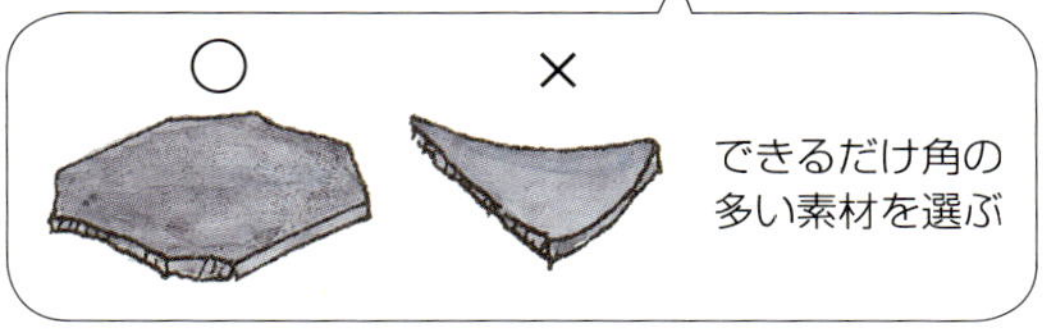

○
×
できるだけ角の多い素材を選ぶ

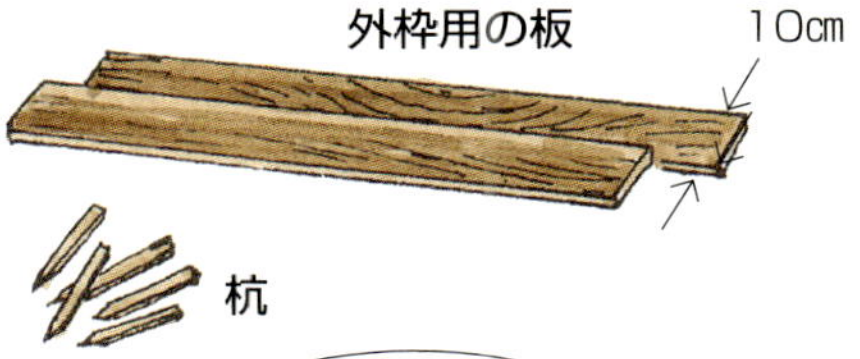

外枠用の板
10cm
杭

モルタル

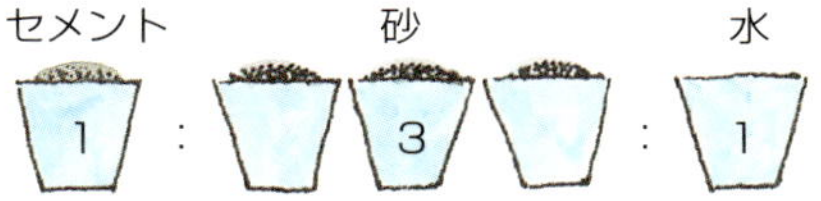

セメント
砂
水
1 : 3 : 1

芝生

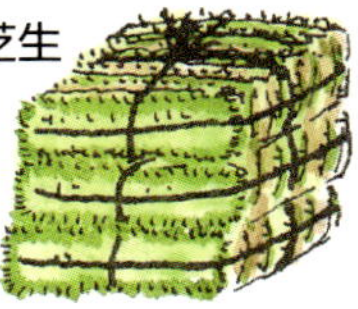

作業手順

1 平板の敷石と同様にアプローチの形に合わせて下地をつくる

2 延段の幅に合わせて外枠をつくる

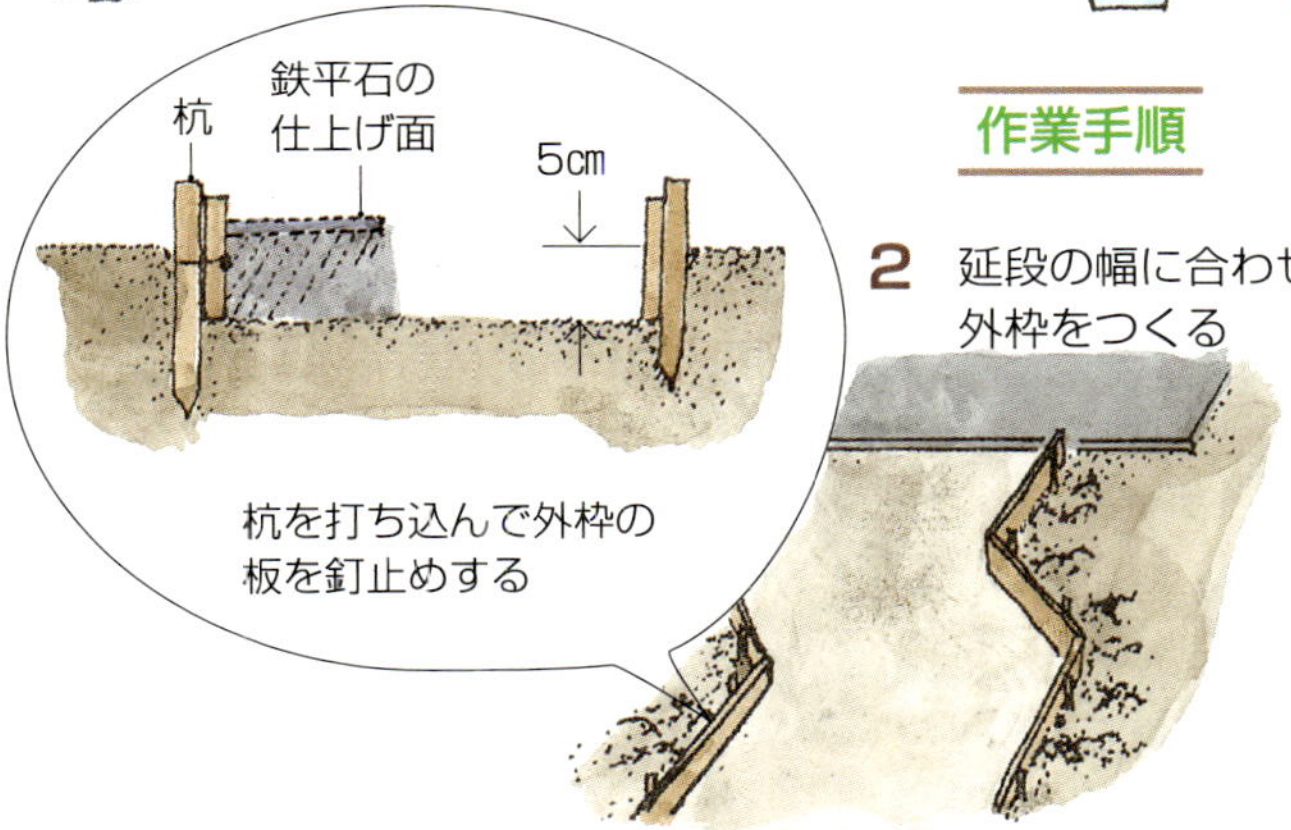

杭
鉄平石の仕上げ面
5cm
杭を打ち込んで外枠の板を釘止めする

3 鉄平石の役石（角の部分に張る大きめの石）から張りはじめる

目地の深さ約1cm
1～2cm

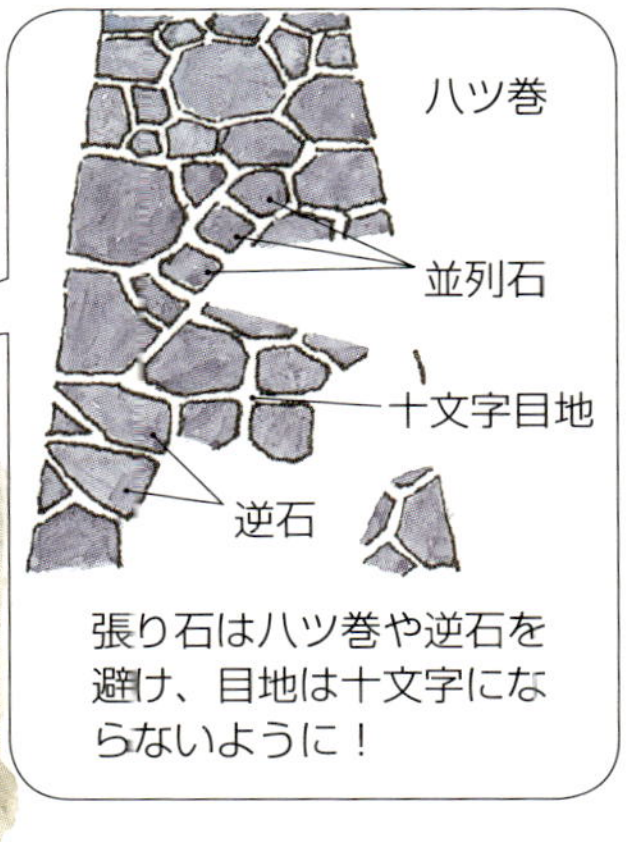

八ツ巻
並列石
十文字目地
逆石
張り石は八ツ巻や逆石を避け、目地は十文字にならないように！

数日後

4 外枠をはずして延段の両脇に芝生を張る（36ページ、芝生の張り方参照）

傾斜地につくる石積み庭園

2 石を楽しむ

難易度☆☆☆　日照○～◐

玄関先などに傾斜があるところでは、高低差を利用して四方に土留めをかねて石積みすると、どっしりとした景観の庭になります。

石積み内に、モミジなどの落葉樹を植えると、小さな丘の雑木林を登るようなアプローチになります。

作業適期

シャラ、モミジ、ソロの落葉期に作業。
11～3月（厳寒期は除く）

玄関脇の高低差を利用

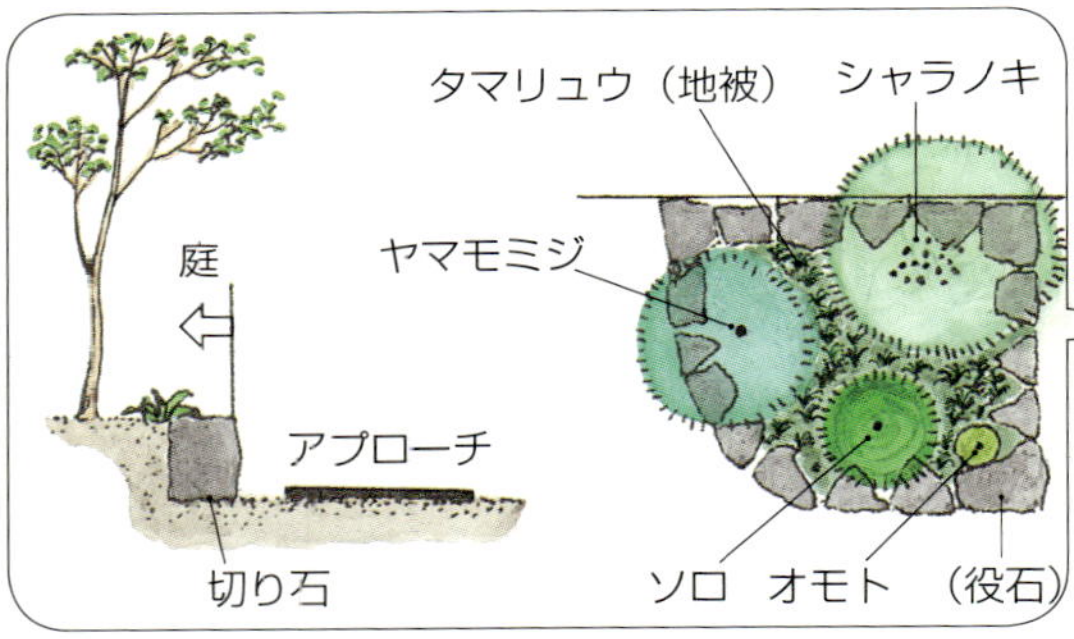

切り石積みによるロータリー状の植え込み部分を玄関脇に設け、細幹の落葉樹を植える

切り石を水平に積む

傾斜地では、雨などで土砂が流れやすいので、縁どりを切り石で組むとよいでしょう。

まず、予定するスペースの一番低い位置の高さに合わせて、上部の高い部分の土を除き、水平の下地をつくります。

切り石は、低いところの角の役石（二面が外に出る石）から、すきまがないように水平の糸に合わせて積みます。石の裏側のつなぎ目にモルタルをつめて土砂が流出しないようにします。

庭の高低差が大きい場合には石積みの階を重ねる

ここがポイント

ロータリー式にし、角をとる

ロータリー状に角に丸みをつけると、車もまわりやすくなり、四方から見やすくなる。庭木は、下枝が張らないものを選び、通行のじゃまにならないようにする。

石積みはあまり高くすると庭が狭くなる

高低差がそれほどないのに２段、３段と高く積むと、庭が狭く見えるので注意する。

石積みの材料に黒ぼく石を使用した例

材　料

インスタントモルタル

切り石
石積み用として造園業者があつかっている角石
20～25㎝

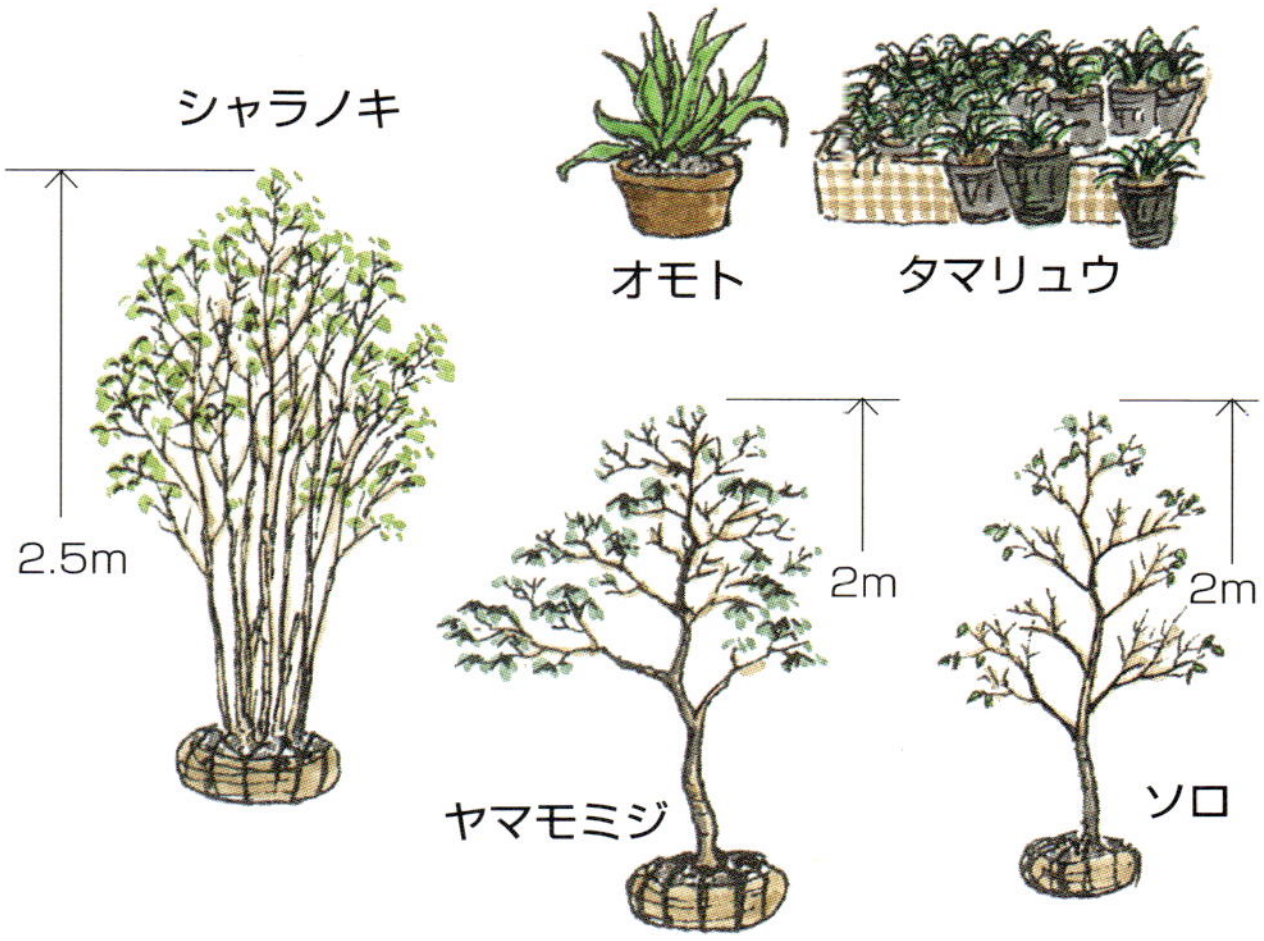

作業手順

1　石積みの形に合わせて下地を掘り、役石を基準にして水平に糸を張る

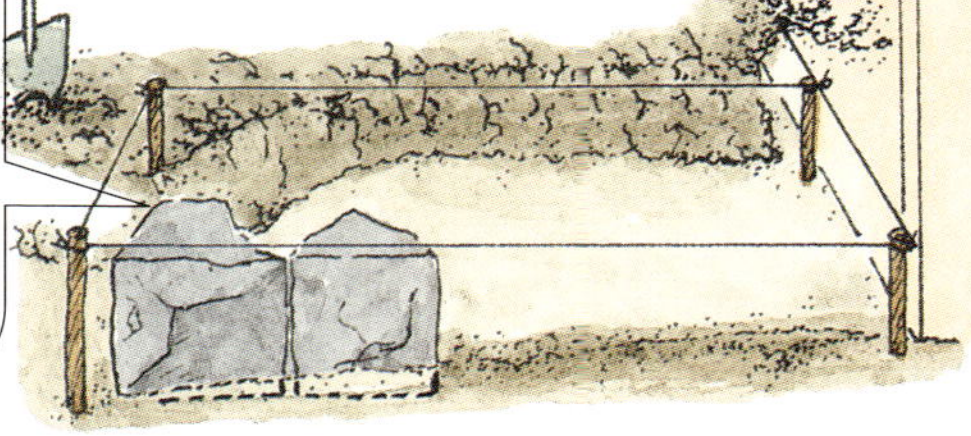

2　裏側にモルタルをつめながらすべての石（15～17個）を据える

3　シャラ、ヤマモミジ、ソロを植えて、仕上げに地被のタマリュウを植える

ベランダの山野草ロックガーデン

2　石を楽しむ

難易度☆☆　日照

ベランダは植物を育てるには条件の悪い場所です。その点、あまり大きくない景石と丈夫な四季の山野草でつくるロックガーデンなら管理もしやすくうってつけです。

生活に使う空間とは袖垣根で仕切り、フェンスにはよしずを張ると庭が引き立ちます。

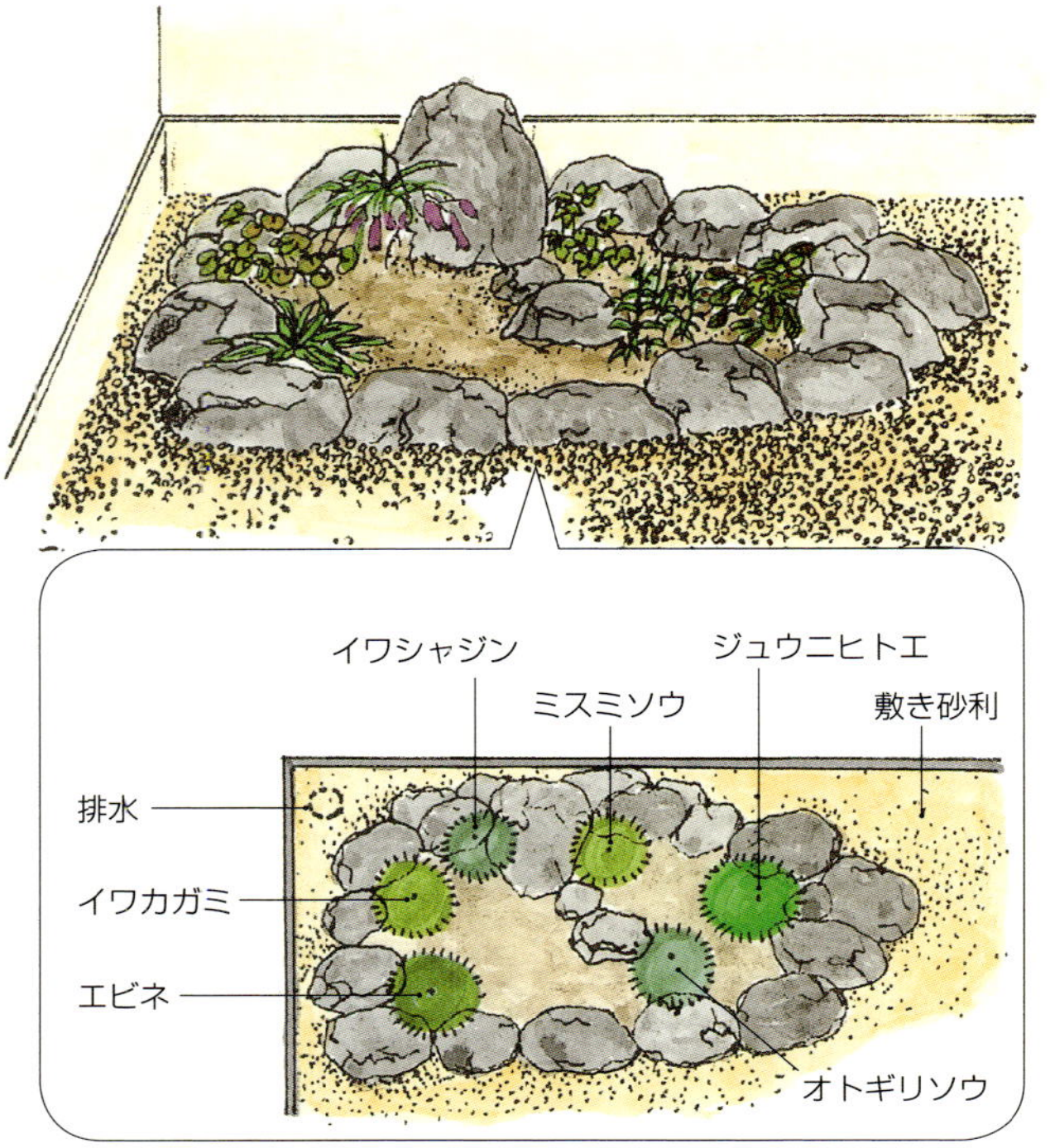

イワシャジン
ミスミソウ
ジュウニヒトエ
敷き砂利
排水
イワカガミ
エビネ
オトギリソウ

黒ぼく石とビニールを利用

黒ぼく石とビニールシートで排水性がよく軽量の山野草園をつくる

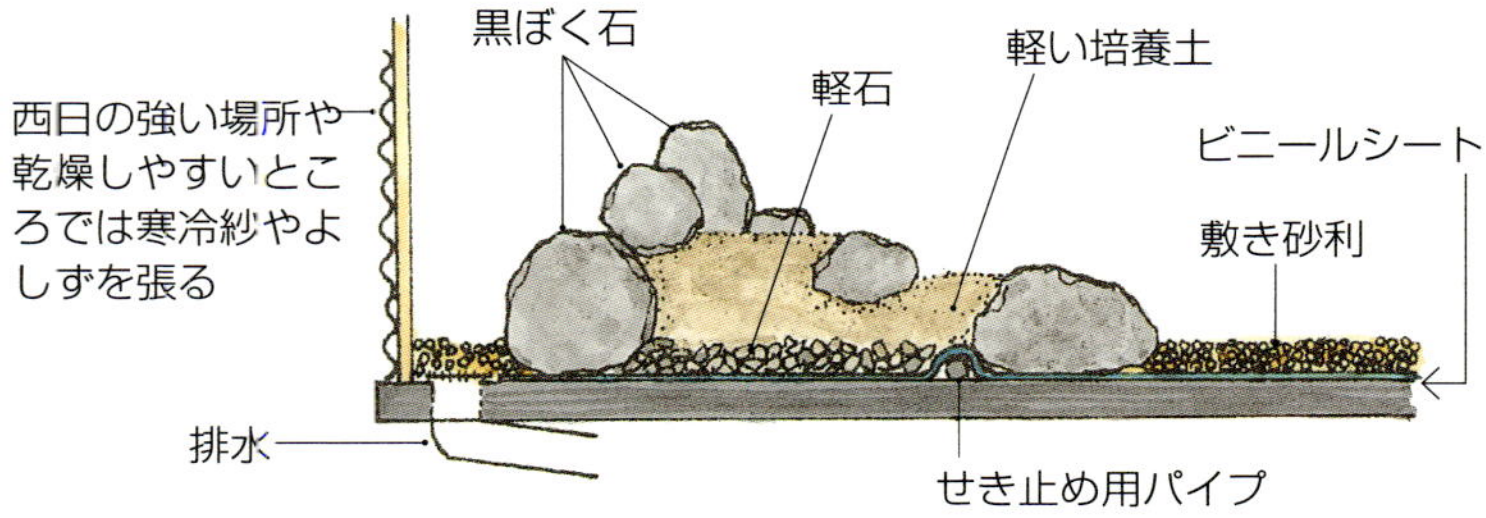

黒ぼく石
軽石
軽い培養土
西日の強い場所や乾燥しやすいところでは寒冷紗やよしずを張る
ビニールシート
敷き砂利
排水
せき止め用パイプ

作業適期

山野草の植え付け期で入手しやすいころ、3～4月と9～10月

パイプ枠上にビニールシートを

排水をよくし床の腐食を防ぐには、排水孔の側をコの字型にあけたパイプの上にビニールシートを敷き、雨水などが床をぬらさずに排水孔に流れるようにします。

景石は黒ぼく石などの軽い石を使い、パイプ枠の外側を囲むようにして並べます。パイプと石のすきまに軽石を突き込み安定させ、石と石の間は土砂が流出して排水孔がつまらないように、けと土でふさぎます。底にはまず軽石を敷き、その上にバーミキュライトを混ぜた軽い培養土を盛り、山野草を植え込みます。

丈夫な山野草には、上図に示したもののほかに、オモト、ギボウシ、シャガ、シュンラン、セキショウ、フウチソウ、ホタルブクロ、ホトトギス、ヤブコウジ、ユキノシタ、スミレなどがあります。

ベランダでの作庭の注意点

軽量の石や培養土を使ってもかなりの重量が乗ることになります。ベランダの構造や強度、防水施工の有無などをよく調べて庭づくりをしましょう。

材料

ビニールシート
120 × 120㎝
厚さ1～2㎜
せき止め用パイプ
70㎝を
2本と
100㎝
を1本
2～3㎝
黒ぼく石
多孔状で軽量の抗火石を
利用してもよい
10～15㎝
15～20㎝
大小あわせて
20～25個
イワシャジン
花期9～10月
ミスミソウ
花期3～4月
ジュウニヒトエ
花期4～5月
イワカガミ
花期4～7月
オトギリソウ
花期7～9月
エビネ
花期4～5月
培養土
バーミュキライト
+
赤玉土
桐生砂
伊勢砂利
軽石
用土の排水をよくする
砂利のかわりに軽石を
使う
けと土

ここがポイント

1㎡以下の小さなロックガーデンに

　ベランダは耐久力を考えて、できるだけ軽い素材を使い、培養土は10～20㎝の厚さがあれば十分。景石も高さ20㎝以下の小さな軽いものを使う。小さな空間を引き立たせるには、周囲を竹材で仕切るといい。

作業手順

1　ビニールシートの下へ、コの字状にパイプを置き、石庭の水を奥に導く

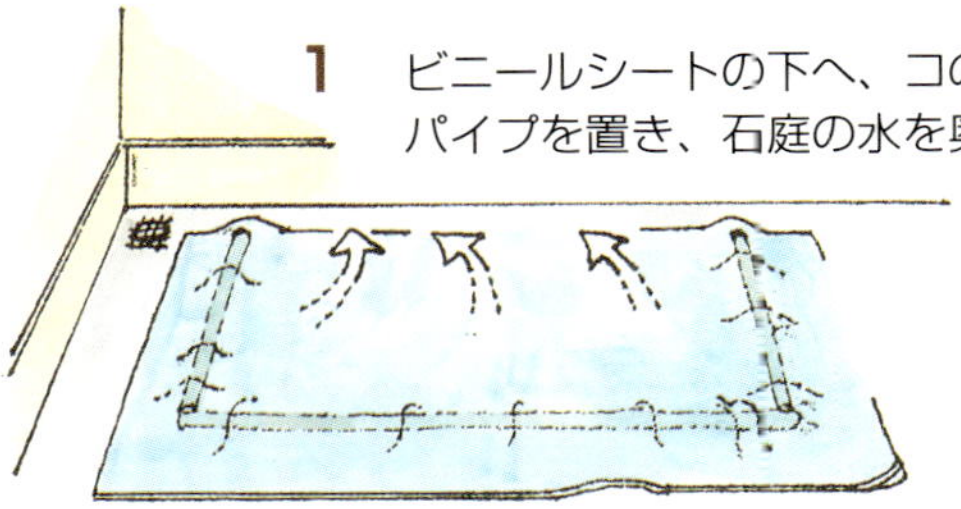

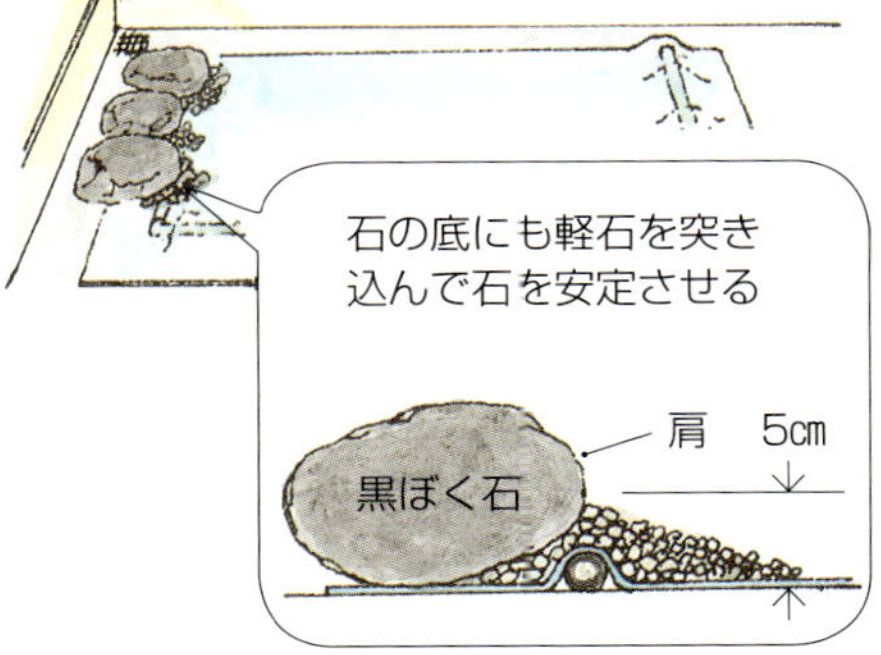
石の底にも軽石を突き
込んで石を安定させる
肩
5㎝
黒ぼく石

2　石の肩をパイプの上に合わせて石を据える

3　敷き砂利で石をさらに安定させる

石と石の間から
土が流出しない
ように、けと土
をつめる
けと土

4　培養土を入れ、山野草を植える

最悪地でもできる景石庭園

2 石を楽しむ

難易度☆　日照◐～●

日当たり、通風が悪く、土も悪く極端に狭い、殺風景で最悪の空間でも、景石とどんな環境にも順応して育つ、タマリュウ、ユキノシタ、ジュウニヒトエなどを使えば、風情のある庭園になります。

さらに庭の彩りがほしい場合は、化粧鉢に植えた山野草などを敷き、砂利部分に添えて楽しみましょう。

環境に順応しやすい地被植物を植える
タマリュウ、ユキノシタ、ジュウニヒトエ、シダ、フッキソウなど

作業適期

真夏や厳寒期を除けばいつでも作業できる

樹木の植えられない場所を利用

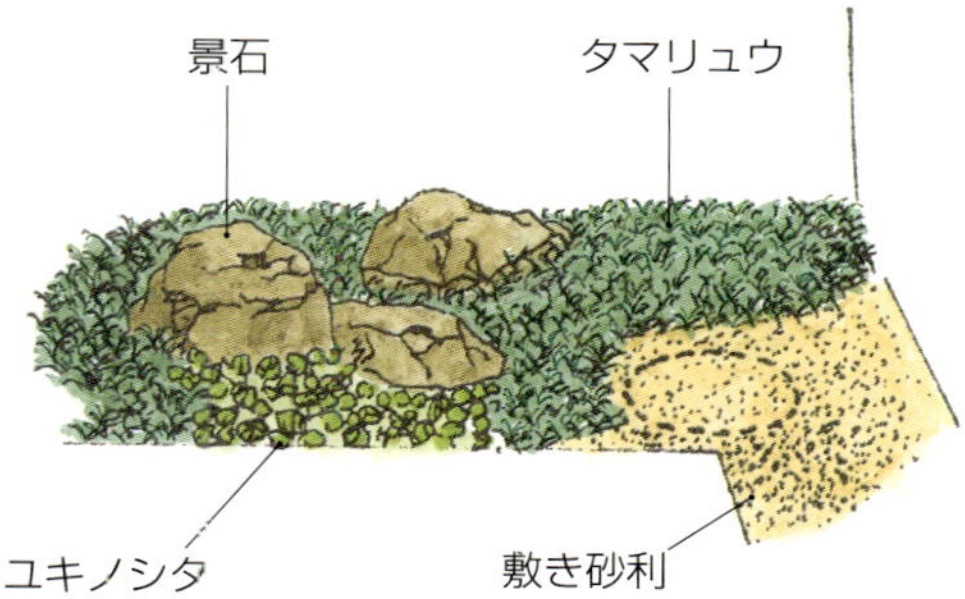
景石
タマリュウ
ユキノシタ
敷き砂利

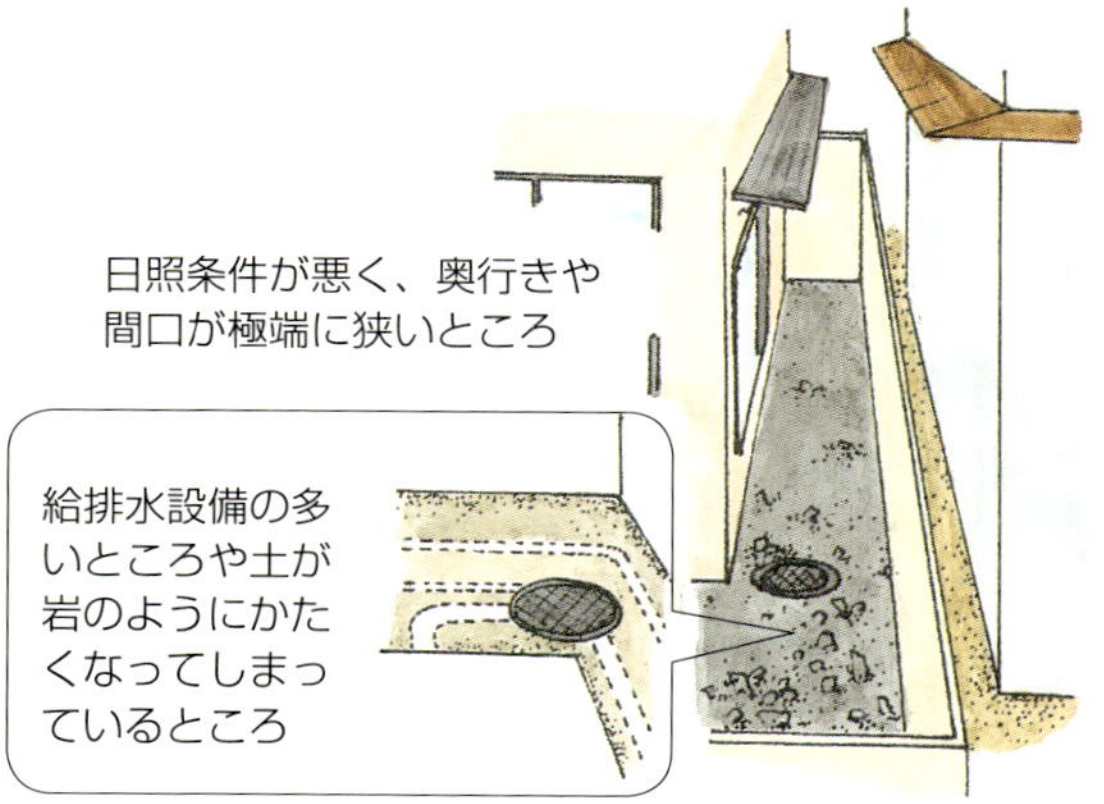
日照条件が悪く、奥行きや間口が極端に狭いところ
給排水設備の多いところや土が岩のようにかたくなってしまっているところ

景石を添えて日陰に強いタマリュウを一面に這わす

北側の隣家と接する狭い空地は、給排水設備などもあり、土も悪く庭木は植えられません。観賞点も室内の窓から見下ろす形になるので、その部分を中心に低く小さくつくります。通路となる部分はあけて、景石は数も大きさも制限し、景石よりは地被植物中心の庭にします。

地被植物のなかでも、タマリュウは日陰にも乾燥にも強く、常に青く刈る必要もなく大変便利な下草です。よく増え、青いジュウタンになり、泥はねを防ぎ、塀をきれいに保ちます。

ポットで購入したタマリュウを、できるだけ細かく株分けして2～3cm間隔に細かく植えることがコツです。根気がいりますが、あきずに行ないましょう。2～3年後には密生したタマリュウの地被が完成します。

ユキノシタ（ユキノシタ科・多年草）湿ったところや岩の上に生え、5～6月にダイモンジソウに似た花をつける（薬草用）。

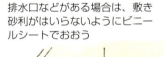

ここがポイント

土が悪いときは赤玉土を敷く

　土がかたくしまり根が張りにくい場合は、下地になる部分の表面を深めに掘り起こし、その上に5㎝くらいの厚さに赤玉土を敷く。マンホールの上にはビニールシートを敷き、その上に砂利を敷いて隠す。

花も楽しめる山野草を植え変化をつける

　ユキノシタ、ジュウニヒトエを部分的に植えておくと四季の変化が楽しめる。

材　料

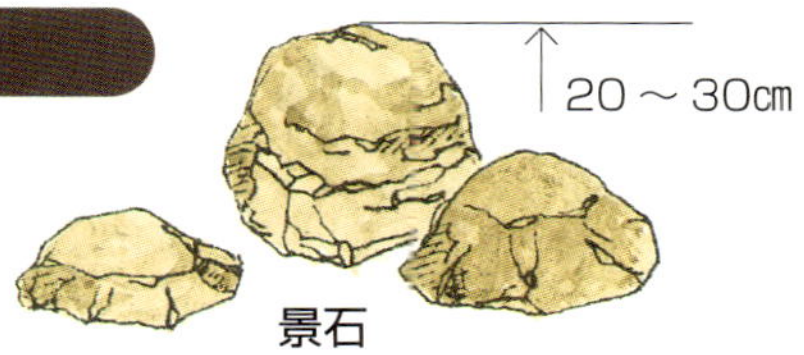
20～30㎝

庭の面積に応じて据える数と大きさを変える

景石

ビニールシート

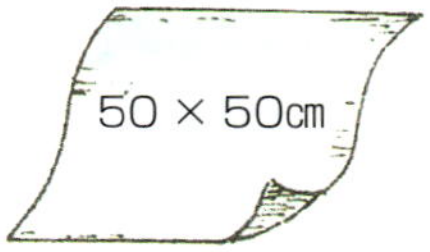
50 × 50㎝

敷き砂利

錆砂利や伊勢砂利など地味な色合いのもの

赤玉土

ユキノシタ

タマリュウ

どちらも株分けをして植える

作業手順

赤玉土となじむように土を掘り起こす
景石を据える位置は少し深めに掘り起こす

1　観賞する庭の位置の下地をつくる

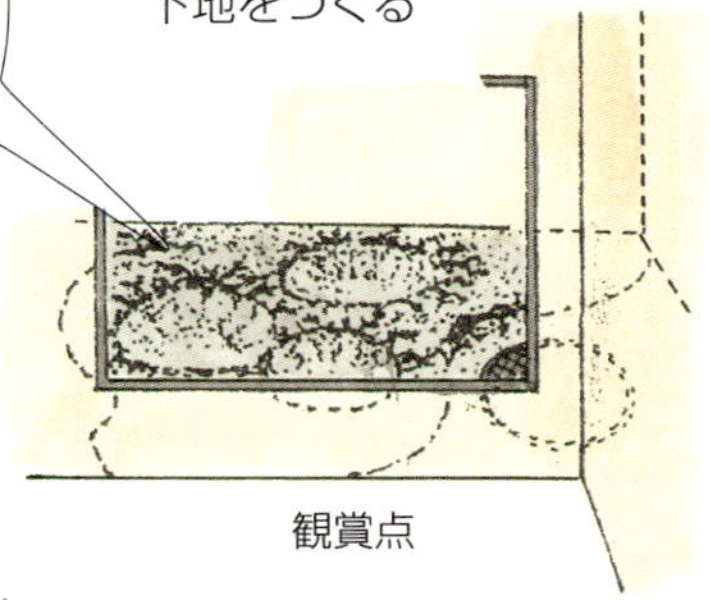
観賞点

2　景石を据えて地被を植える部分に赤玉土を入れる

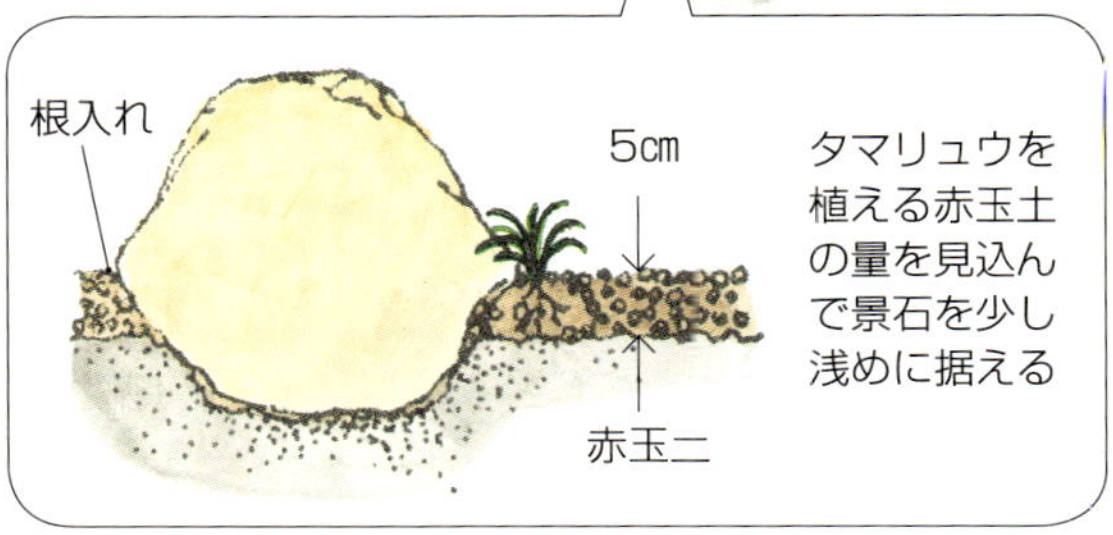
根入れ
5㎝
赤玉土
タマリュウを植える赤玉土の量を見込んで景石を少し浅めに据える

排水口などがある場合は、敷き砂利がはいらないようにビニールシートでおおう

3　タマリュウとユキノシタを株分けして植え込み、砂利を敷く

日陰の一角に灯籠と景石を観る

2 石を楽しむ

難易度☆☆☆

日照◐～●

日当たりの悪い玄関脇の軒下部分など庭木を植えるには適さない場所ですが、訪問客の足元を照らす灯籠を中心に、壁を背景にした小さな庭をつくると、玄関先に趣が出てきます。

灯籠を引き立たせるには、やはり小さな景石と根じめの小石です。灯籠の下に、極陰でも育つハラン、オモト、ツワブキなどを植えると、石の冷たさがやわらぎます。

スペースがあれば水草を入れたスイレン鉢などを添えてもよいでしょう。

日照の得にくい軒下や玄関脇を利用

軒下の1㎡
灯籠と景石の根じめに小石を敷きつめ、地被のかわりにする
灯籠
敷き石
景石
竹
ハラン

灯籠は斜め前方に火口を向け壁と平行の向きにしない

狭い出入り口の空間には、直立した生け込み式の織部灯籠や松琴亭型のものがいいでしょう。観賞点は、玄関にはいる手前のアプローチ部分となるので、そこから見たところが正面になるように、素材を設置します。

小石は目地が直線にならないよう三つ目地にし砂利を敷きつめます。アプローチとの仕切りを竹で縁どると、アクセントになって景観がしまります。

作業適期

石を主体にした庭つくりなので、四季を通じて作業できる

各部の名称と変化

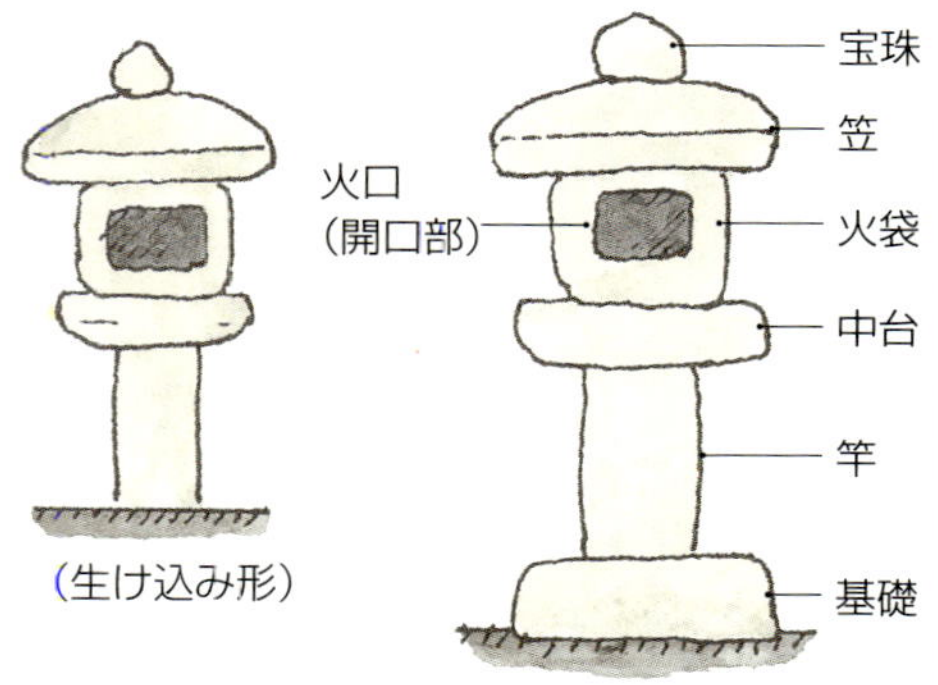
宝珠
笠
火口
（開口部）
火袋
中台
竿
基礎
（生け込み形）

竿石や基礎石を除いたり、火袋を重ねたりすることで他の灯籠に変化する

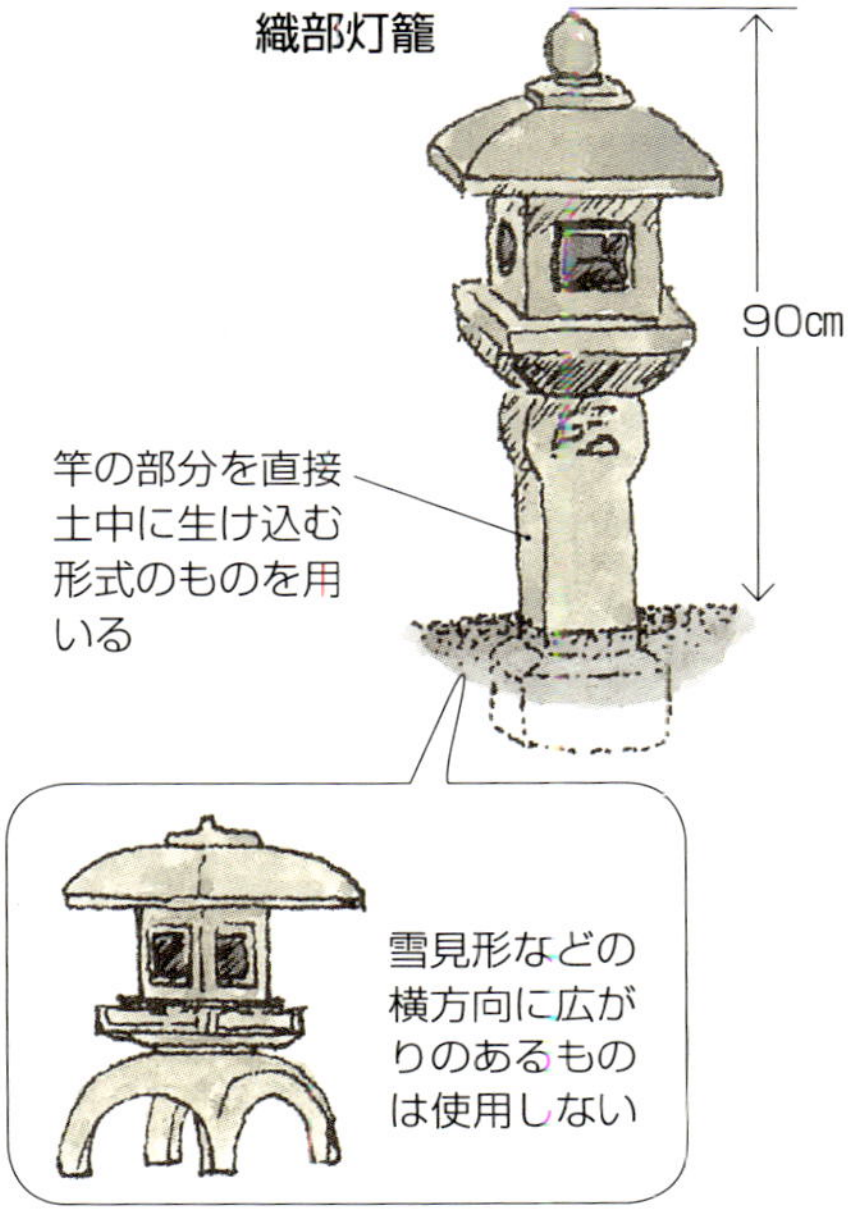
織部灯籠
90㎝
竿の部分を直接土中に生け込む形式のものを用いる
雪見形などの横方向に広がりのあるものは使用しない

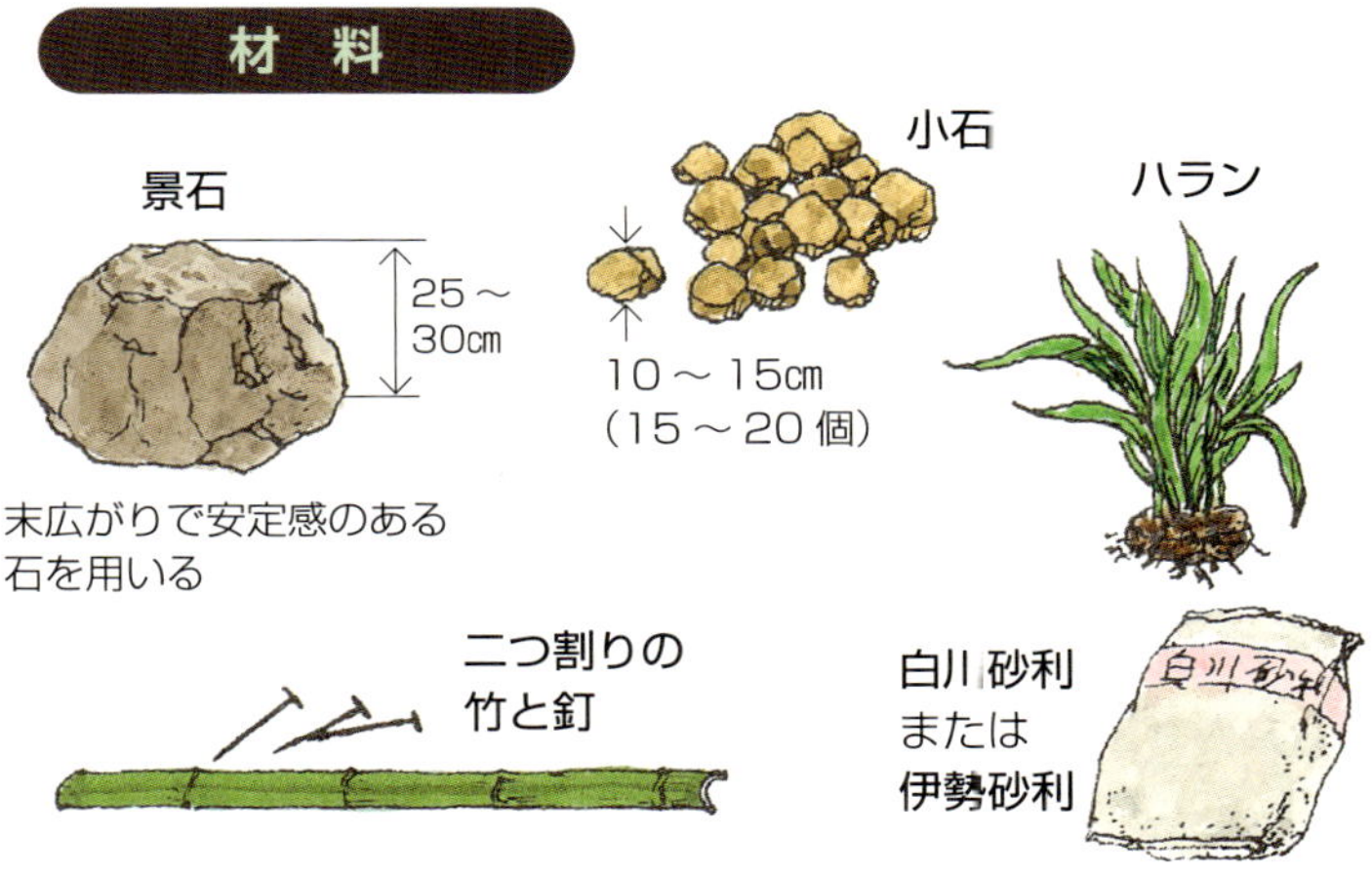
材料
景石
25～30㎝
末広がりで安定感のある石を用いる
小石
10～15㎝
（15～20個）
ハラン
二つ割りの竹と釘
白川砂利
または
伊勢砂利
白川砂利

作業手順

壁と灯籠の辺を平行にしない
火口

1 竿、中台、火袋、笠とそれぞれの水平方向を確かめながら灯籠を据える

2 灯籠、景石、ハランの配置が不等辺三角形になるように景石を据える

3 地被がわりの小石を敷きつめる

三つ目地になるように仕上げる

4 ハランを植え、砂利止めと化粧をかねた竹を打ちつけた後に砂利を敷く

白川砂利
釘を地面に打ちつける

ここがポイント

背景生かしと観賞点の位置を明確に

どんな庭をつくるうえでも観賞点の位置を明確にし、一番視線が集中する部分に主品の正面を向けて据える。主品のさす方向に主品を受ける副品を置き、主品の近くに主品を引き立てる添品を置く。また、狭い空間を広く見せるには、背景や境界を仕切り、目線が拡散しないようにする。

水栓柱を庭木と小石で飾る

3　水で楽しむ

難易度☆　日照○～●

水は生きていくうえでもっとも身近で大切なものです。水を見、水音を聞き、水の流れを連想するだけで、気持ちが静まり安まります。庭に水を取り入れることは、西洋でも東洋でも古くから行なわれ、その取り入れ方の違いが文化の違いとなっているほどです。

どこにでもある殺風景に立つ屋外の水栓柱。これは現代の水口ですが、ちょっとした工夫で小枝ごしに見え隠れする小さな滝の趣になります。蛇口がひねりにくくならないような工夫で、水栓柱を化粧してみましょう。

水栓柱を利用

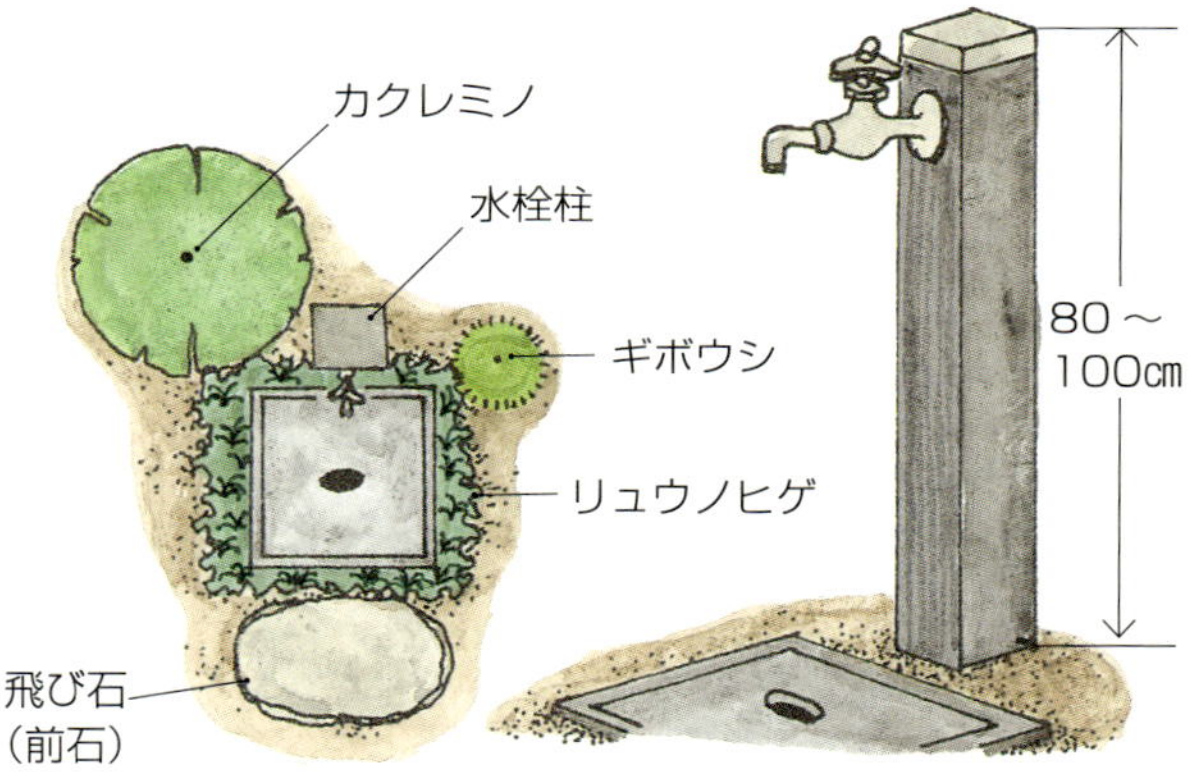
水栓柱
（10×10㎝）
カクレミノ
水栓柱
ギボウシ
リュウノヒゲ
80～
100㎝
飛び石
（前石）

作業適期

カクレミノの移植期に合わせて作業
3～5月または9～10月

使い勝手を考え、排水に工夫を

水道は、手を洗ったりホースをつけて散水する実用的な生活設備です。景観をよくするあまり、使い勝手が悪くなるようでは困ります。

水栓柱を隠す庭木には、枝が横に伸びずスッと上に伸び、場所をとらないものを選びます。このような目的に合う木が、昔からよく使われているカクレミノです。

カクレミノは日陰地でもよく育ち、小枝が上方に細かく出ます。湿地にも強く、寒いところでは紅葉も見られる常緑樹です。水栓柱をクロチクなどで包めば、いっそう違和感がなくなります。

蛇口の下に排水桝があれば、上に丸いゴロタ石を敷き、周囲にギボウシ、リュウノヒゲを植え、水が飛び散らないようにします。排水桝がないときは、深さ50㎝以上掘り下げ、小石をつめて浸透式にします。

最近では、いろいろな色や形の蛇口が市販されています。水栓柱の化粧だけでなく、蛇口を交換して趣を変えるのもよいでしょう。

材料

ギボウシ

1.5～2ｍ

カクレミノ
（細幹のもの）

リュウノヒゲ

飛び石

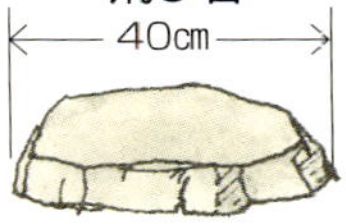
40㎝

ゴロタ石
（丸形のもの）

ここがポイント

水のよくかかる部分には水を好むものを

水がよくかかる部分は排水をよくすることが第一だが、水を好み湿地になっても根腐れしにくいものを選ぶことも大切。

水を好む庭木

サンゴシュ、モチノキ、ナンテン、シラカバ、ネズミモチ、マキ、アオキ、マサキ、マンリョウ、カツラ、ミズキ、シダレヤナギ、アジサイなど

水を好む下草

ハナショウブ、トクサ、ギボウシ、リュウノヒゲ、ユキノシタ、アヤメ、セキショウ、シダなど

作業手順

1 水の使いやすい位置に前石を据える

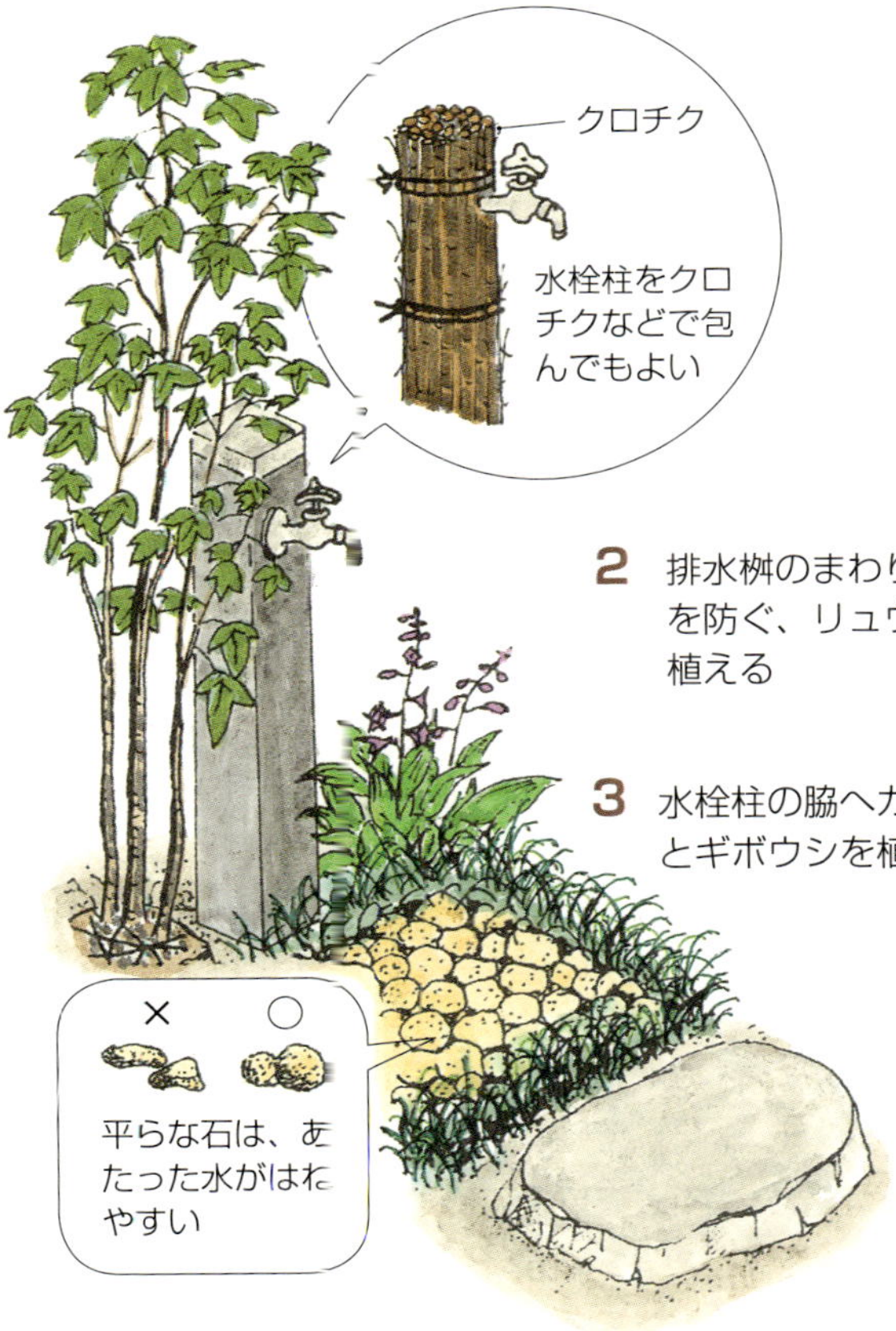
クロチク
水栓柱をクロチクなどで包んでもよい
×
○
平らな石は、あたった水がはねやすい

2 排水桝のまわりに水はねを防ぐ、リュウノヒゲを植える

3 水栓柱の脇へカクレミノとギボウシを植える

排水桝のない場合

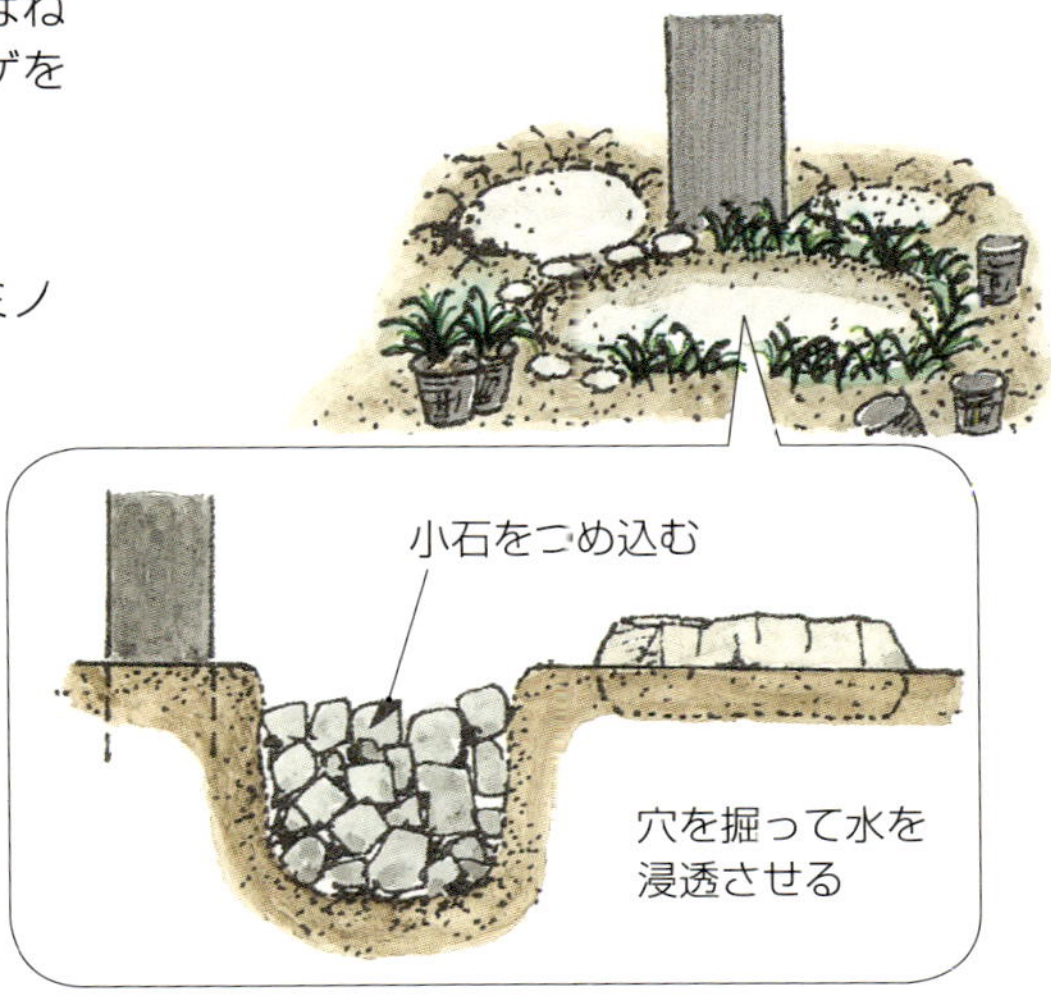
小石をつめ込む
穴を掘って水を浸透させる

散水栓のまわりに井筒をつくる

3 水で楽しむ

難易度☆　日照●～●

水栓柱と同様に散水栓も、日常よく使う設備ですが、丸まった派手なホースがあると見苦しいものです。

散水栓は現代の井戸です。散水栓のまわりにブロックを組み、竹のすだれでふたをして井筒に見立てれば、ホースの収納庫にもなります。

埋設式の散水栓のまわりを利用

埋設式の散水栓にホース類が接続してあるとふたが閉まらず、露出したホースが景観をこわす

コンクリートブロックで散水栓のまわりを囲み、井筒風のホース格納庫とする（60 × 80㎝）
小砂利を敷いて、ホースを汚れにくくする
育てやすい山野草を植える

作業適期

日曜大工的な作業なので、いつでも行なえる

水を感じさせる井筒

水がなくても井筒を見るだけでも清水が思い浮かび、水を楽しむ添景となります。散水栓だけでなくマンホールの上につくってもかまいません。

外枠は御影石でつくると最高ですが、穴のあいていないコンクリートブロックだと手軽にできます。倒れない程度に土に水平に埋め込みます。コンクリートブロックを6個使い、60×80㎝の大きめの井筒にし、ホースなどが収納しやすいようにします。

底にはホースなどが汚れないように小砂利を敷き、丸竹を黒いシュロナワですだれ状に編んでふたにします。竹材はどんなところに使っても落ち着いた景観を出すのに最適な素材です。

井筒の角にセキショウ、ダイモンジソウなどの小さな下草を植えると完成です。

最近の住宅では、散水栓を利用するときには、長いホースはホースリールで巻きとることがほとんどです。長いホースが必要でなければ、この作例の収納庫で和の風情を楽しめます。

材　料

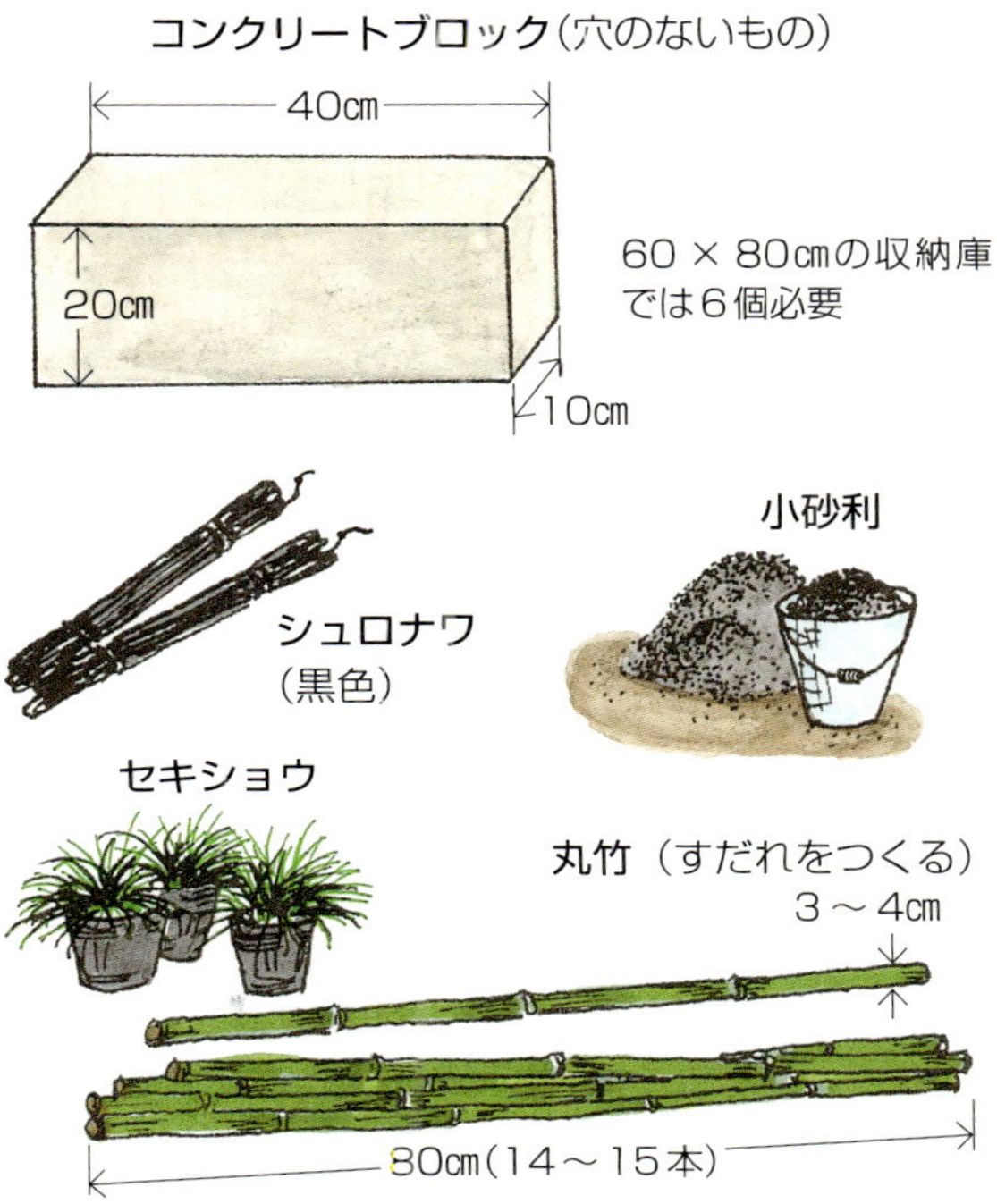

コンクリートブロック（穴のないもの）
40cm
20cm
10cm
60×80cmの収納庫
では6個必要
シュロナワ
（黒色）
小砂利
セキショウ
丸竹（すだれをつくる）
3～4cm
80cm（14～15本）

ここがポイント

ブロックが倒れないよう底を突き固める

井筒が深くまで続いているように見せるには、深さ5cmくらい埋め込み、底をよく突き、倒れないようにする。雨水がはいりこまないように、外側周囲に少し土を寄せる。

カクレミノを添えるとさらに落ち着く

使い勝手が悪くならないようにして、カクレミノを背景に植えるとさらに映える。

作業手順

1　外枠のコンクリートブロックを散水栓のまわりに並べる

15cm
水平を確かめながらブロックの底をよく突き固める

2　井筒のふたになる丸竹のすだれをつくる

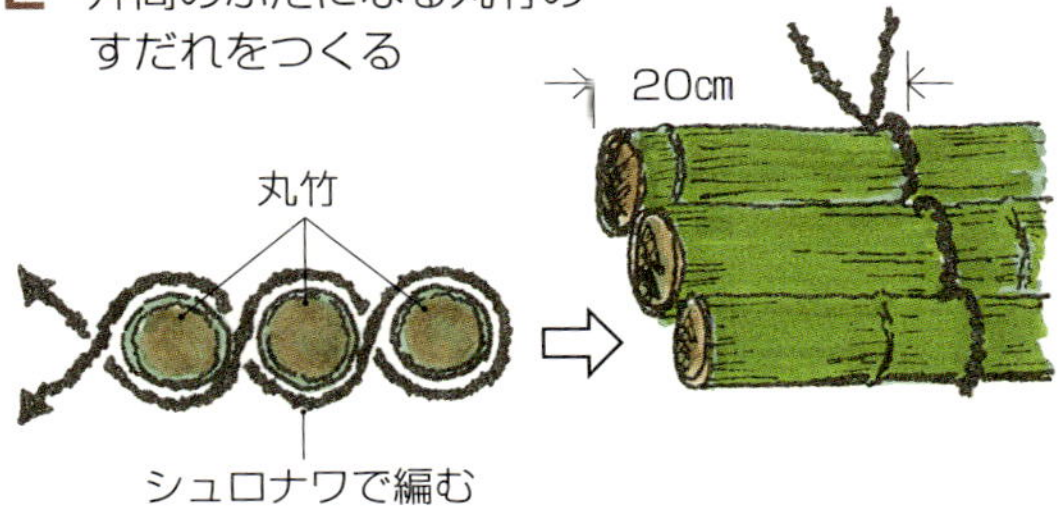

丸竹
シュロナワで編む
20cm

3　枠内に小砂利を敷いてホースを収納する

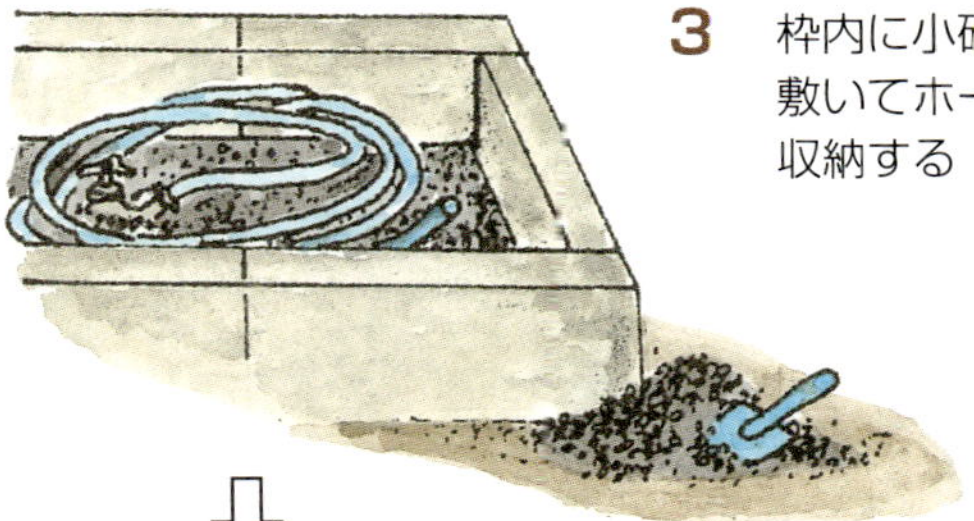

4　すだれをのせて山野草を添える

ダイモンジソウ

排水桝の上につくばいをつくる

3 水で楽しむ

難易度☆☆　日照○〜●

どこの家にも一つ、二つある排水桝。そのままでは味気ない排水設備ですが、排水機能をそのまま生かして、つくばいをつくってみませんか。

手水鉢《ちょうずばち》に落ちる水の音を聞きながら庭木を見れば、日常のあわただしさもしばし忘れてしまいます。

排水桝の1㎡を利用

雨水排水用の溜め桝を位置を変えることなく筧と下草を添える

作業適期

アセビの植え込みを考えなければいつでも行なえる（3〜4月）

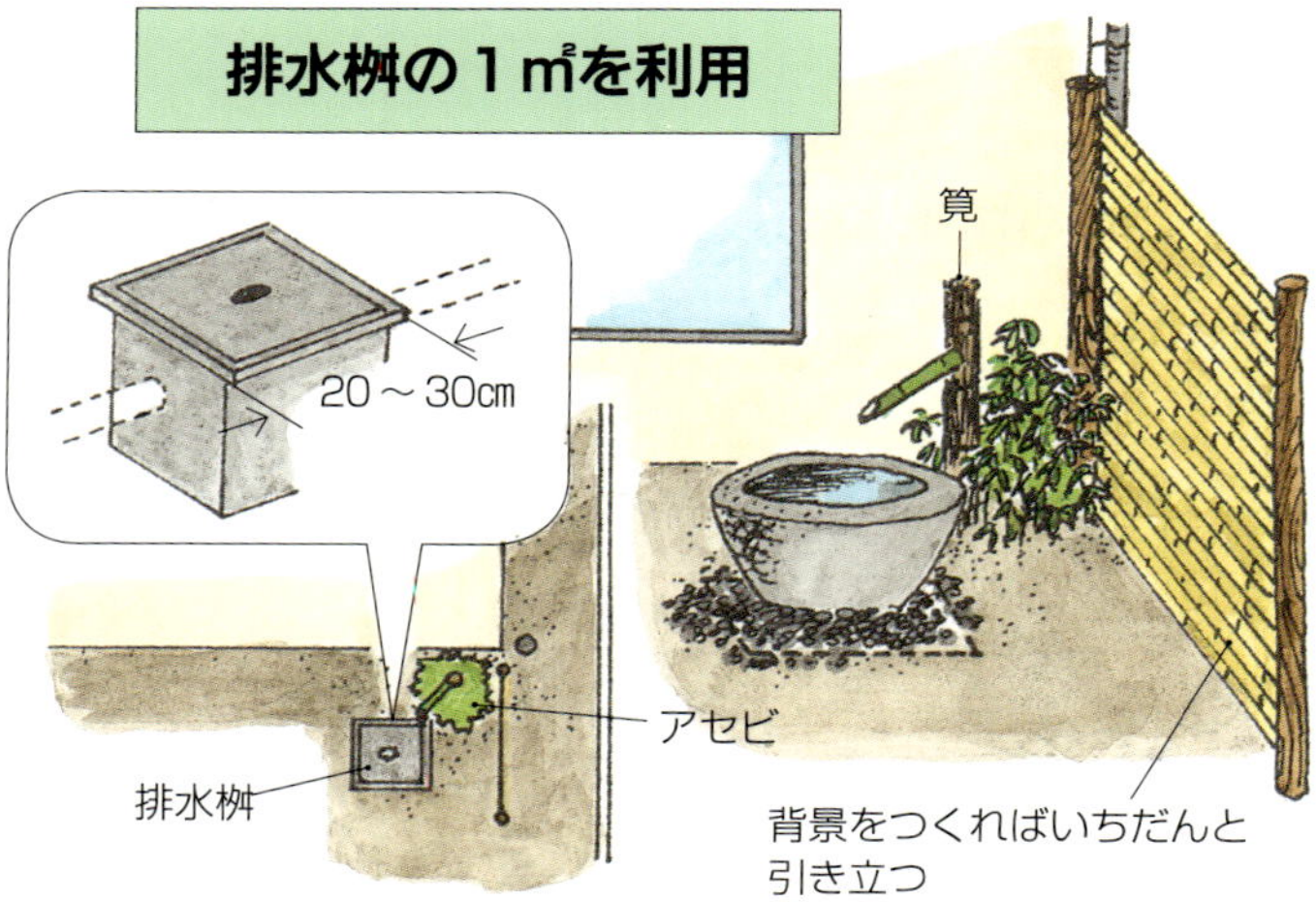

20〜30㎝

背景をつくればいちだんと引き立つ

網をつけたグレイチングと排水桝

排水桝のふたに耐久力をつける

手水鉢は石材でなくても小さな水鉢でかまいませんが、水がはいると重くなるので、左の図のようにグレイチングを使って耐久力をつけます。

筧《かけい》は塩ビ管にエルボをつけ、その先に細い鉄棒で突いて節を抜いた30㎝くらいの丸竹をさして、まわりをクロチクで囲いシュロナワで固定します。脇にアセビなどの低木や景石、灯籠、背景となる袖垣などを配置すれば、いちだんとよくなります。

材料

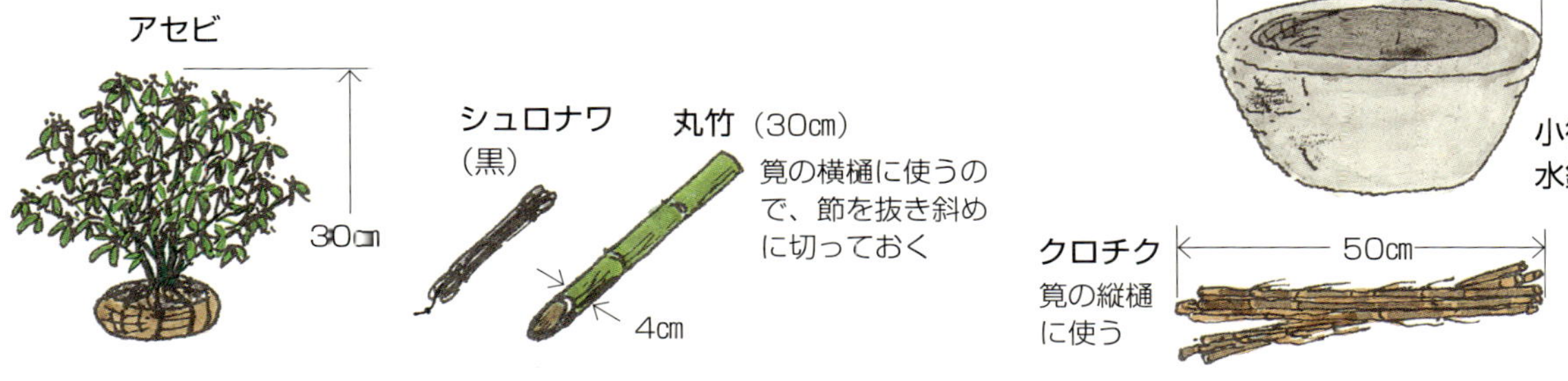

アセビ
30cm
シュロナワ
（黒）
丸竹（30cm）
筧の横樋に使うので、節を抜き斜めに切っておく
4cm
30～40cm
小径の
水鉢
クロチク
筧の縦樋
に使う
50cm

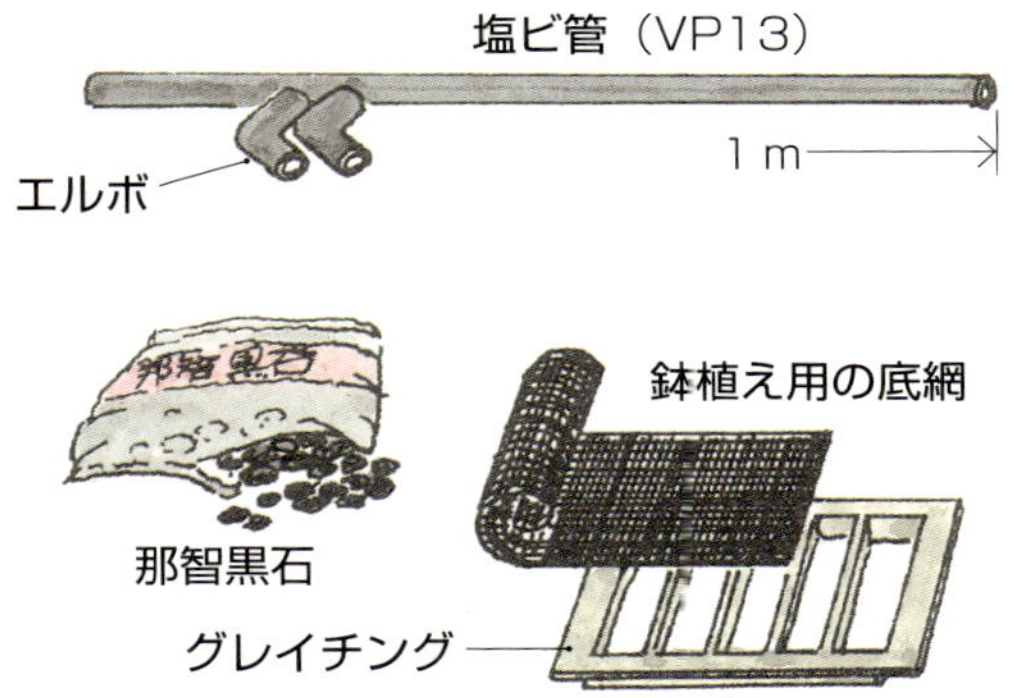

塩ビ管（VP13）
エルボ
1m
那智黒石
鉢植え用の底網
グレイチング

ここがポイント

立ち上がりを40～50cmと低くする

つくばいは、もともと茶室に入る前にひざをかがめて（つくばって）手を洗うためのものなので低くつくる。手水鉢も浅鉢を使う。筧の傾斜はあまり急にせず、静かに落ちるようにする。

グレイチングの上には、ゴミが流入しないよう盆栽の鉢底に使う網を敷き、その上を那智黒石で隠す。

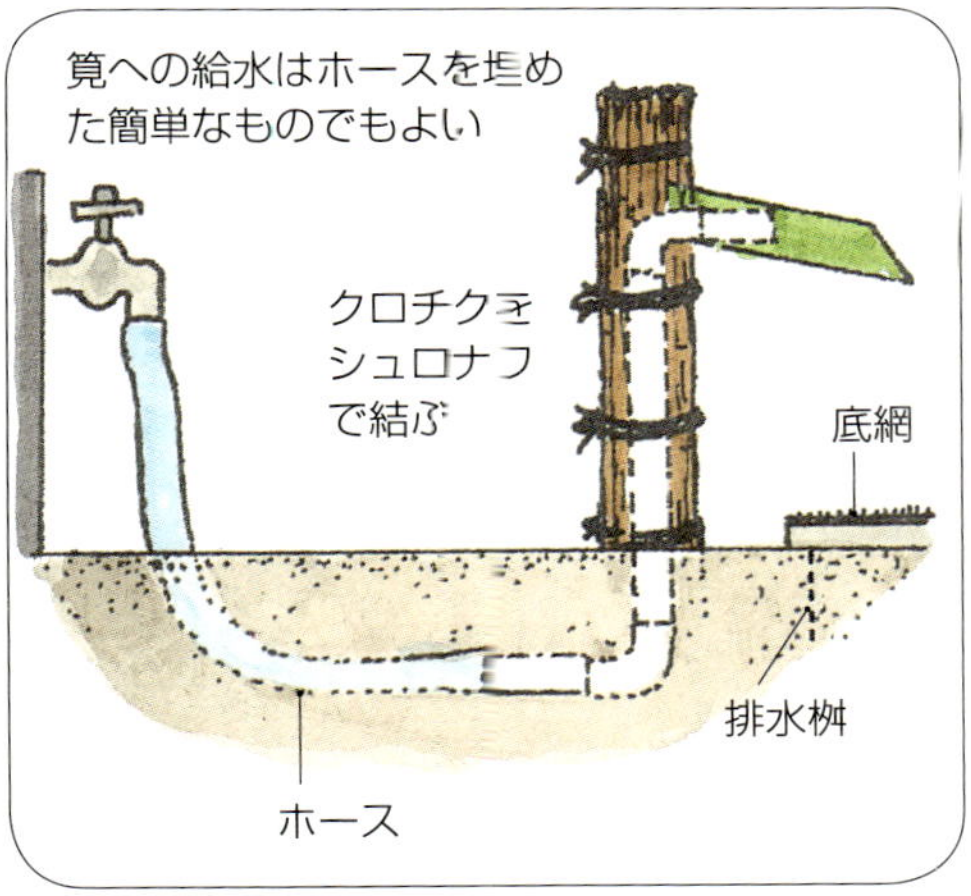

筧への給水はホースを埋めた簡単なものでもよい
クロチクをシュロナワで結ぶ
底網
排水桝
ホース

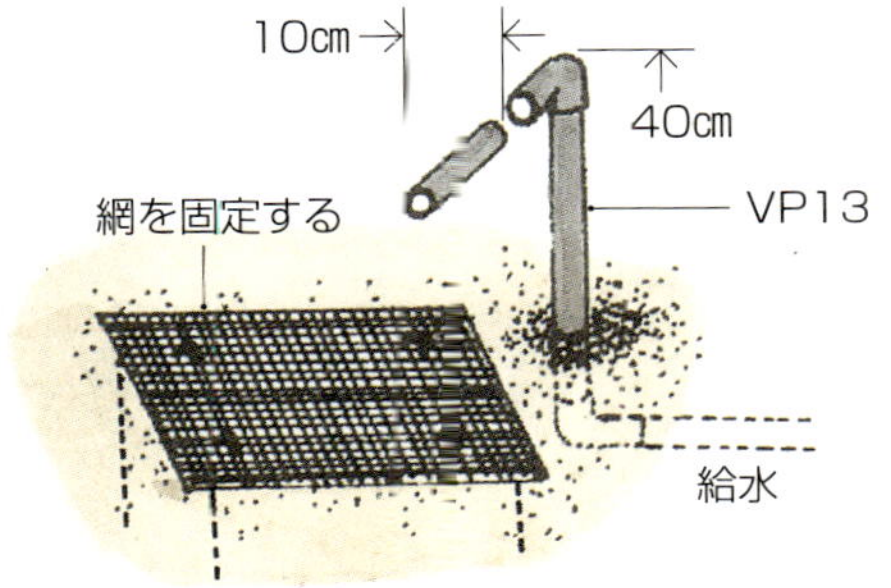

10cm
40cm
網を固定する
VP13
給水

作業手順

1 排水桝のふたと底網のついたグレイチングとを交換する

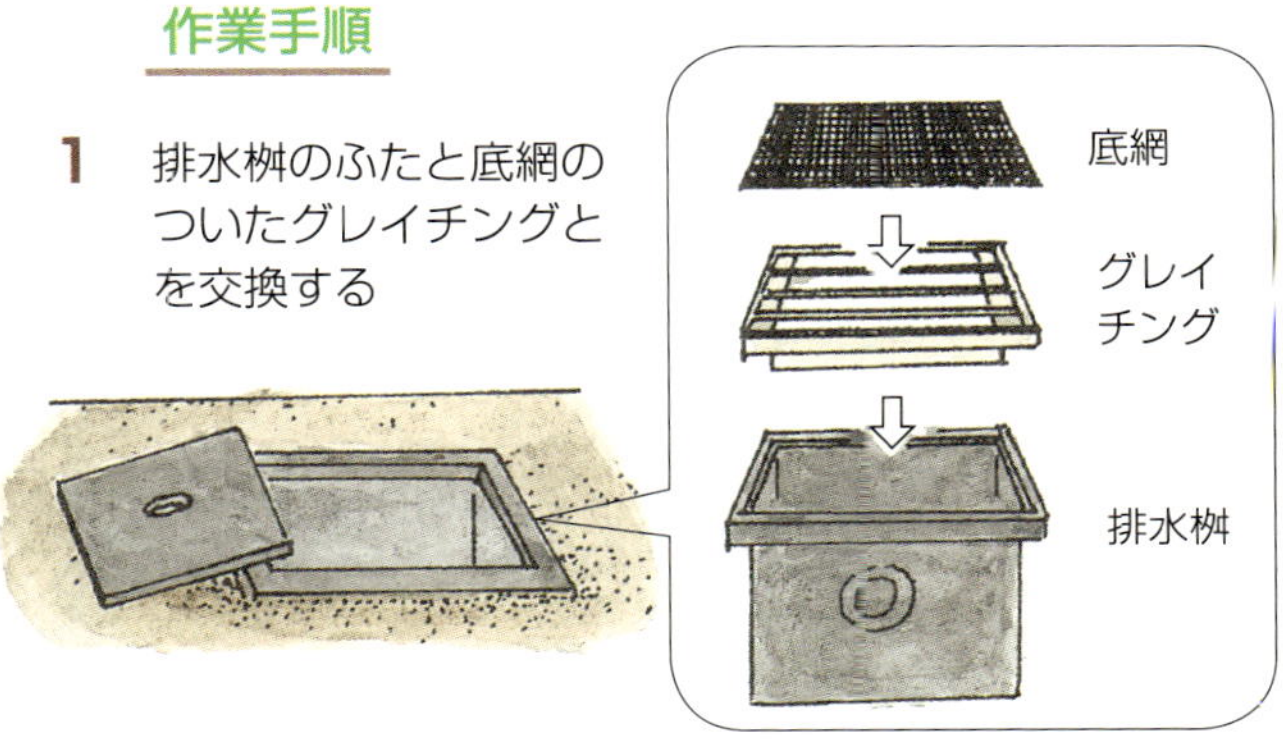

底網
グレイ
チング
排水桝

2 塩ビ管（13mm）を立てて筧をつくる

3 水鉢を網の上にのせ、アセビを植えてから、まわりに那智黒石を敷く

排水桝でつくるししおどし

3 水で楽しむ

難易度☆☆　日照◐~●

昔、奥山の田畑の作物を荒らすシカやイノシシから守ったししおどし。竹が石を打つ甲高い音が静かな山に響きわたりました。

これも排水桝上の1㎡を利用すれば、簡単にできます。静かに時間の大切さを告げるかのように打つ音は、心のゆとりをとりもどしてくれます。

排水桝上の１㎡を利用

排水桝上に筧の水を受けるししおどしをつくり、日陰で育つハランとヤブコウジを添える

竹の底が叩き石にあたって発する音を楽しむ

作業適期

樹木を植えないので作業はいつでも行なえるが、質のよい竹材を求めるには冬期がよい

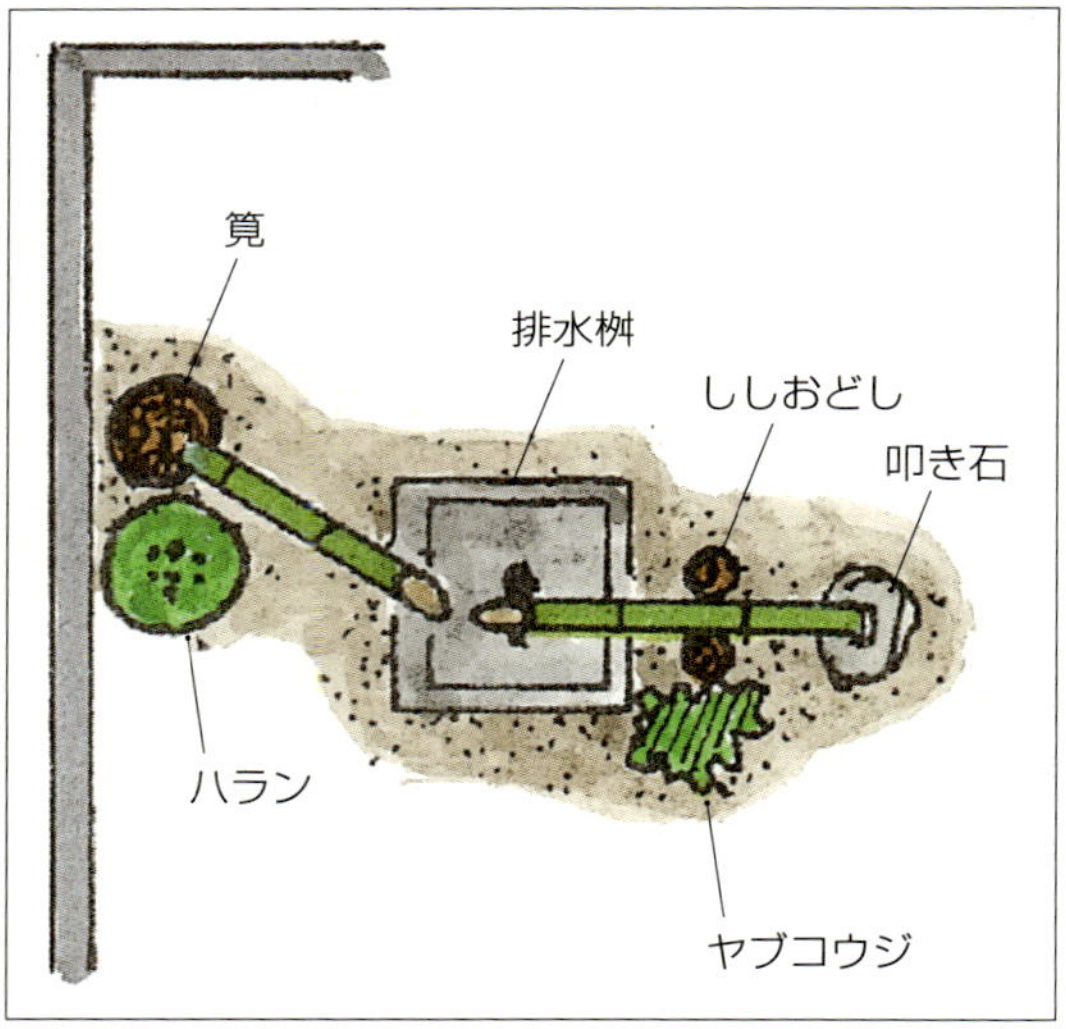

30~60秒に1回打つように調節

筧《かけい》のつくり方は、つくばいと同様ですが、塩ビのエルボの先に止水用のふたをし、そのふたに千枚通しで小さな穴をあけて、水が少しずつ流れるようにします。

ししおどしの竹は、節を抜かずに打つ側は節の手前で切ります。節のあるところで打たないと音が出せません。

支点はまん中でなく、尻の部分を長く重くし、斜めに切った先を短くします。水の溜まる節が長く太いほど、打つリズムが長くなります。先の節に水を半分ほど入れ、ラップで包み、バランスのとれるところに穴をあけます。

ししおどしの先を筧の先より少し前にし、30~40度の角度になるよう、支柱となる丸太と叩き石の位置を決めます。

丸太とししおどしは、7~8㎝の長い釘で固定します。

筧に使う材料

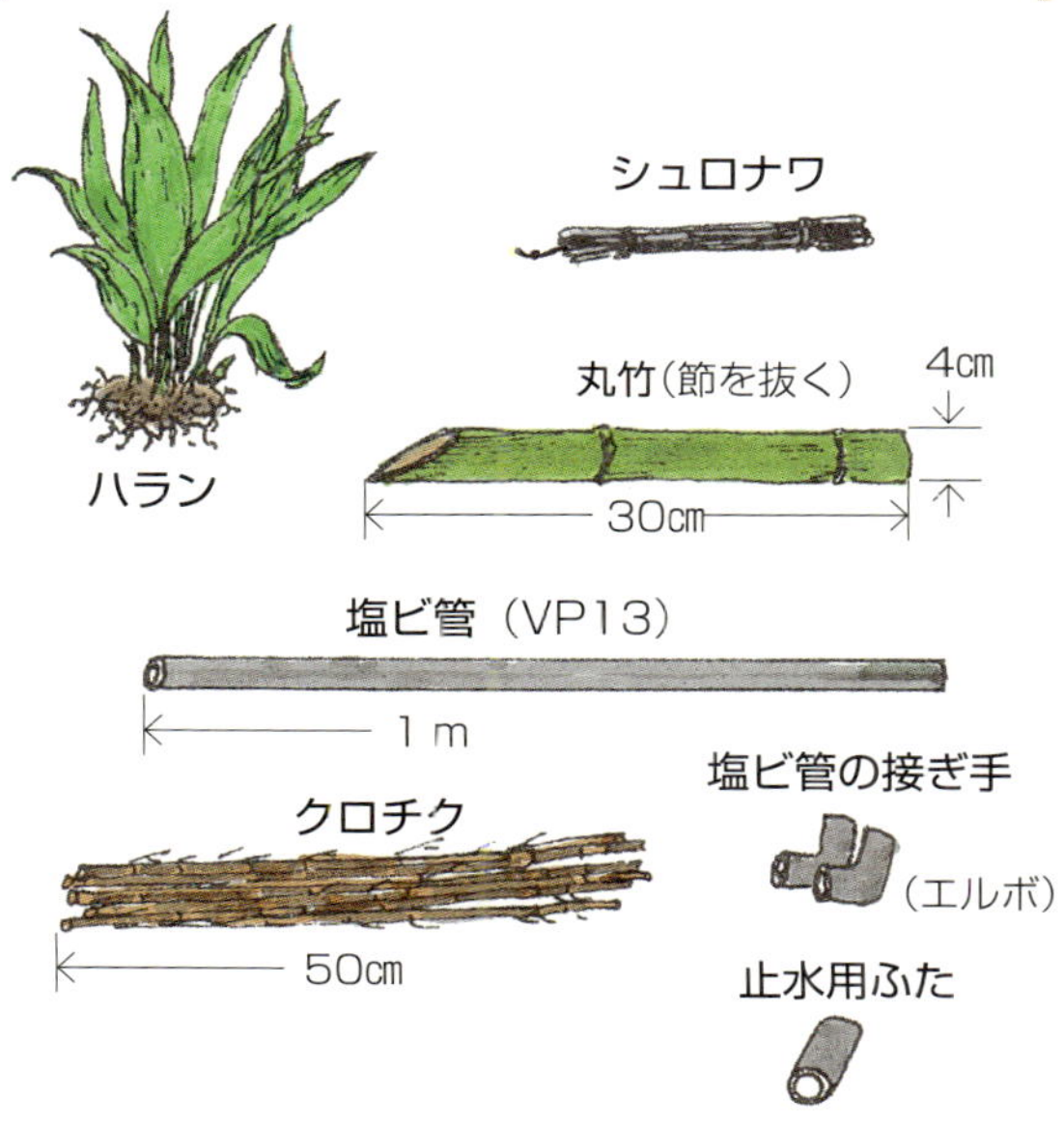

ししおどしに使う材料

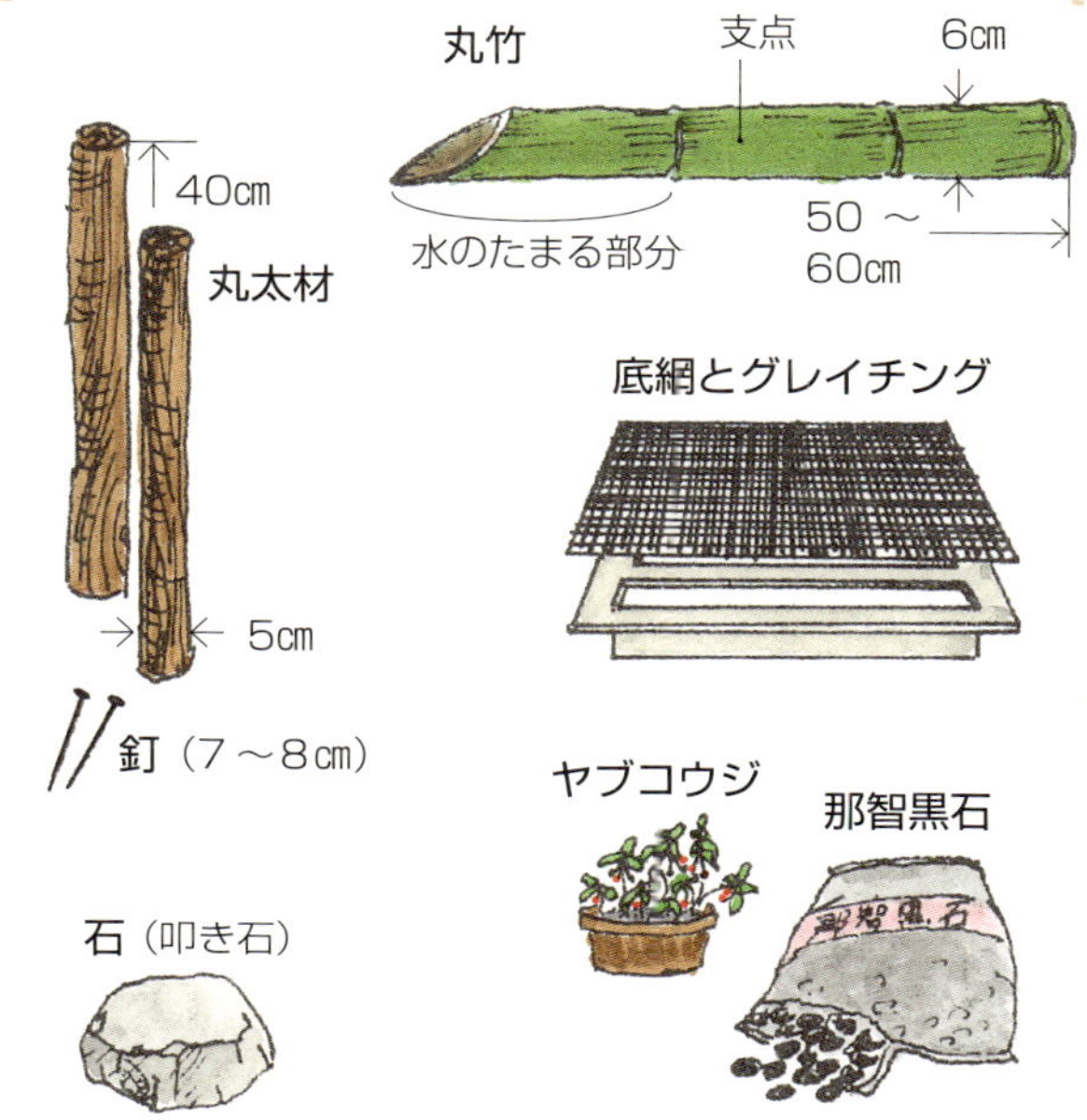

ここがポイント

ししおどしが古くなったら変える

ししおどしの竹が古くなると音も悪くなる。2～3年したら、また、つくり直してかわった音を楽しむのも新鮮でいい。

庭木や景石を組み合わせて深山の趣を

ししおどしは、半日陰のほうが落ち着く。袖垣などで囲み、脇にヤブコウジ、ハランなどの陰樹や山草を植えるとよい。

作業手順

1 排水桝の中央に水が落ちるように筧を配管する→つくばいつくりと同様

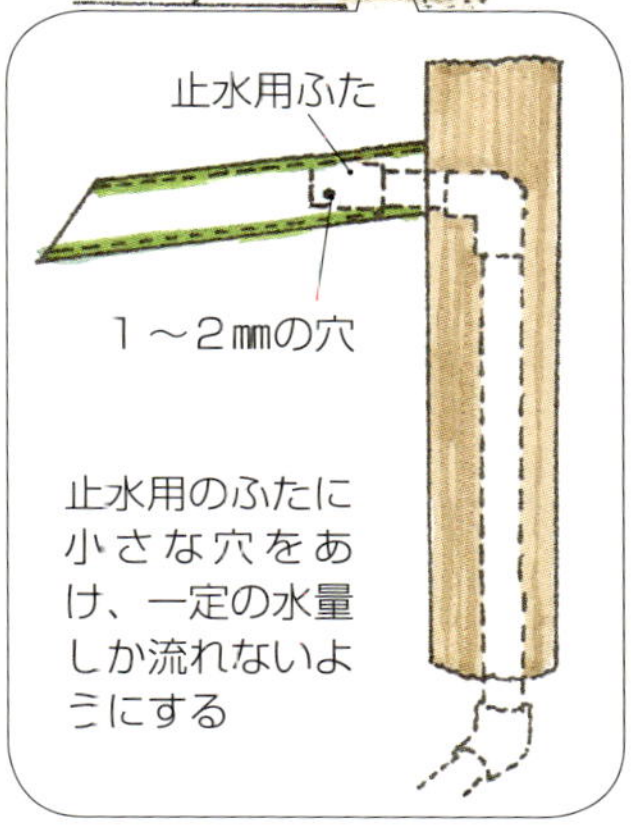

2 2本の支柱と丸竹の支点を釘で止め、底の位置に叩き石を据える

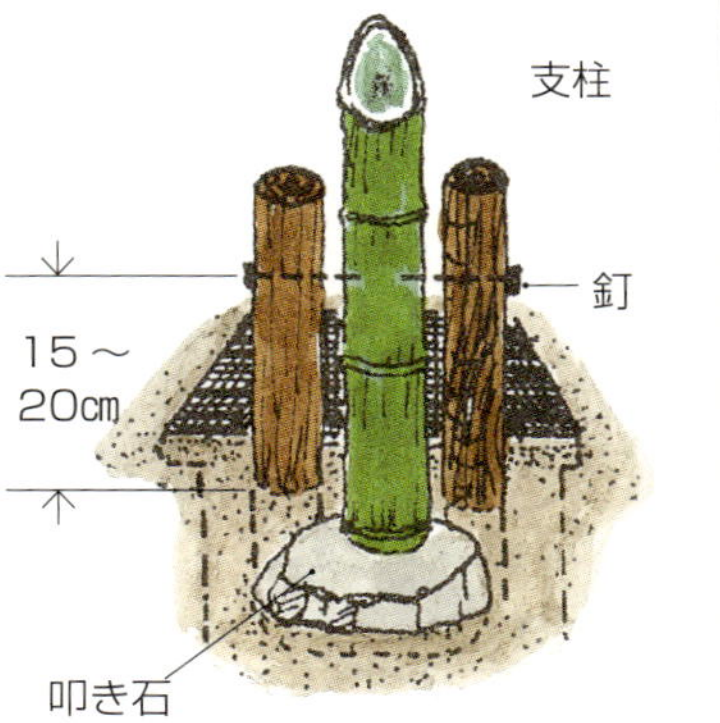

3 下草を植えた後に那智黒石を敷く

排水桝でつくる小さな山水

3 水で楽しむ

難易度☆☆☆　日照●～◐

水は高きから低きへ流れる。流れ、動く水に自然の命の循環を感じる人は多い。水は流れてこそ生きる。

狭い1㎡たらずのスペースでも工夫しだいで小さな渓流を楽しむことができます。これも排水桝を上手に利用した例です。

作業適期

ベニシダレ（落葉樹）の移植期に合わせて作業。厳寒期を除く落葉期、11～3月

排水桝奥の１㎡を利用

大小約10個の石と1本の庭木で流れの庭をまとめる

使用する石は黒ぼく石が軽くて作業しやすい

流れの表現

据えられた石により流れが曲げられるようにつくることが基本

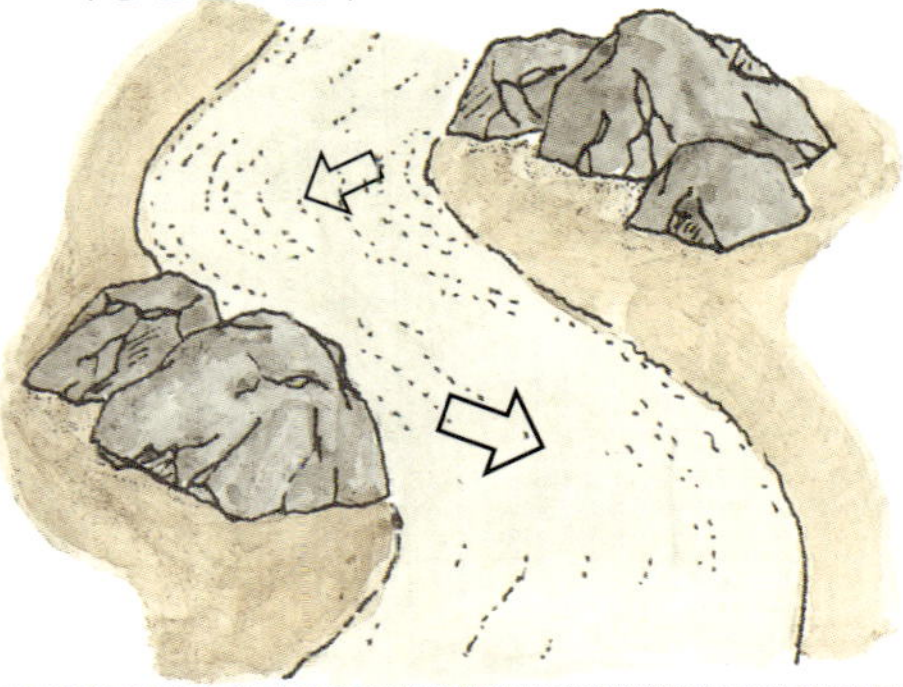

上流は狭く角ばった景石を

狭い庭では1mくらいの流れしかできませんが、給水口は15cmくらい持ち上げ、30cmくらいの角ばった石で隠します。

流れを奥深く見せるには、上流を狭くし、下流を広くして少し蛇行させます。川底は地表より深くし、水もれがないようモルタルで固めます。

石は左図のように水が岸にぶつかり曲がる部分に大きな石を据えます。川下になるほど小さく丸みのある石を据えます。

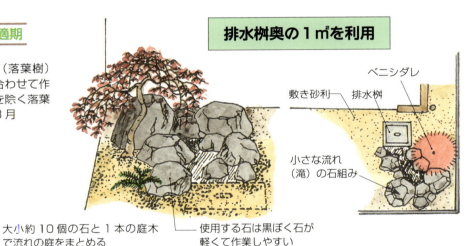

ここがポイント

渓流は暗く沈む色にすると深く見える

渓流を深く見せるもう一つのコツは、暗い色の素材を使うこと。石も地味な色の黒ぼく石、鳥海石、筑波石、生駒石などの黒～茶褐色の山石を使い、川底を固めるモルタルも松煙か墨汁を混ぜて黒くするといい。

上流には、岩に枝がかかるくらいの低い、形のつくられていないベニシダレ、ヤマモミジなどを植え、谷部を暗くすると映える。

材　料

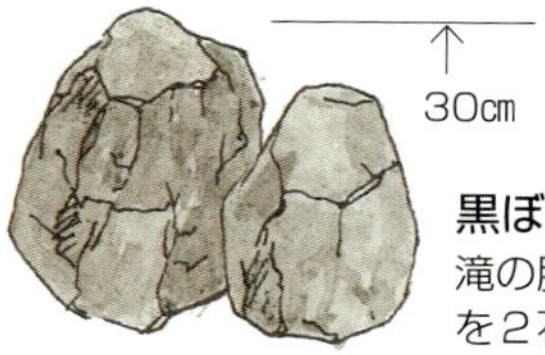

30cm

黒ぼく石㊅
滝の脇石になるものを2石

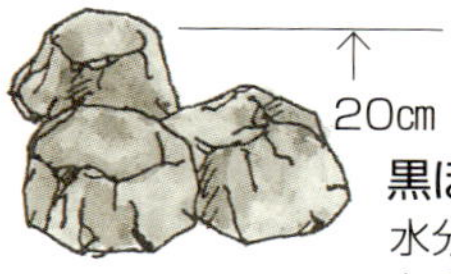

20cm

黒ぼく石㊥
水分石などになるものを3石

黒ぼく石㊙
流れに使用するもの6～7石

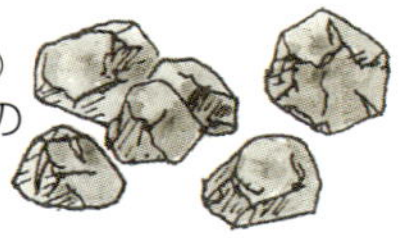

ベニシダレ

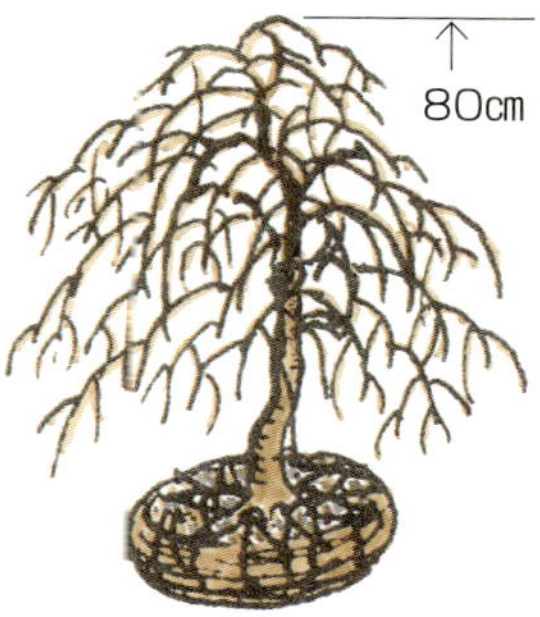

80cm

モルタル

20kg

（砂とセメントが混ぜてある）

敷き砂利

排水用エルボ（接ぎ手）

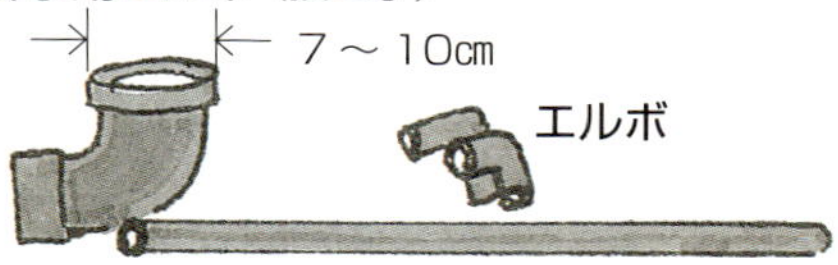

7～10cm
エルボ

塩ビ管（VP13）1m

作業手順

1　流れの奥に給水を、終点部分に排水用のエルボを設ける

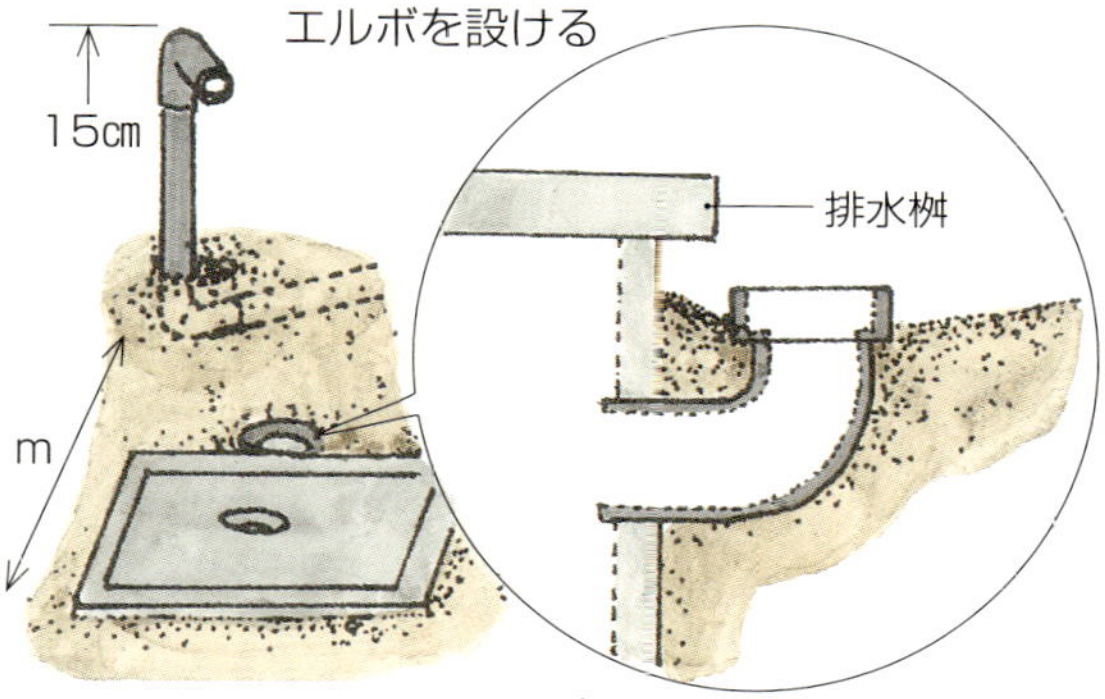

15cm
1m
排水桝

2　1～6の順に流れの石組みをする

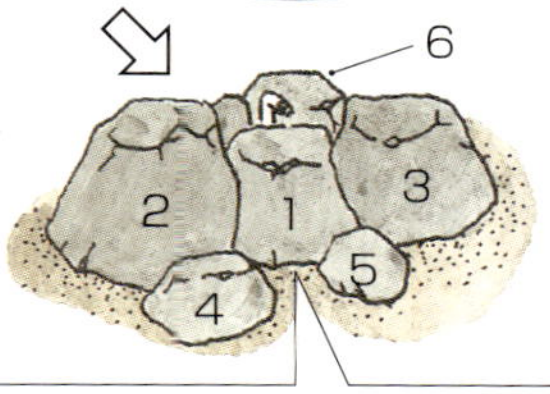

6
2
1
3
5
4

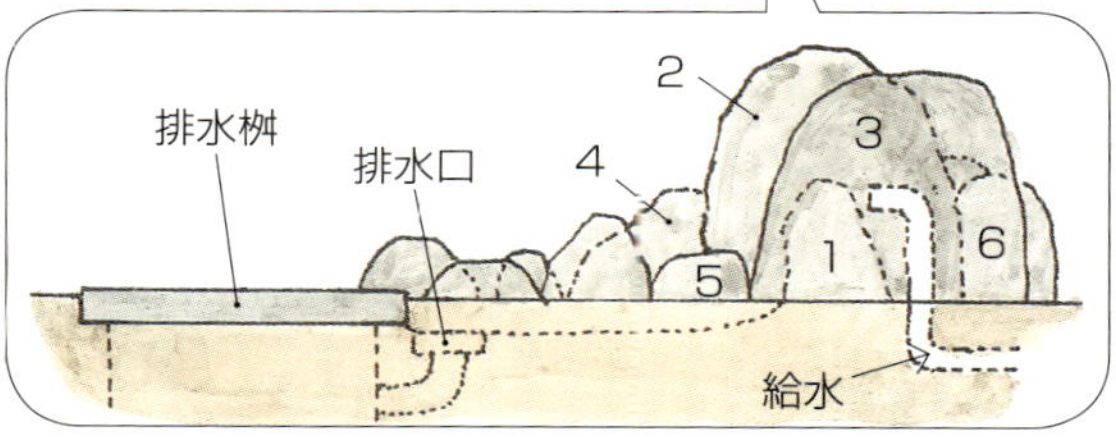

排水桝
排水口
2
4
3
1
6
5
給水

3　水もれしないように内側にモルタルをつめる

厚さ2～3cm

4　ベニシダレを植えてから排水桝を敷き砂利で隠す

大きな水瓶を雑木などを背景にして設置すれば、沼地を思わせる水場になります。

水瓶には、鉢を重ねて高くした鉢にスイレンを植えます。スイレンは別名ヒツジグサといわれ、夏の未《ひつじ》の刻、午後1～3時ごろ、可憐な花を水に浮かべます。

水瓶で湿性植物を楽しむ

3 水で楽しむ

難易度☆☆　日照○～◐

玄関脇の1㎡を利用

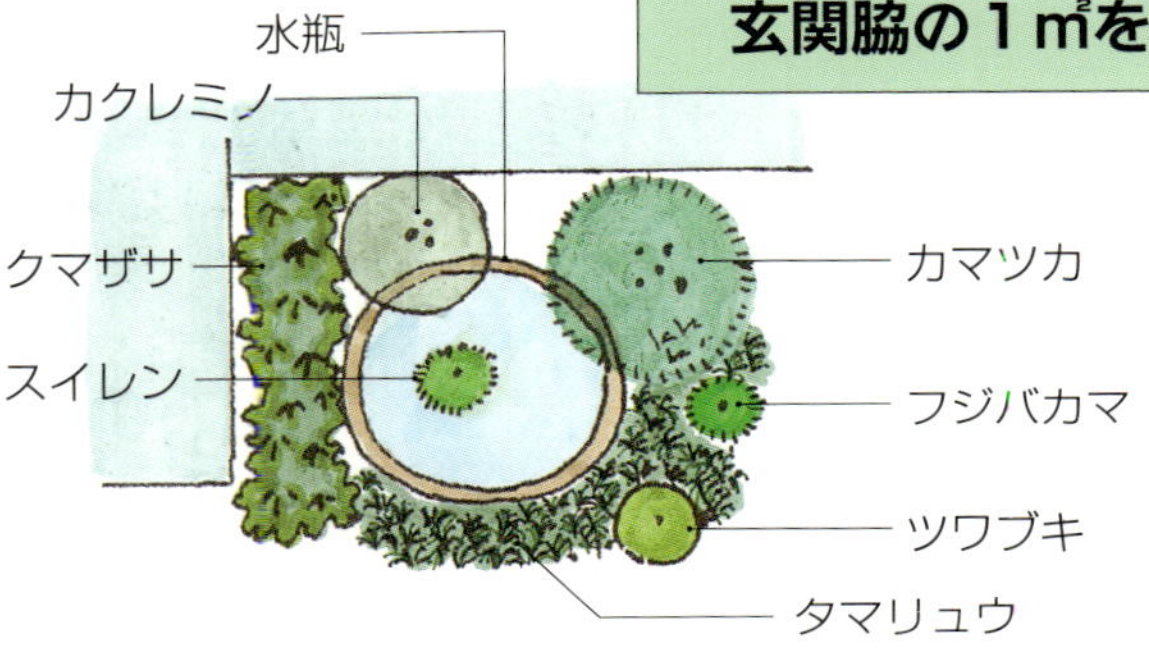

水瓶
カクレミノ
クマザサ
スイレン
カマツカ
フジバカマ
ツワブキ
タマリュウ

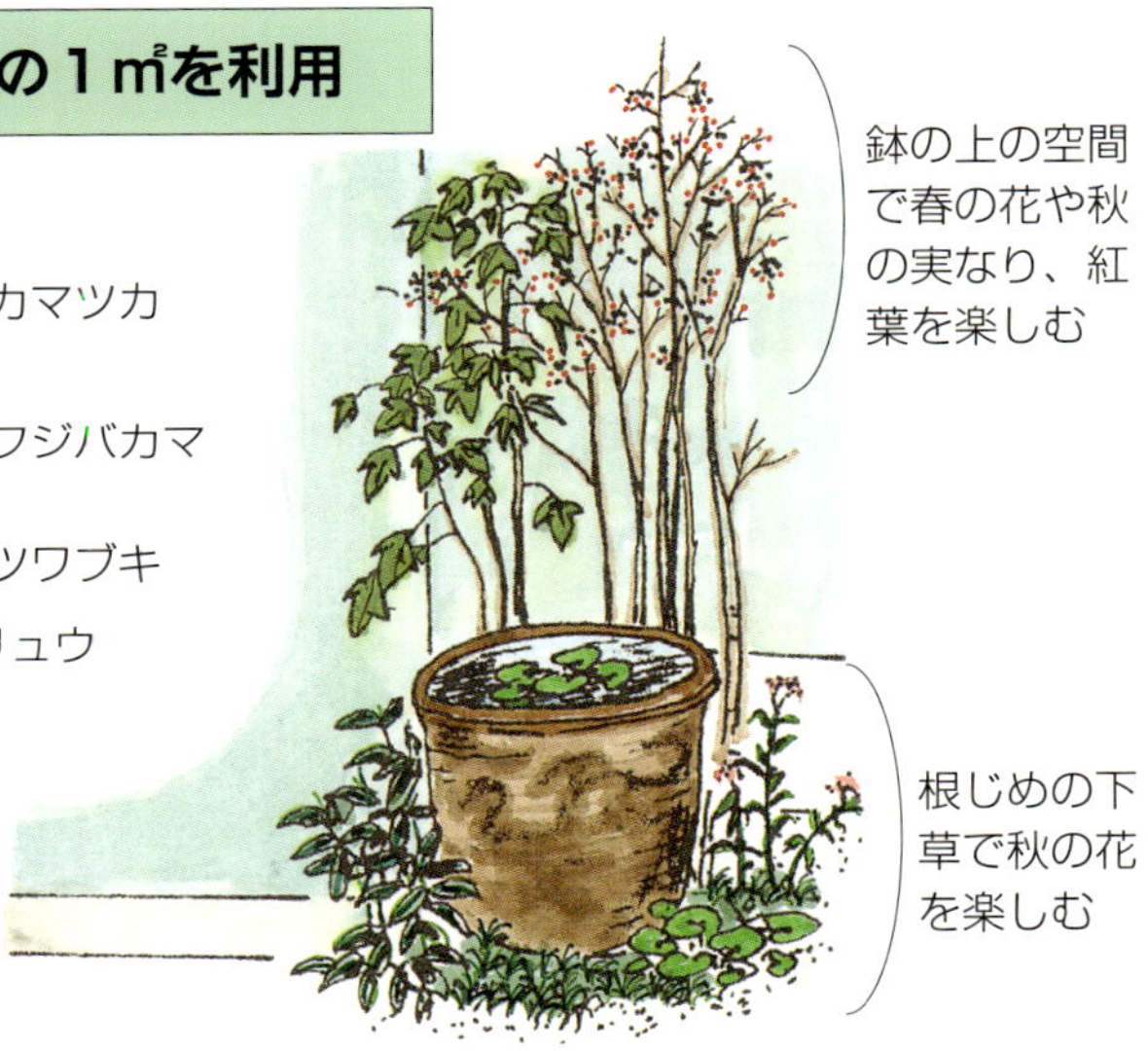

鉢の上の空間で春の花や秋の実なり、紅葉を楽しむ
根じめの下草で秋の花を楽しむ

作業適期

春と秋の彼岸（庭木の移植期）に合わせて作業
２～３月または９～１０月

湿性植物を水瓶で育てる

庭の一角に水瓶を据え、その周囲に水に強く水を好む植物を植えます。水瓶はどんなものでもかまいませんが、上図のものは、輸入されたピータンのはいっていた瓶です。

湿性植物には、スイレンのほか、アサザ、ヒメスイレン、ウリカワ、ハス、コウホネ、ジュンサイ、ガマ、ホテイアオイ、ヨシ、浮草などがあります。

ハス、スイレンなどは水深が40cmと深くしますが、ほかのものは5～20cmくらいにします。

浮草、ホテイアオイ以外は鉢を沈めて泥に生わせて育てます。ホテイアオイも根を泥に入れたほうが花つきがよくなります。

瓶には1～2種のみにして、あまりごちゃごちゃ入れないことがコツです。

水は腐らせないよう夏場は週1回くらいサイフォン（1mくらいの長さのホースを水瓶に沈め、大気圧を利用して水をいったん高所に上げてから低所にはき出す仕組み）で入れ替え、金魚などを放して楽しみます。

材　料

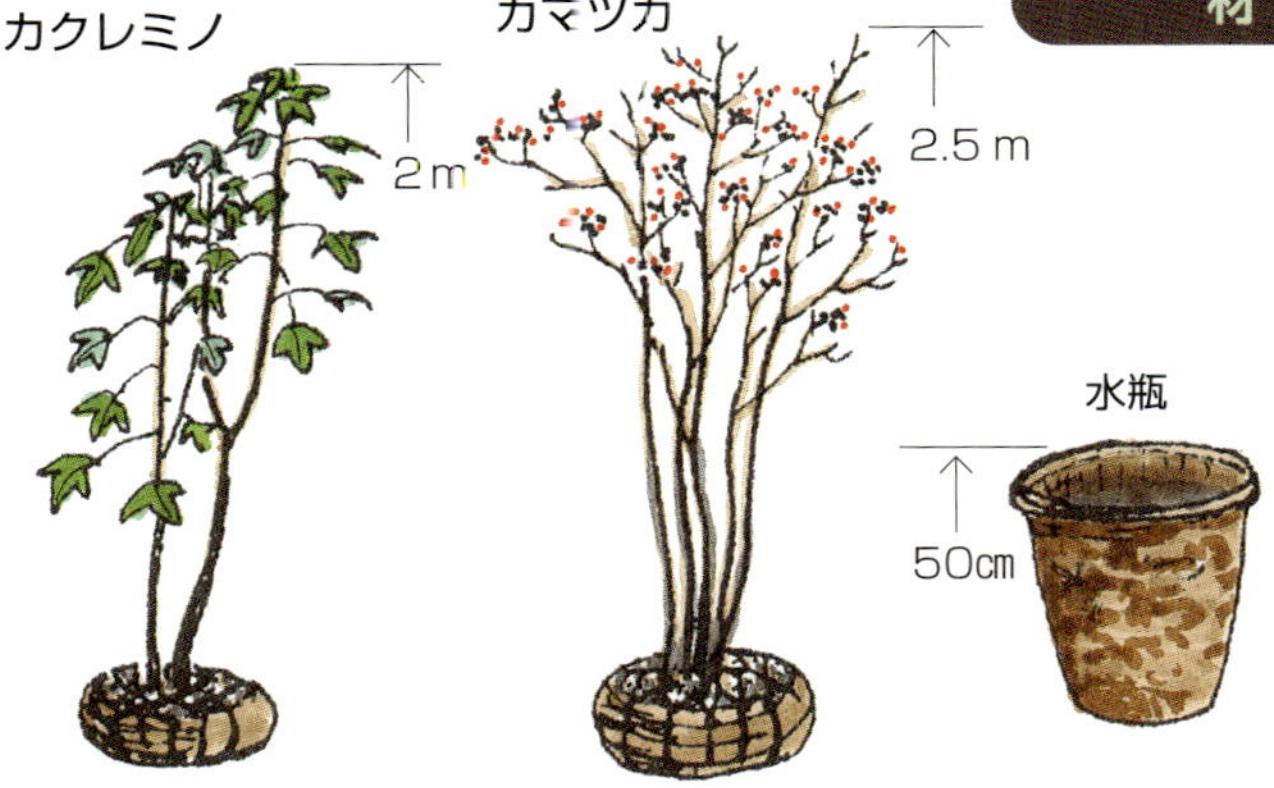
カクレミノ
2m
カマツカ
2.5m
水瓶
50cm

スイレン（ヒツジグサ）
7号鉢
スイレンの高さを
調節する素焼き鉢
ツワブキ
タマリュウ
フジバカマ
クマザサ

ここがポイント

水瓶の周囲に水を好む草木を植える

沼地をイメージして、花や新緑、紅葉、熟れた実を四季を通じて楽しむ。水瓶の水があるだけで夏場は涼しくなる。ヒシャクで打ち水したり盆栽や花壇の水にもなる。

スイレンは１年おきに株分けして植え替える

スイレンを毎年咲かせるには、春、芽の出る前に株分けして古い根を切り、用土を新しくして植え替えること。

作業手順

1　カクレミノとカマツカを壁側に植える

2　カマツカ、カクレミノ、水瓶が三角形の位置になるように水瓶を据える

3　下草を植える

4　スイレンを水瓶に入れ、水を注ぐ

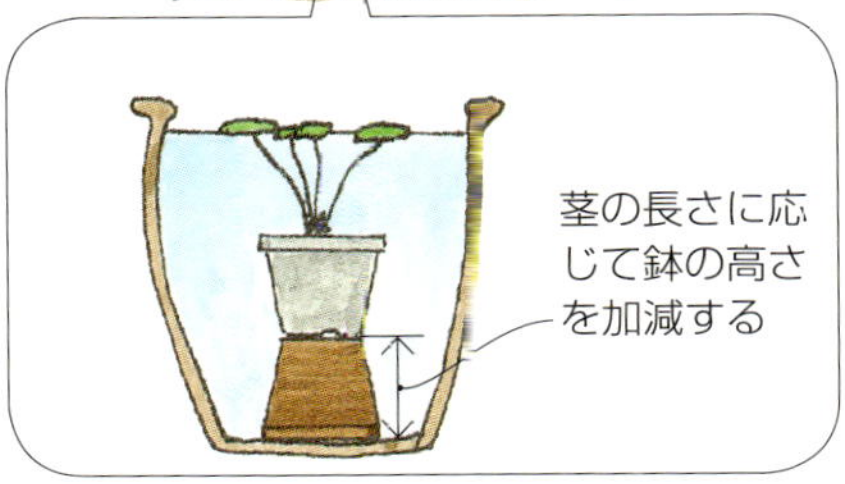
茎の長さに応じて鉢の高さを加減する

傘立て、火鉢、植木鉢も立派な水瓶

3　水で楽しむ

難易度☆　日照●〜◐

水瓶に使う瓶は、水瓶にこだわる必要はありません。園芸店にある大きな植木鉢、骨董屋にある昔の火鉢、使っていない傘立て、漬物瓶なども立派な水瓶になります。

ただし、釉薬が塗ってあって水が染み出ないものを探してください。

鉢、傘立て、火鉢を利用

本格的な水瓶でなくてもよい

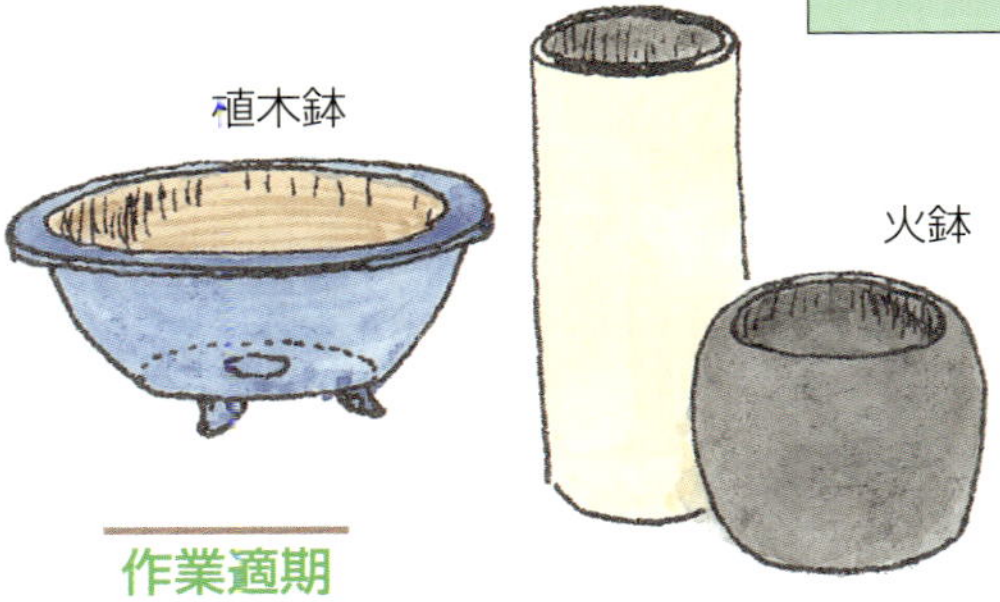

器を置く場所

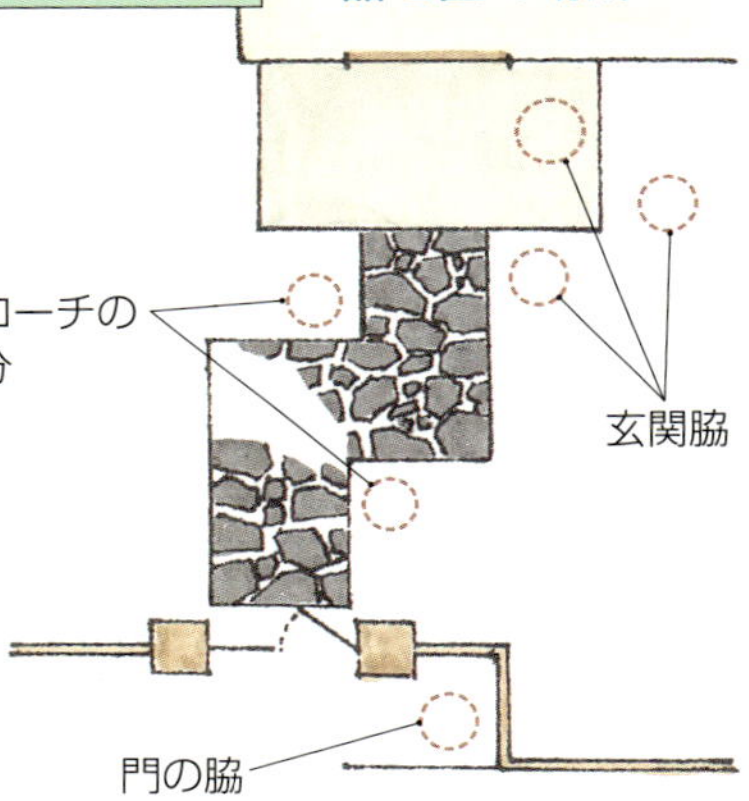

作業適期

スイレンの移植期に合わせて作業
3月中旬〜4月中旬

できるだけ日当たりのよい位置でスイレンやホテイアオイを観賞する

移動が自由自在の水瓶

水瓶は持ち運びが便利なので、どこにでも据えられます。アプローチや玄関先、門先の人目につきやすい角に置けば鉢植えの花のように自由自在に楽しめます。鉢の色や模様を眺めるのも楽しみです。

植える湿性植物は、近くの川、沼、田に生えている水草をとってきて植えるだけでもよいでしょう。瓶の大きさや深さに応じて種類を選ぶことが大切です。大きな瓶と小さな瓶、高い瓶と低い瓶などと組み合わせてもおもしろいでしょう。

瓶がずっとそこにあるように見せるには、脇に下草を植え、周囲に敷き砂利などを敷きます。

庭に水があると小鳥やトンボなどが集まって、庭もにぎやかになります。ボウフラ（蚊の幼虫）がわかないようにメダカや金魚を飼うとよいでしょう。

スイレン（スイレン科の水草）　ヒツジグサともいい、夏期に水面上に花をつける。

ホテイアオイ（帰化植物）　葉柄の基部がふくれて水に浮き、8〜10月に淡紫色の花が咲く。

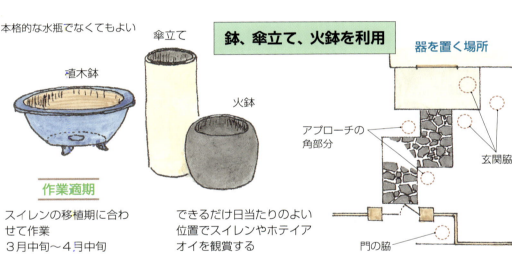

材　料

ここがポイント

水草の種類と水深

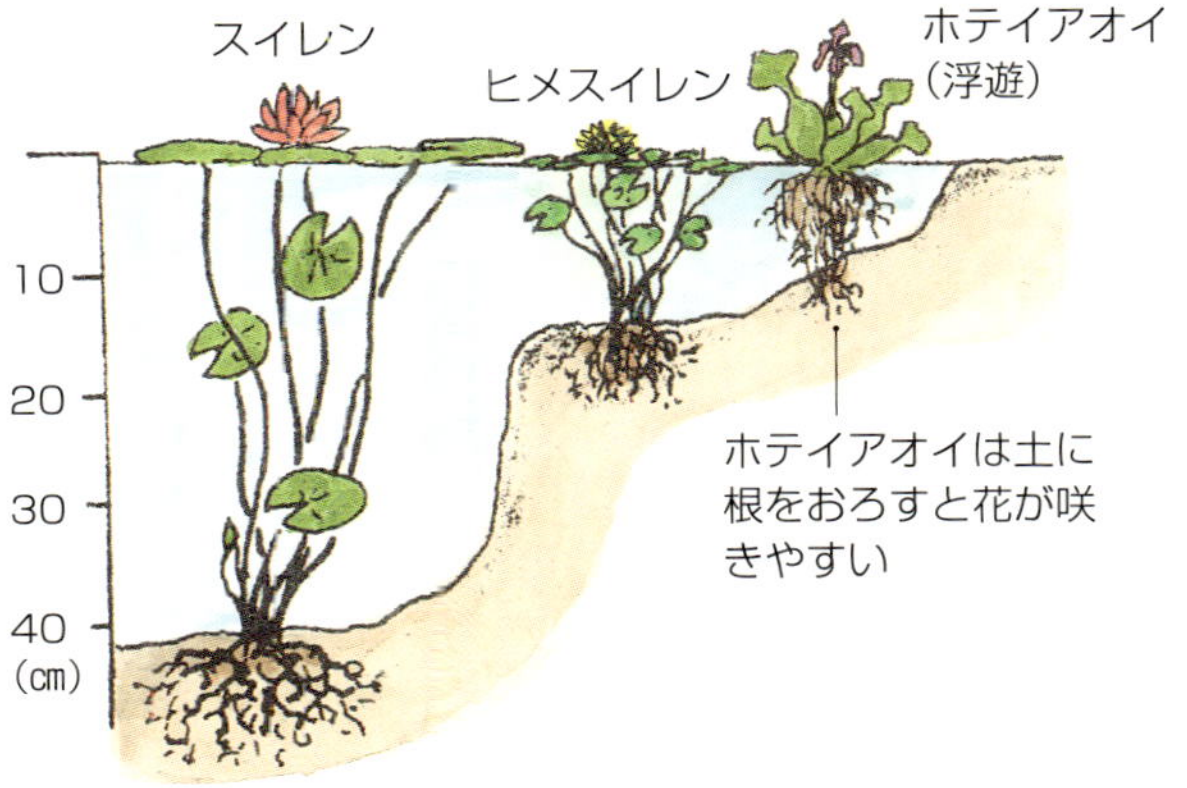

器と下草の組み合わせ

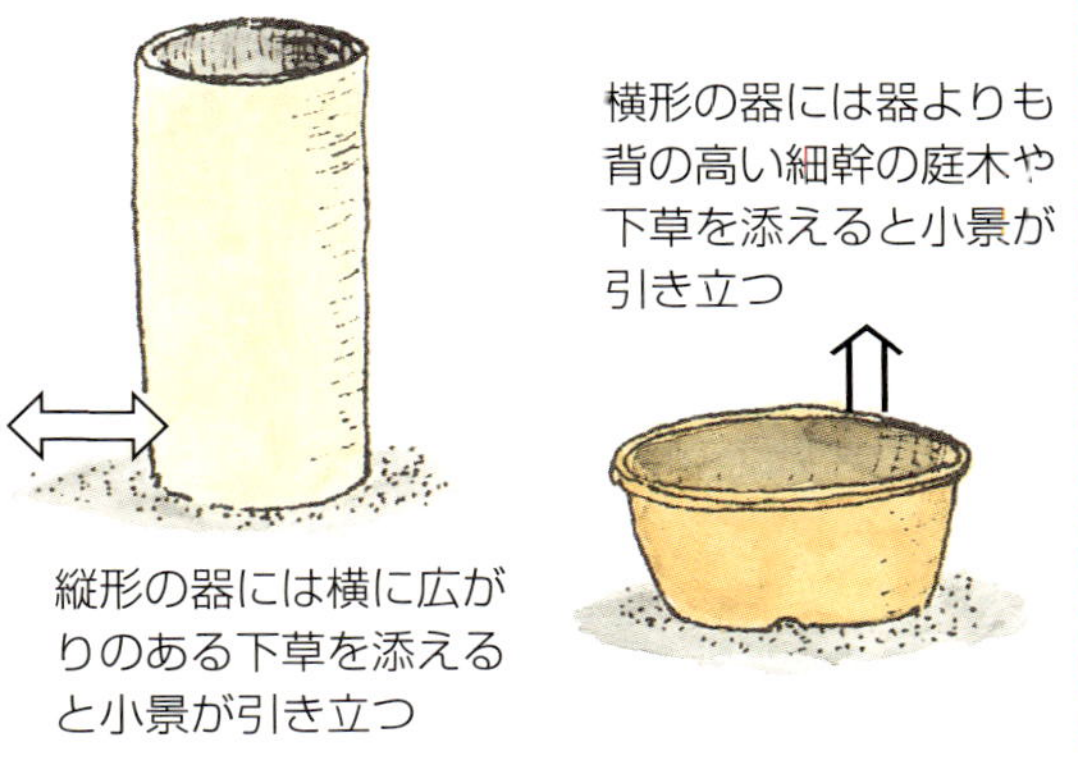

浴室から観るつくばいのある水庭

3　水で楽しむ

難易度☆☆　日照◐~●

風呂の湯舟につかりながら窓ごしに一幅の絵を見るような、小さな水庭をつくれば、温泉にはいっているような気分になります。

　水まわりがなくても、筧《かけい》と手水鉢《ちょうずばち》に日陰に耐える下草を添えるだけでその情感が出てきます。水を流したいときは、あらかじめ給排水の工事をしておきます。

浴室前1㎡を利用

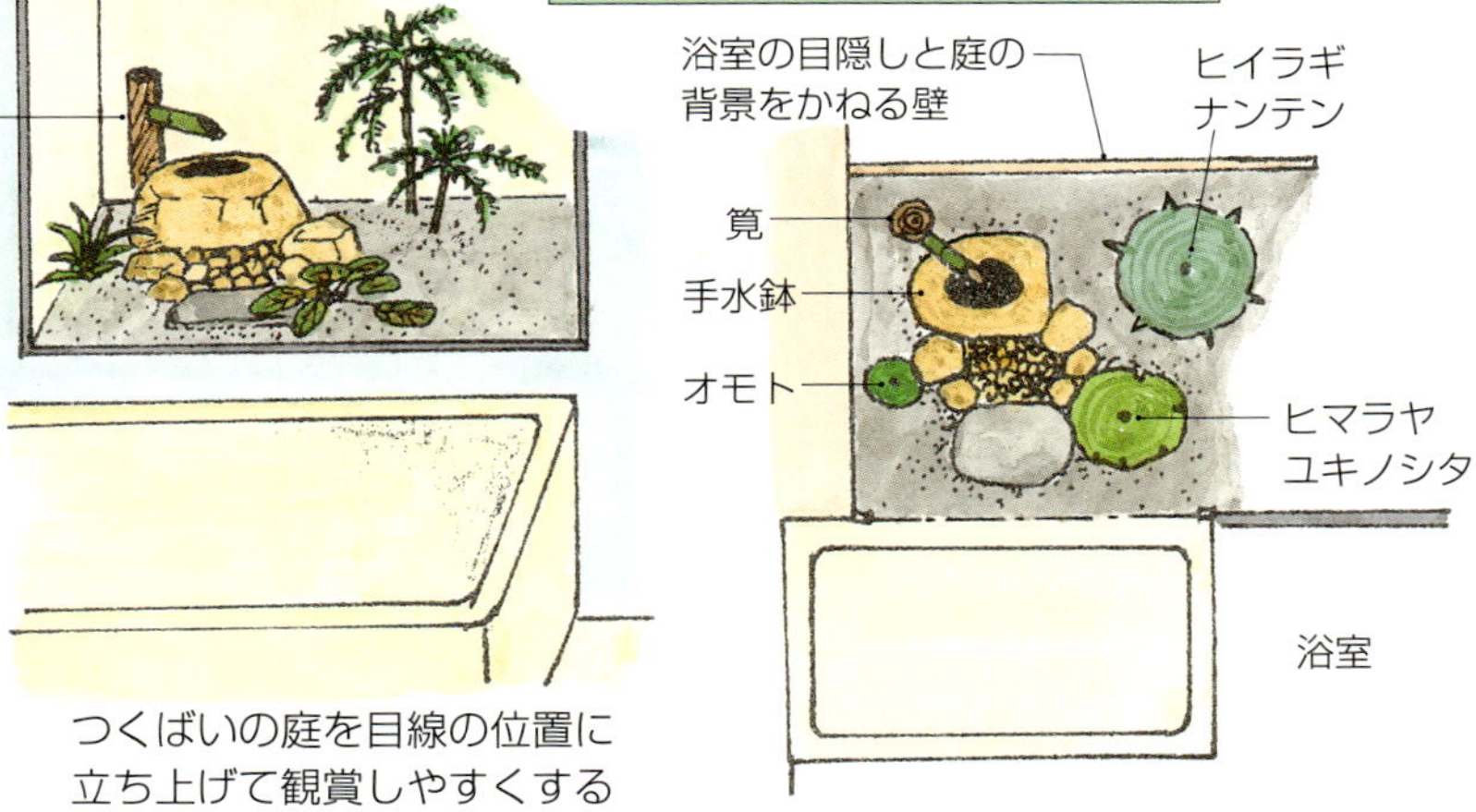
市販の筧を水を落とさない装飾用として使う
浴室の目隠しと庭の背景をかねる壁

つくばいの庭を目線の位置に立ち上げて観賞しやすくする

作業適期

ヒイラギナンテンの植え込み（3～4月）を後で行なえばいつでも作業できる

窓枠を下げ、庭を立ち上げる

　風呂場の湯舟の外側は生活設備などが多く、庭づくりには不向きな場所です。その1㎡前後のスペースに、湯舟につかりながら見えるようブロックなどを積んで囲い、砂利や土を盛って立ち上げます。

　壁は防水モルタルで強化し、ブロックの内側には水が染み込まないよう耐久力のあるビニールを張ります。窓枠もできるだけ下げて見やすくします。小庭の周囲は板塀などで囲い目隠しをします。

　狭い水庭なので、景石や根じめの下草の数は少なくするのがコツです。筧、手水鉢、ヒイラギナンテンが不等辺三角形になるよう配置し、5個の石でつくばいを組みます。

　筧から水を流すときは、かならず手水鉢の下に排水桝を設けて、水が壁に浸透しないようにしてください。

ヒマラヤユキノシタ（ユキノシタ科・常緑多年草）　ヒマラヤ山脈原産で、キャベツの葉に似た10~20㎝の葉が特徴。3~5月、桃色の花が咲く。耐寒性が高く育てやすい。

水を流す場合に用いる材料

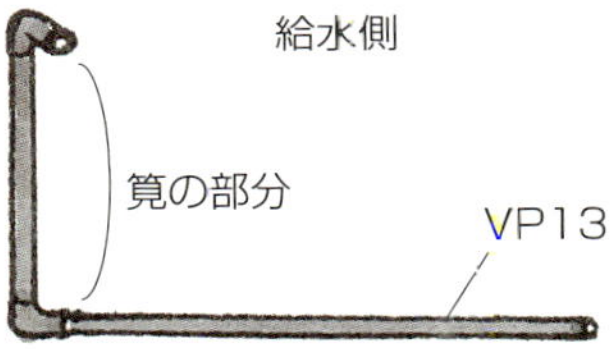

手水鉢を据える前に給排水の作業をしておく

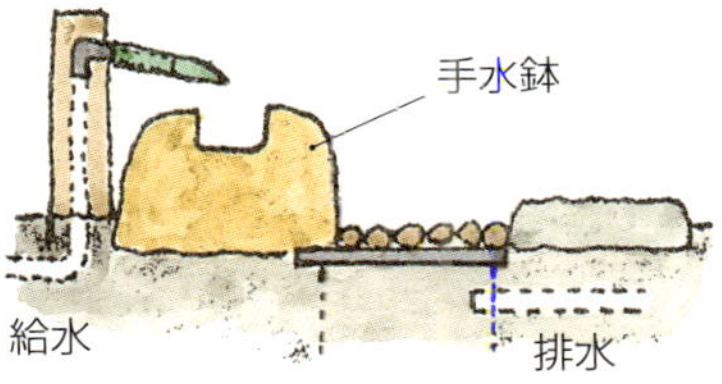

材　料

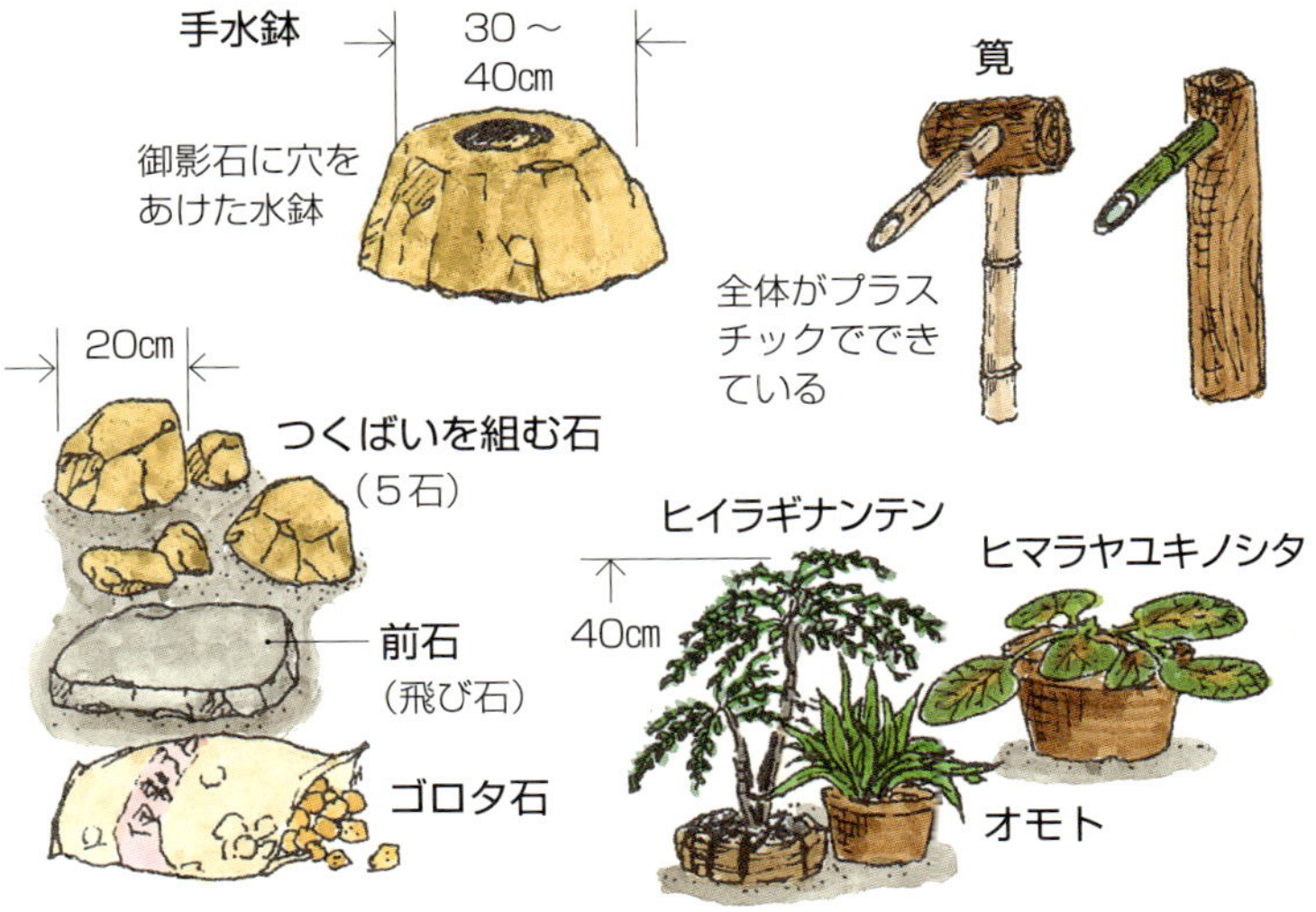

作業手順

1　手水鉢を据える

2　つくばいの役石を組む

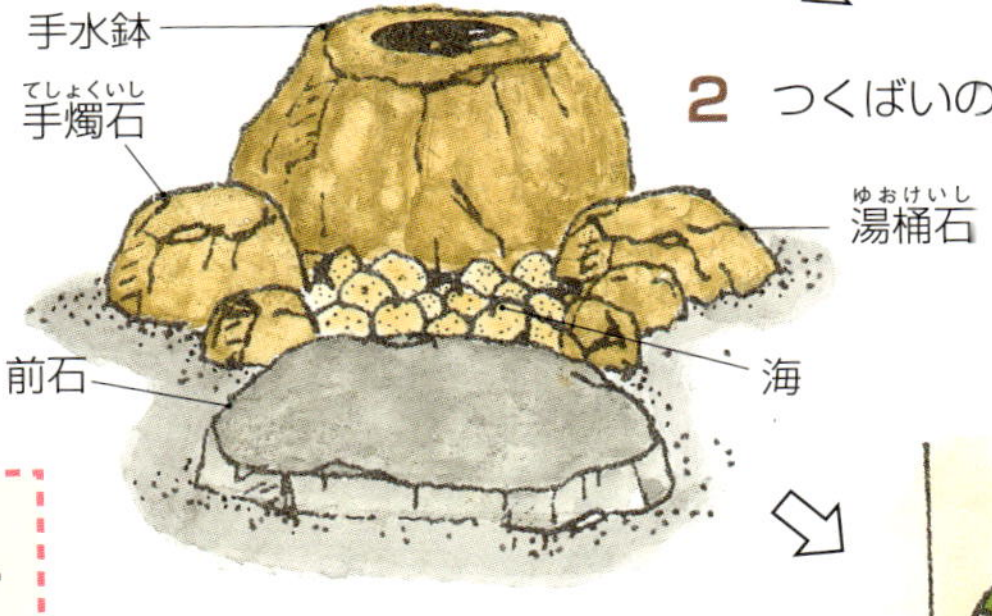

3　筧を立ててから下草を植え、海の部分にゴロタ石を敷く

ここがポイント

日陰の狭い空間に合う枯山水風庭園

狭い空間には、素材の数を少なくすることが広く見せる第一のコツ。ヒイラギナンテンやクロチクなど、すっと立つ小さなものを1～2本植え、白砂利を敷くだけでもよい。

水庭は必ずしも水を流さなくともよい。景石やゴロタ石で流れをつくり、下草を配置するだけで水のせせらぎがイメージできる。暗い日陰のほうが、その情感が出る。

エアコンは御簾垣風に化粧

4 添景を楽しむ

難易度☆☆　日照●〜●

散水栓などと同じく、エアコンの室外ユニットも庭の景観になじまないもの。排気し、きれいな空気を吸入する機能をさまたげないよう、さらし竹で周囲を御《み》簾《す》垣《がき》風に囲った工夫例です。

エアコンの立ち上がりホースはカクレミノで隠し、側面のホース接続部はハランを添えて隠します。

御簾垣用の丸竹を利用

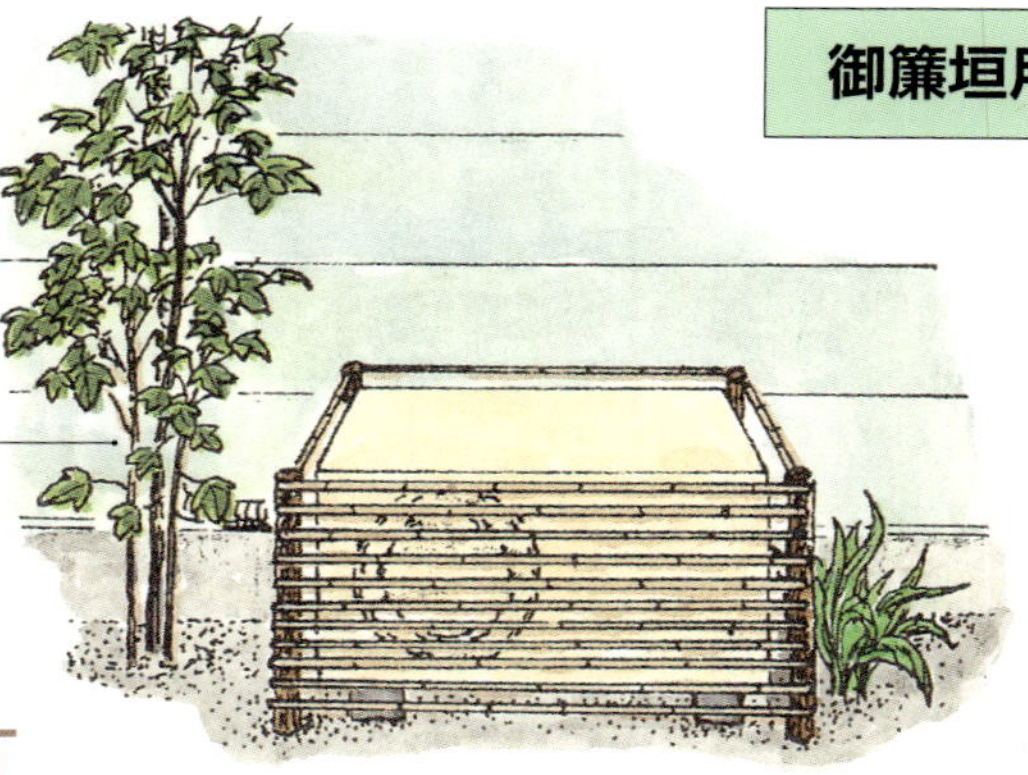
細幹のカクレミノで配管やドレンホースを隠す
すだれ状に打ちつけた丸竹で室外ユニットを囲む

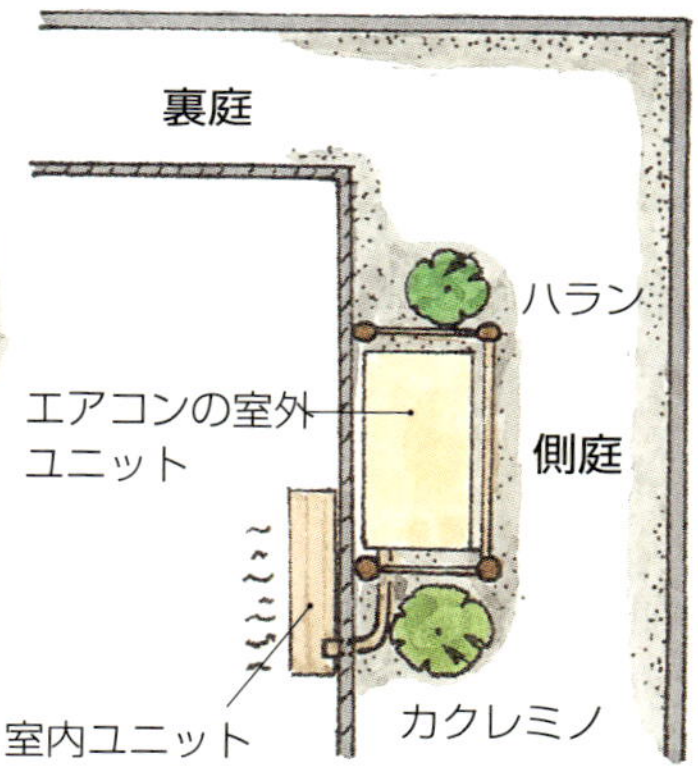

作業適期

カクレミノとハランの移植期に作業
3〜5月、9〜10月

晒し竹で簡単な竹垣をつくる

竹材は手軽で、垣根、筧など、庭づくりにかかせない素材です。竹でつくったものは、自然のなかに置いても違和感がありません。

晒し竹は美しく、また黒く変色しにくいので、垣根によく使われます。エアコンの周囲に15〜20㎝の余裕をもたせて、腐りにくい焼き丸太を四方に高さをそろえて打ち、そこに晒し竹を5〜7㎝間隔に渡して釘で固定します。

竹に直接釘を打つと割れるので、必ず前もってキリで穴をあけて、竹の根元と先（うら）を交互に渡して打ちつけます。まず上段を先に打ち、4本の丸太を固定すると作業が楽で正確に打ち込めます。

晒し竹が四方水平に並ぶよう、打ちつける前に丸太に印をしておくときれいに仕上がります。

建物（家）が洋風のデザインで仕上げられている場合は、すだれ状に打ち込む丸竹のかわりに、2〜3㎝角の木材を打ちつけてもよいでしょう。室外ユニットの吹き出し機能をさまたげなければ、市販のラティスで囲むことも可能です。

材　料

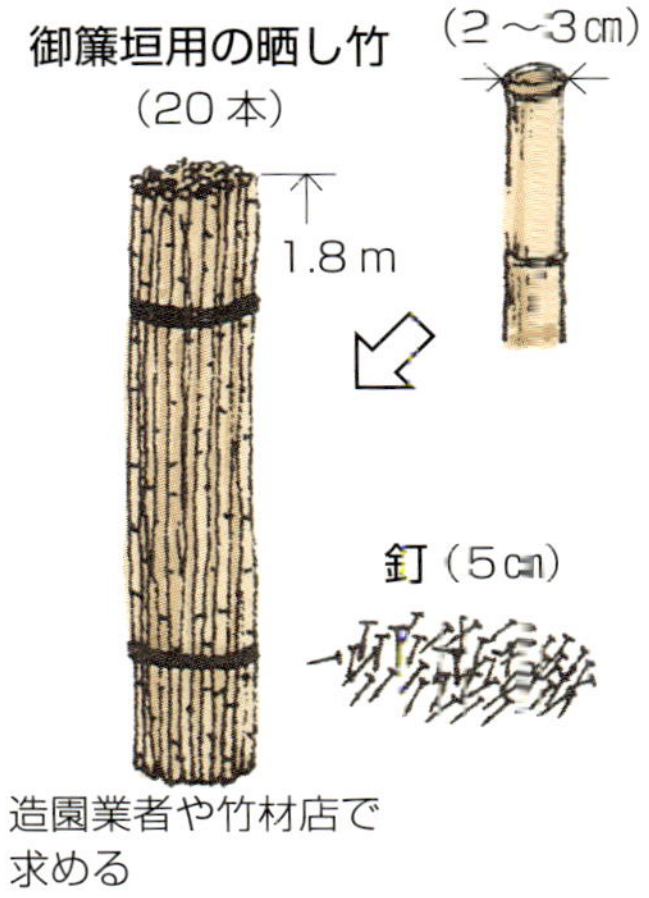

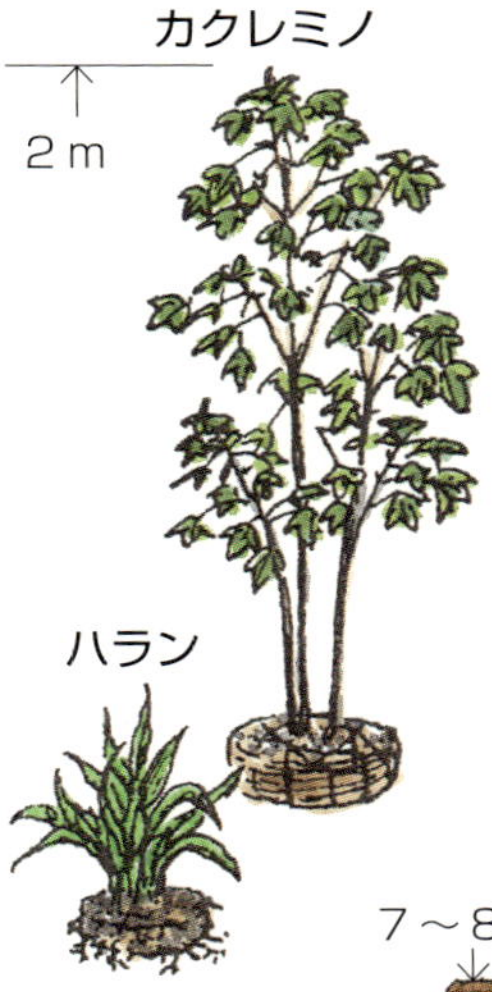

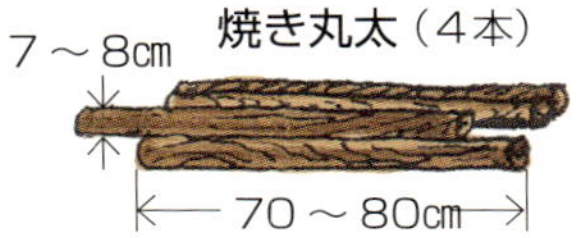

ここがポイント

掃除がしやすいように余裕をもって

竹垣の中は吹きだまりとなって落葉などがたまりやすいので、掃除がしやすいよう幅に余裕をもってつくる。また、エアコンの修理に支障がないよう、焼き丸太も深く埋め込まず、とりはずしが簡単にできるようにしておく。

排気孔のそばは、温・冷風が吹き出すので、下草や庭木を植え込まない。また、狭い敷地ではエアコンの設置位置を境に洋風と和風などに仕切り、庭の四つの隅を有効に利用するとよい。

作業手順

1　室外ユニットの大きさに合わせて柱を立てる

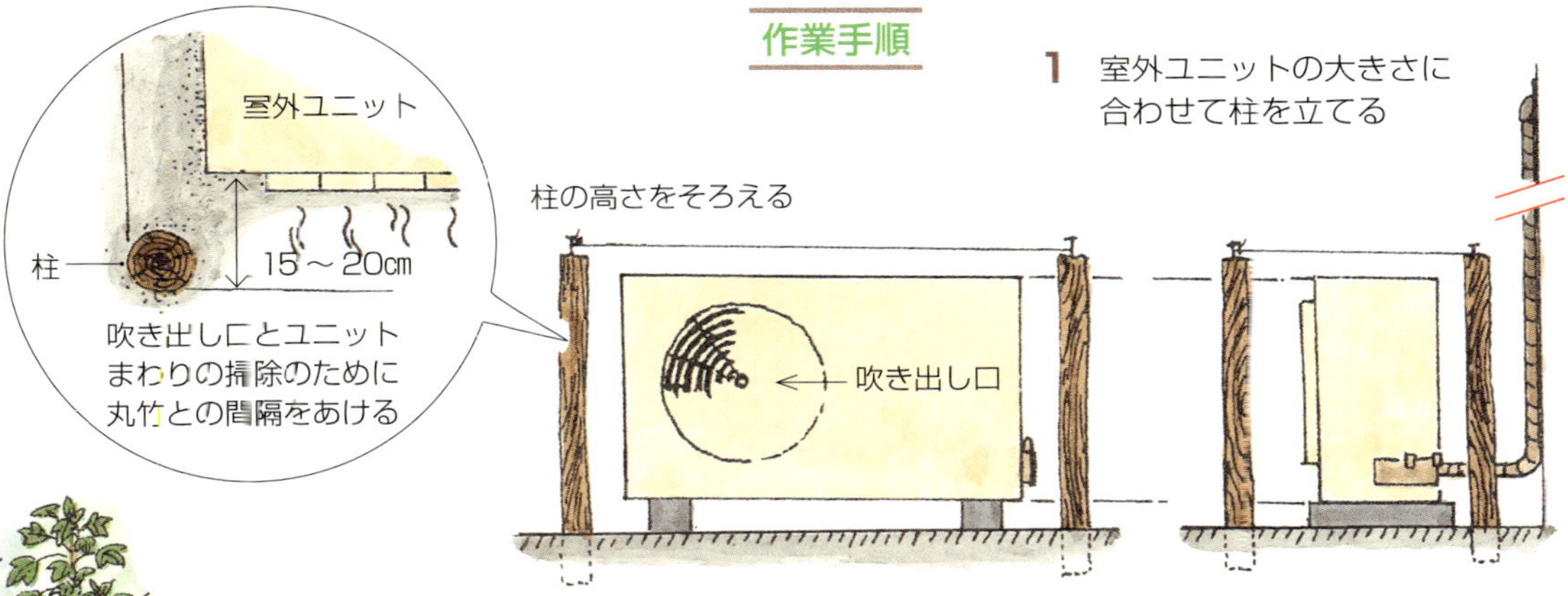

2　柱を等分して丸竹を打ちつける（10～15等分）

3　目隠し用のカクレミノと根じめのハランを植える

設備を竹垣で隠したミニ庭園

４　添景を楽しむ

難易度☆☆☆　日照◐〜●

台所の外に置かれたガスボンベも使い勝手が悪くならないよう、袖垣根で隠し、その袖垣根を背景にして小さな庭をつくってみましょう。

台所や居間からも眺められるよう、生け込み形の灯籠とウメ、景石を不等辺三角形に上手に配置します。

春の梅、夏のクチナシ、冬のマンリョウと食卓から四季を楽しめるのは幸せです。

家事設備脇の１坪を利用

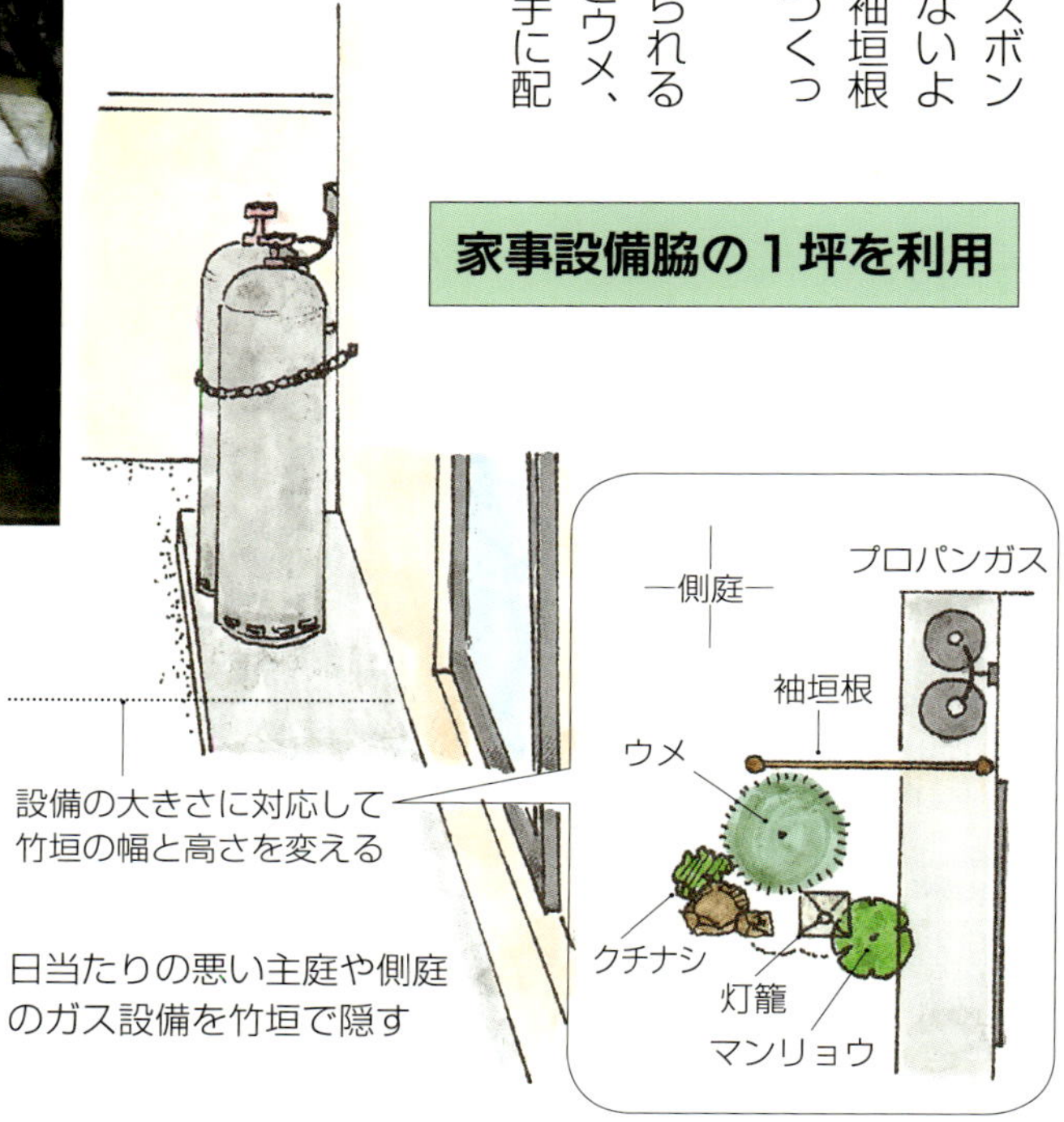
プロパンガス
側庭
袖垣根
ウメ
クチナシ
灯籠
マンリョウ
設備の大きさに対応して竹垣の幅と高さを変える
日当たりの悪い主庭や側庭のガス設備を竹垣で隠す

作業適期

竹垣と灯籠の間に配植する庭木の種類に合わせて作業する
ウメ→２〜３月

ウメを主役（真）にして配置する

どんなに小さな庭でも、何を中心にするかをまずはっきりさせることが大切です。この場合はウメを映す袖垣根です。

主役となるウメは、一番目立つ奥に配置し、次に、観賞点から見てバランスよく不等辺三角形状に灯籠と景石を配置します。灯籠は主役ではないので、小さく目立たないものを選び、台所からも庭からもウメがよく見える位置に埋め込みます。灯籠に添える景石も同様です。

「桜切るバカ、梅切らぬバカ」といわれるように、サクラは生長が早く、切ると切り口が腐りやすく、花も残った枝から翌年咲かず、狭い庭には不適な花木です。

その点、ウメは、せん定にも強く半日陰でも育ち、せん定したほうがよく咲くので狭い庭にたいへん適した花木です。ウメ（バラ科・落葉小高木）　２〜３月、葉の出る前に白色、淡紅色、紅色の花をつける。ウメの園芸種には野梅系の白加賀、見驚《けんきょう》、紅梅系の寒紅梅、豊後系の豊後梅などがある。

材　料

ウメ
1.5ｍ
マンリョウ

灯籠
80㎝以下
生け込み形

クチナシ

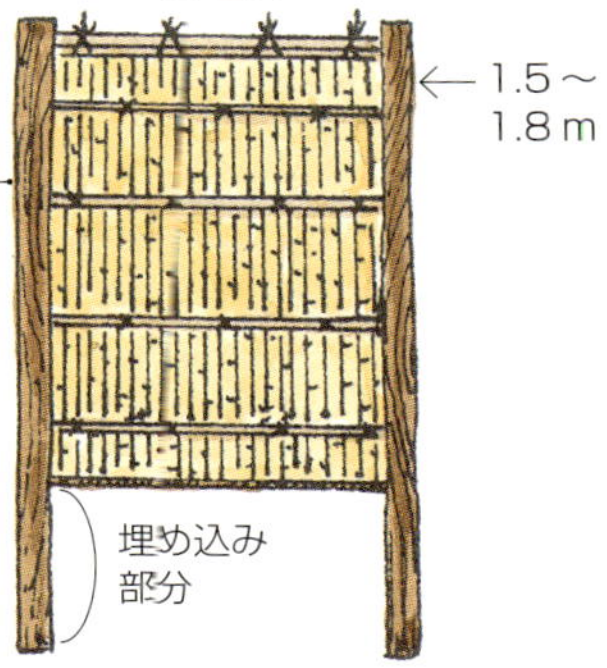
袖垣根
1.5～
1.8ｍ
45～100㎝幅のものが市販されている
それ以上の竹垣は造園業者に依頼する
埋め込み
部分

景石
末広がりで安定感のある石

インスタントモルタル

ここがポイント

袖垣は釘と針金で壁に固定

軒下にコンクリートの犬走りのある場所では、袖垣の壁際の足が埋め込めないので、図のように壁に釘を打ち針金で固定する。土に埋め込む足は、穴を30～40㎝掘り、上部10㎝くらいあけてよく棒で突き込む。その上にベニヤ板などで地表に少し出るくらいの丸い枠をつくり、モルタルを流し込む。地際をコンクリで囲んでおくと腐りにくい。

作業手順

1 目隠し用の袖垣根を取り付ける

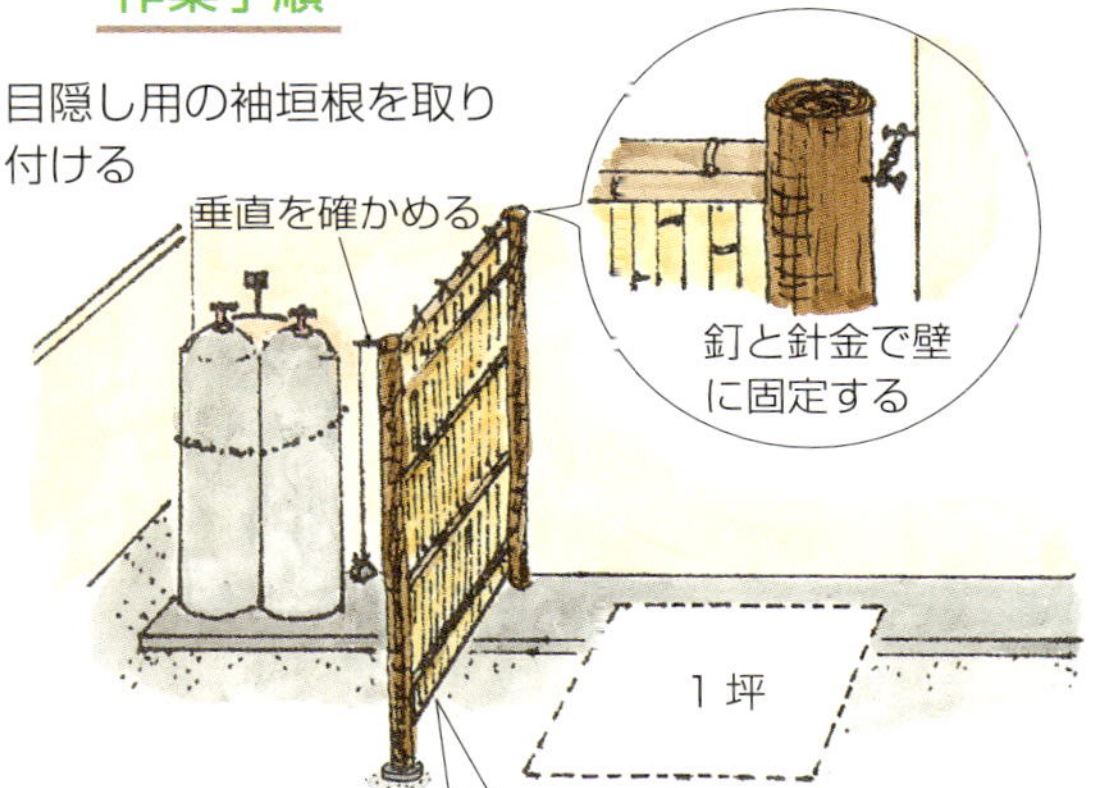
垂直を確かめる
釘と針金で壁に固定する
1坪

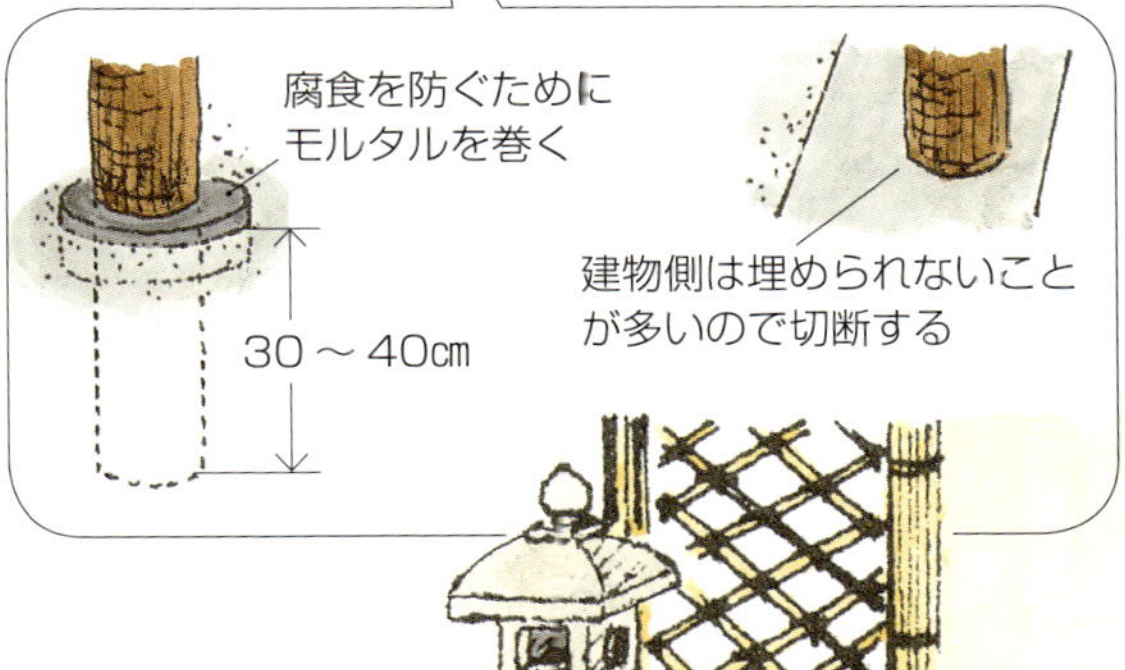
腐食を防ぐためにモルタルを巻く
30～40㎝
建物側は埋められないことが多いので切断する

2 1坪内での不等辺三角形をめやすに灯籠を据える

ウメ
景石

3 景石を据えた後にウメと下草のクチナシ、マンリョウを植える

特別に日当たりの悪いところや狭地では植物を植えず、添景物だけでまとめてもよい

フェンス・ブロック塀を御簾垣に

4 添景を楽しむ

難易度☆☆　日照○～●

和風の庭の背景となる塀は、やはり、竹やよしずなどを使ったものが合っています。鉄骨のフェンスを市販のよしずでおおっただけで、庭の趣ががらりと変わります。

いくら立派な庭木や景石を使っても、背景がよくなくては隣家の構造物が透けて目立ち、庭が映えません。

作業適期

竹垣をつくる作業は一年を通じて行なえるが、材料のよしずが購入しやすい春から夏（梅雨期は除く）に作業するとよい

化粧の方法と素材

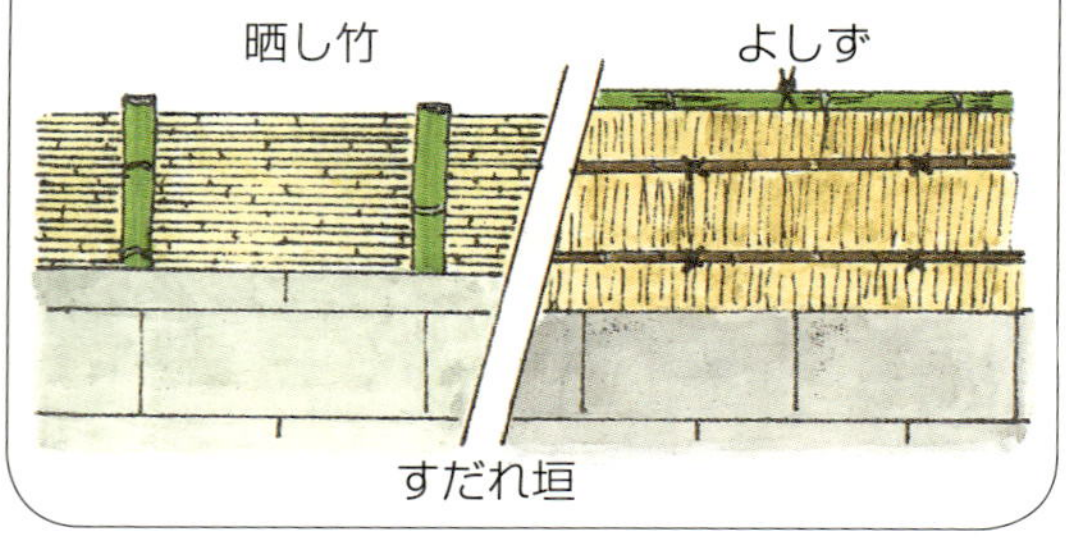

フェンス・ブロック塀を利用

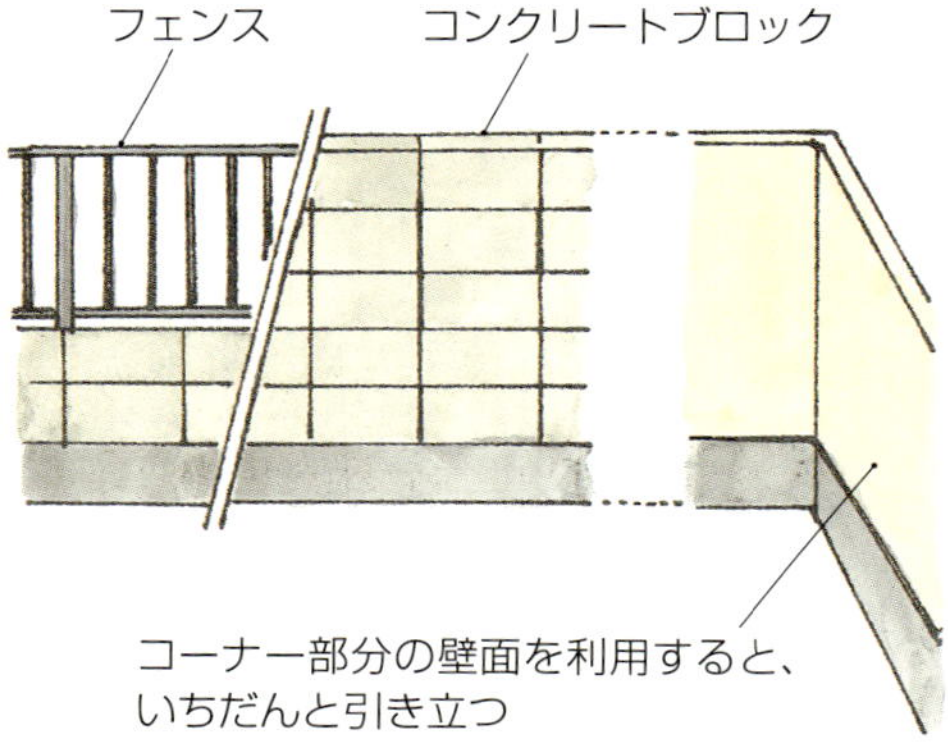

コーナー部分の壁面を利用すると、いちだんと引き立つ

いぼ結びの結び目も一つの化粧

よしずは、長さと丈をフェンスの長さ、幅に合わせて切ります。下部が石、ブロック組みの塀の場合は、上部の鉄骨フェンス部分だけでかまいません。外側の通路からの見栄えもよくするには両面行なう必要がありますが、内側だけでかまいません。

よしずを張り仮に止めておき、クロチクを両面から上下二段、横に渡して黒いシュロナワを通し、いぼ結び（39ページ参照）します。いぼ結びは結び目を長く切り、黒いシュロナワがよしずを引き締める飾りになるので、かならず結び目を内側につくります。ブロック塀の場合は、クロチクの上からコンクリート釘で打ちつけます。

よしずの上に、半割りした真竹をかぶせて笠（玉縁）にするといっそう引き立ちます。

御簾垣に似せて製作する材料のよしず、クロチク、マダケ、シュロナワなどは、最近はホームセンターで容易に入手することができます。しかも、安価で仕上げることが可能になりました。

略式と本式の御簾垣《みすがき》——フェンスの化粧

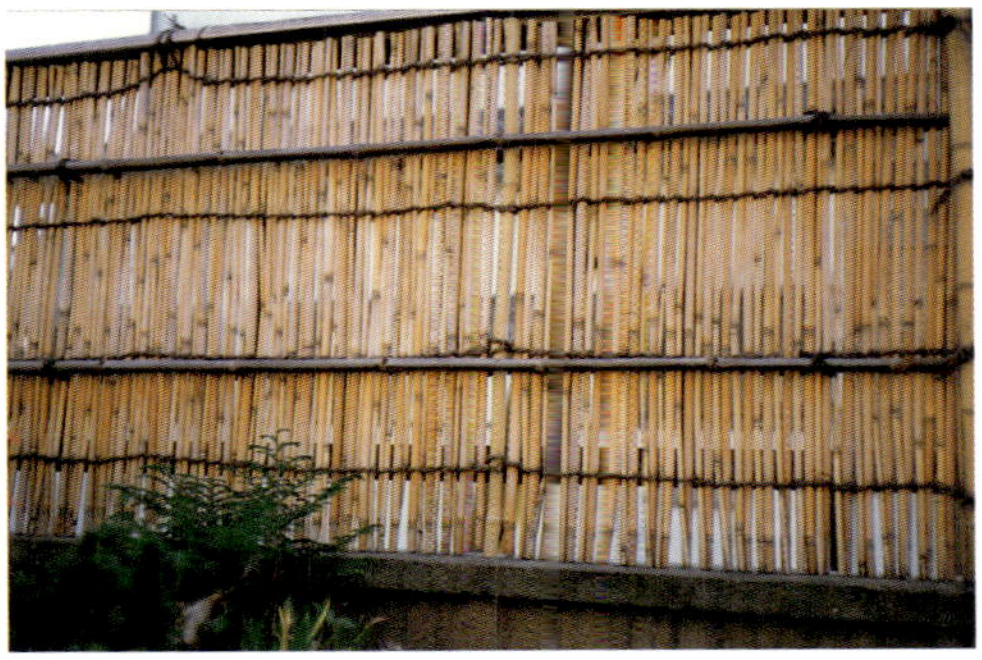

材　料

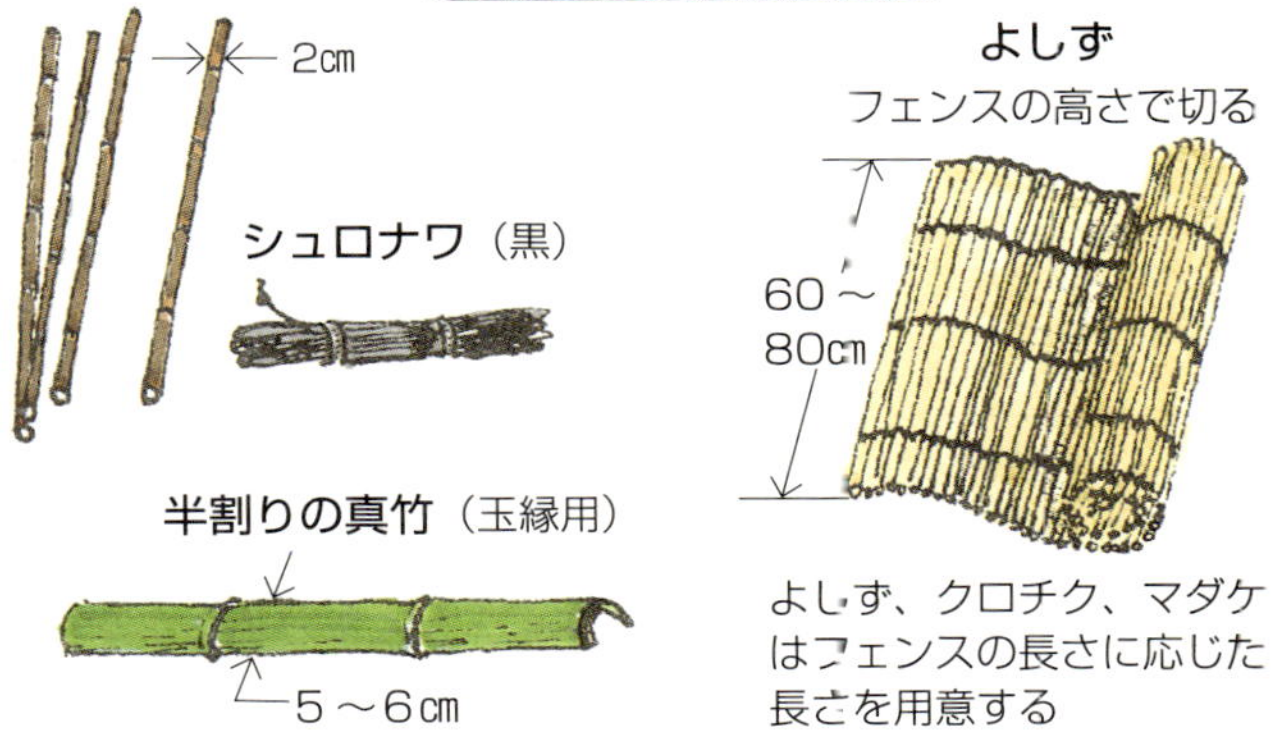
クロチク（押縁用）
半割りの真竹（玉縁用）

フェンスの高さで切る

作業手順

1　よしずをフェンスに仮止めし、裏表とも２段の押縁で押える

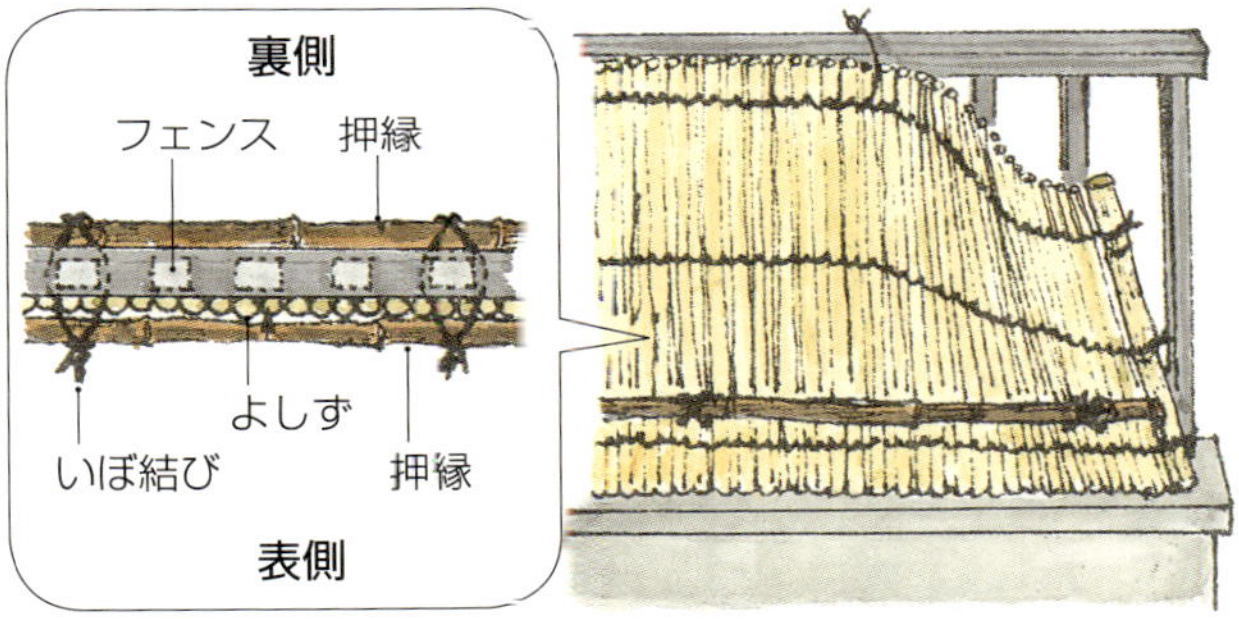

2　玉縁の竹（笠）をフェンスの上にかぶせる

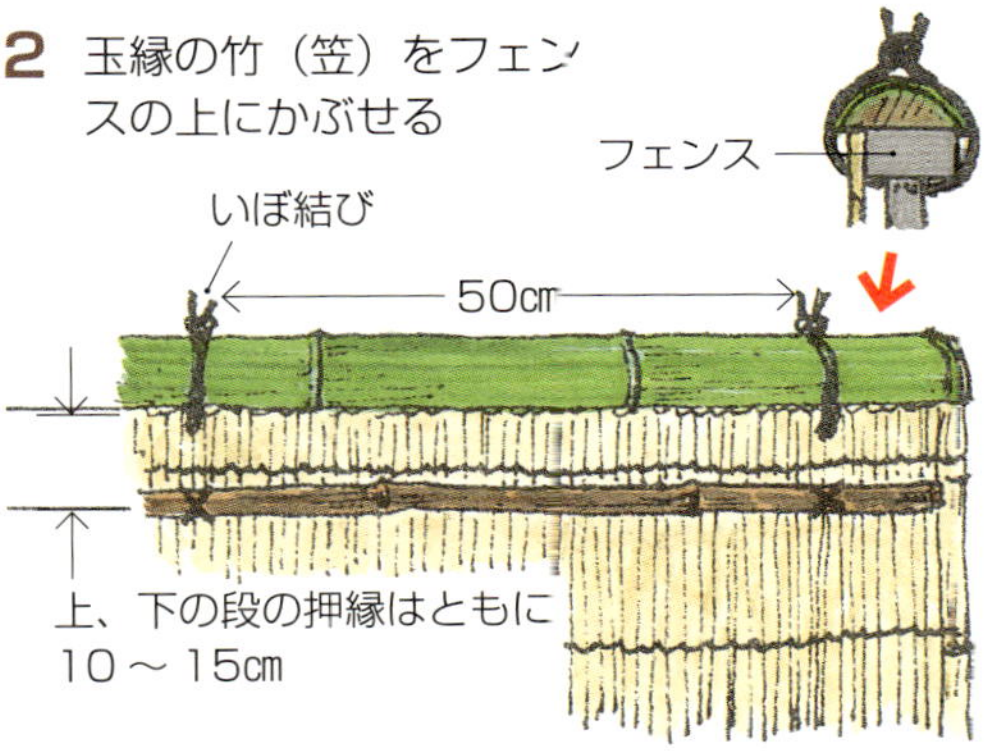

上、下の段の押縁はともに10～15cm

垣根裏の押縁

本式の御簾垣

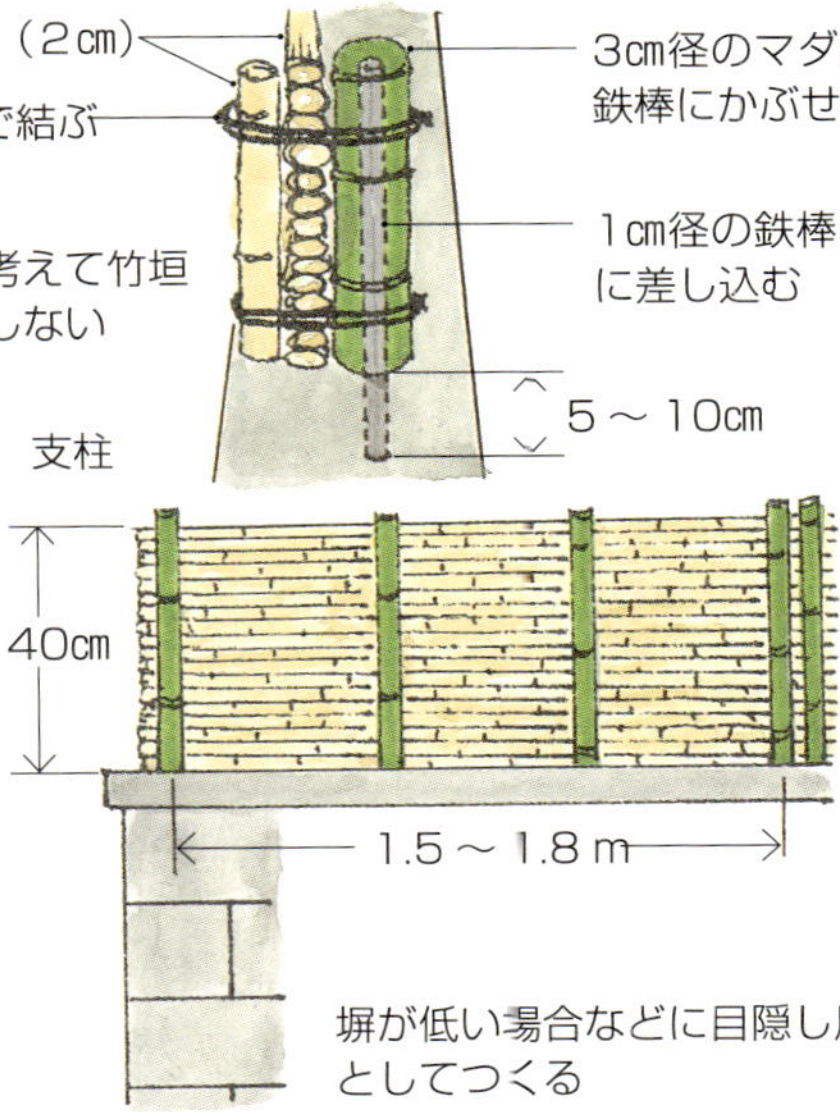
晒し竹（2cm）
銅線で結ぶ
3cm径のマダケを鉄棒にかぶせる
1cm径の鉄棒をブロックに差し込む
支柱の強度を考えて竹垣をあまり高くしない
30～40cm
塀が低い場合などに目隠し用としてつくる

ここがポイント

木はもとから竹はうらから割る

竹を割るときには、1.5ｍくらいに切断してうら（先）からナタを入れて割る。もと（根元）から割るとササクレ立ちきれいに割れない。木は逆にもとから割る。節を抜くと弱くなるので、節はとらずに使う。

高生垣と芝生でつくるゴルフ庭

4 添景を楽しむ

難易度☆☆　日照●

少し広い庭があれば芝生を張り、ゴルフの練習場ができます。市販の打ち込み用ネットを置き、塩ビパイプを埋めてカップをつくれば、パターの練習もできます。

ネットの裏には、万一の場合に備えて高い生垣をつくりましょう。

高生垣と芝生を利用

ゴルフボールが万一の場合にも飛び出しにくくなるように背景に高垣をつくる
ベニカナメモチ、イヌツゲなどの高生垣
パターの練習用のカップ
芝生をよりよく生育させるために、できるだけ庭の南側を開放する
練習用のネットを設置するには５坪以上が必要

作業適期

芝張りの最適期、３～４月に作業

高生垣をつくり独立空間に

ネットを置いてスイングするスペースを考えると4～5m四方（5坪以上）が必要です。本書の事例のなかでは一番大きな庭になります。芝生は日当たりが第一条件なので、方向は北東、北西の日当たりのよい庭隅を選びます。南、西側はあけて日当たりをよくしたいからです。

芝生はできるだけ密植して、5月から9月ごろまで月2回、少なくとも年に4～5回は刈り込みます。

ボールの飛び出し防止、目隠しとなる高生垣は、ブロック際に30～40cmの幅に、50cm間隔くらいに密植します。

木は密植しやすくよく芽吹き、刈り込みにも耐えるベニカナメモチ、ウバメガシ、イヌツゲ、シラカシ、サザンカなどがよいでしょう。

竹垣をつくり、苗木を固定し、前後に伸び出た枝は横に誘引し、刈り込みをくり返しながら枝葉の密生を期待します。ベニカナメモチ（常緑小高木、別名アカメモチ）　高生垣を早く仕立てるには、セイヨウベニカナメモチを選ぶとよいでしょう。

材料

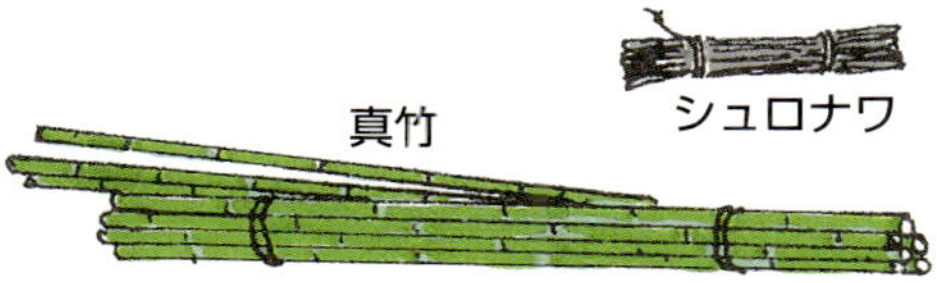
2～3m

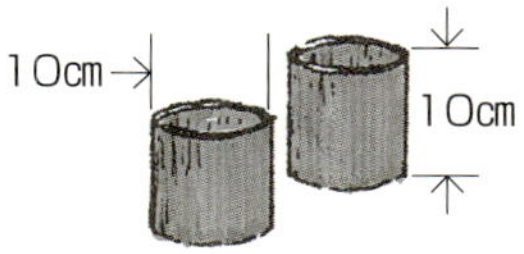
塩ビパイプ

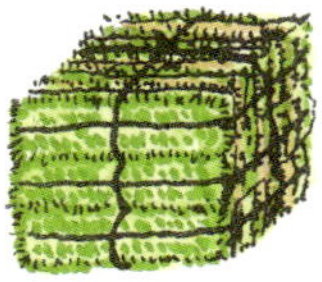
芝生
3.3㎡で
約3束

樹高1m以上の苗木
を50㎝間隔で列植
ベニカナメモチ

ここがポイント

**生垣は刈り込みを
くり返してつくる**

根元からよく枝が出て、すきまがないように生垣をつくるには、一度に大きくしようとせず、春（4月）と初秋（8～9月）の年2回上部や横に伸び過ぎた枝を刈り込む。刈り込むと細かな腋芽や胴欠き芽がよく芽吹く。4～5年かけて高さ1.8m、幅30～40cmの生垣にする。

完成したら、同様に年2回、糸を張って高さ幅をそろえて均一に刈り込み、形状を維持していく。

作業手順

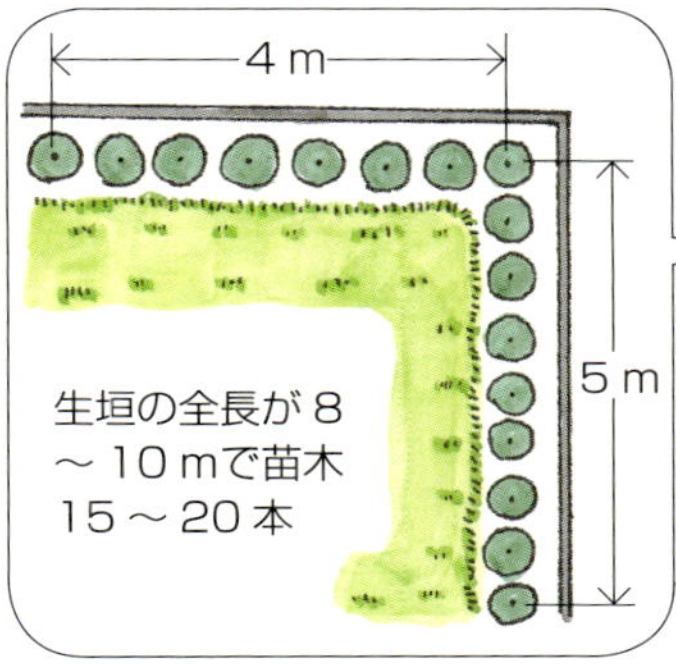

生垣の全長が8
～10mで苗木

1 等間隔でカナメモチの苗木を植える

2 苗木に四ツ目垣をかねた支柱をする
（シュロナワで結ぶ）

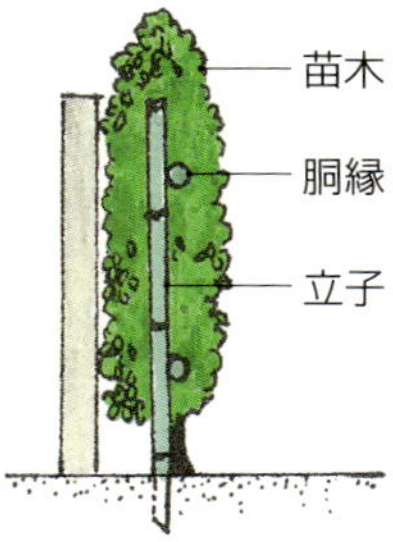

3 苗木の根元から芝生を張る

5～6カ月後

芝生が根づいた後にヒートン
を打ち込んでネットを組み立

塩ビのカップ
1.8mくらいの高生垣に仕立てる

生垣の門にアーチをかける

4

添景を楽しむ

難易度☆　日照●~◐

庭と庭をつなぐ通路の境にアーチをつくると、庭にグッと奥行きが出てきます。玄関前の庭と主庭や、和風の庭と洋風の庭とをアーチで結ぶと、景観も引き締まり、両方の庭から観てもそれがよくマッチした背景になります。

　アーチのサイドには、庭を仕切る生垣や竹垣などの袖をつくります。鉄製のアーチ上には、つる性の花木を這わせます。アーチのかわりに柱に横木を渡した冠木門《かぶきもん》でもかまいません。人の通行をさまたげないことを第一に考え、緑のトンネルを仕上げます。

作業適期

ドウダンツツジとクチナシの移植は容易で環境にも適応しやすい
3～6月に作業

アーチの袖に生垣を利用する

ドウダンツツジとクチナシの生垣にアーチを組み合わせて庭の境界をつくる

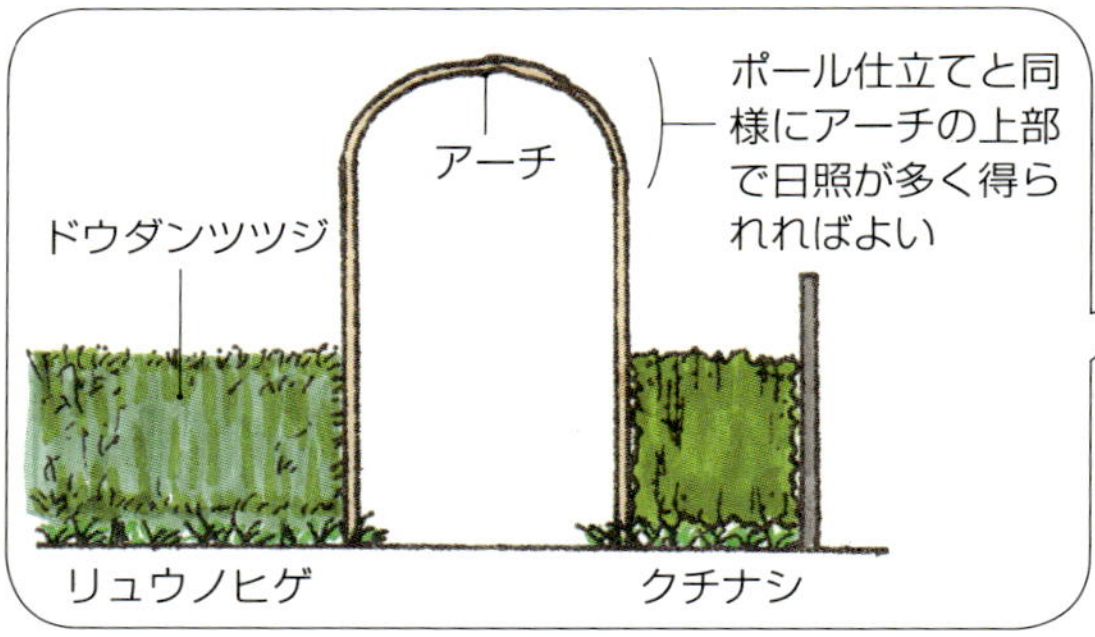

アーチ
ドウダンツツジ
ポール仕立てと同様にアーチの上部で日照が多く得られればよい
リュウノヒゲ
クチナシ

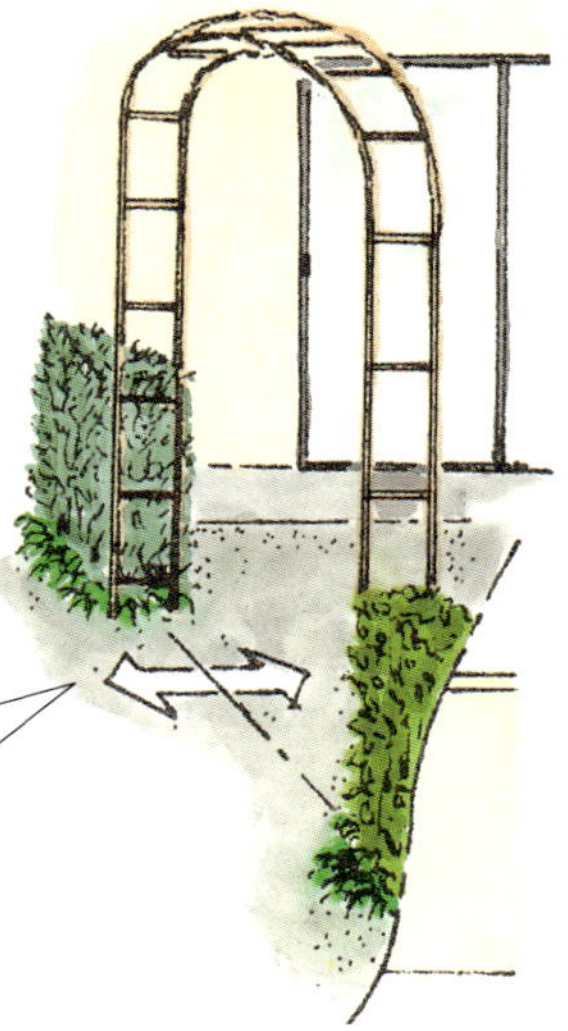

生垣はL字型に曲げる

生垣はアーチの左右をL字型に曲げてつくると、仕切りに幅ができ、通路に曲がができるため、さらに奥行きが感じられるようになります。曲げると視点の集まる角部分が多くなるので、小さな庭づくりのできる一角が多くなります。

　生垣には、クチナシ、ドウダンツツジ、ハクチョウゲ、アベリア（ツクバネウツギ）などの密生しやすい花木をおすすめします。アーチに這わせるつる性の花木は、キウイフルーツのようにあまり生長の旺盛なものはアーチを歪めるので避けましょう。左右1株ずつ植えますが、左右違うものを植えるのもおもしろいでしょう。いずれにしても、アーチの外側に這わし、通行をさまたげないようにつくりましょう。

クチナシ（常緑低木）　葉の表面に光沢があり、6~7月に咲く白い花は芳香を放つ。冬期、黄赤色に熟した実は、染料や食品の着色料などに使われます。

ドウダンツツジ（落葉低木）　山地に自生し、4~5月に壺形の白花を多数下垂。枝葉も密生しやすく紅葉が美しい。

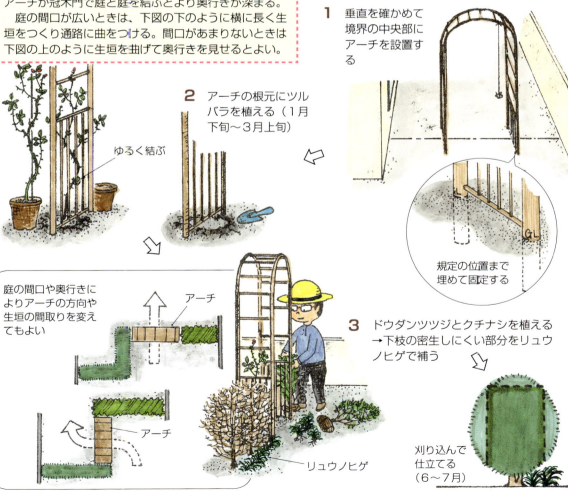

材　料

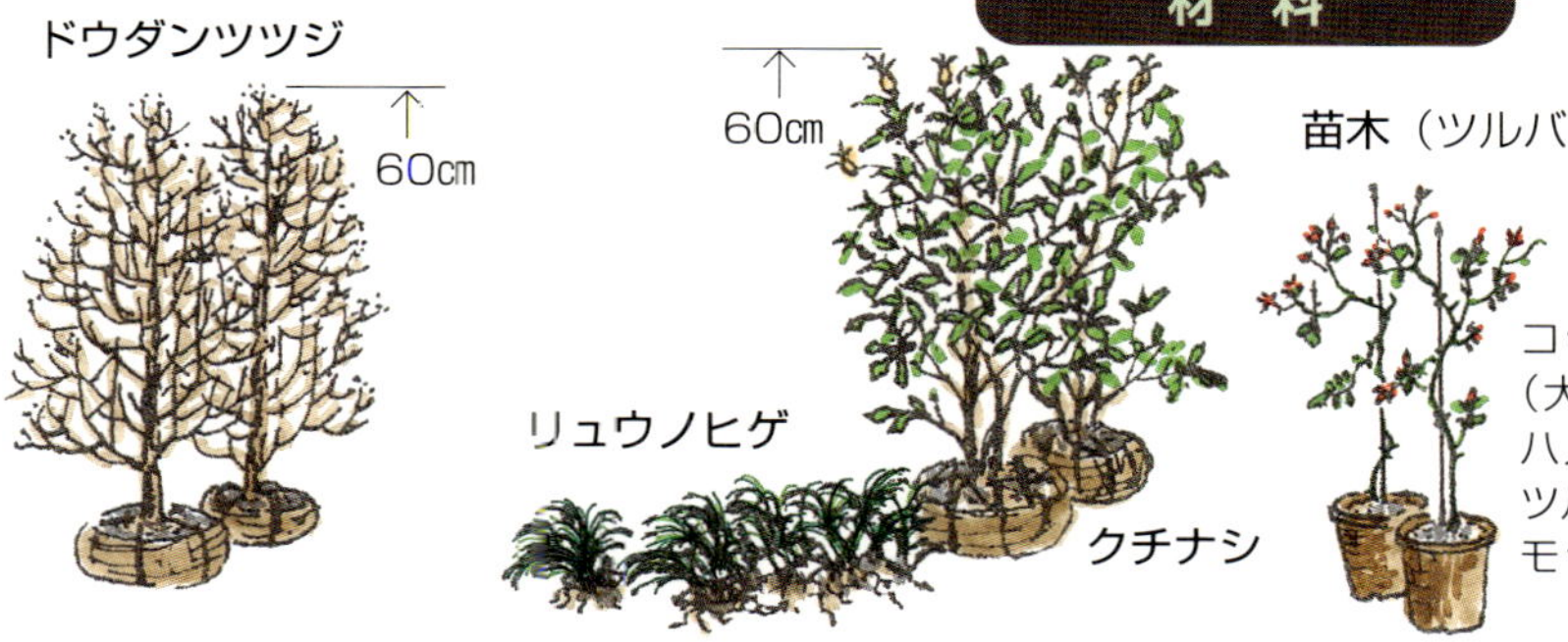
ドウダンツツジ
60㎝
60㎝
リュウノヒゲ
クチナシ
苗木（ツルバラ）
コックテイル種（大輪）やテリハノイバラ系のツルバラ
モッコウバラ

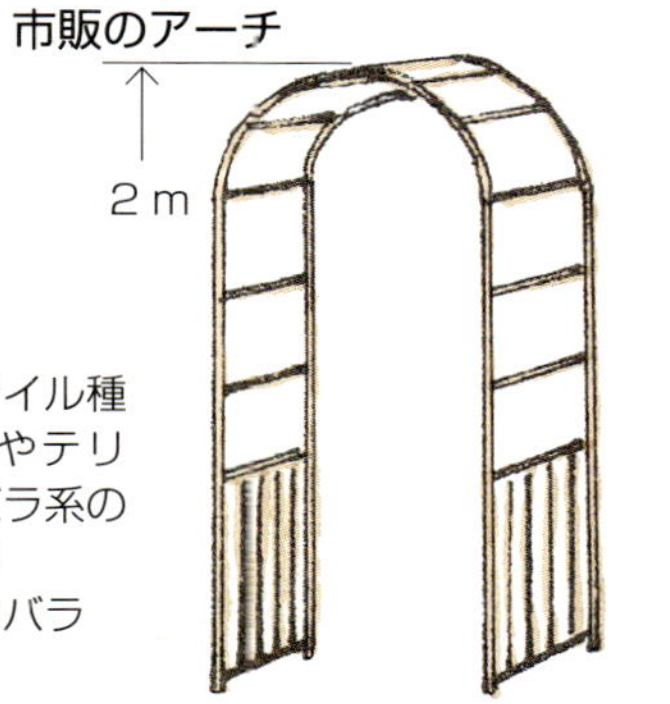
市販のアーチ
2ｍ

アーチにそわせる他の種類
クレマチス、ツキヌキニンドウ、テイカカズラ、ビナンカズラなど生長のやや遅いもの

ここがポイント

通路幅が広いときは袖垣よりもアーチで

庭を仕切る場合、幅が狭ければ市販の袖垣でもよい。しかし、通路の幅が2～3ｍ以上あれば、生垣をつくりアーチか冠木門で庭と庭を結ぶとより奥行きが深まる。

庭の間口が広いときは、下図の下のように横に長く生垣をつくり通路に曲をつける。間口があまりないときは下図の上のように生垣を曲げて奥行きを見せるとよい。

作業手順

1 垂直を確かめて境界の中央部にアーチを設置する

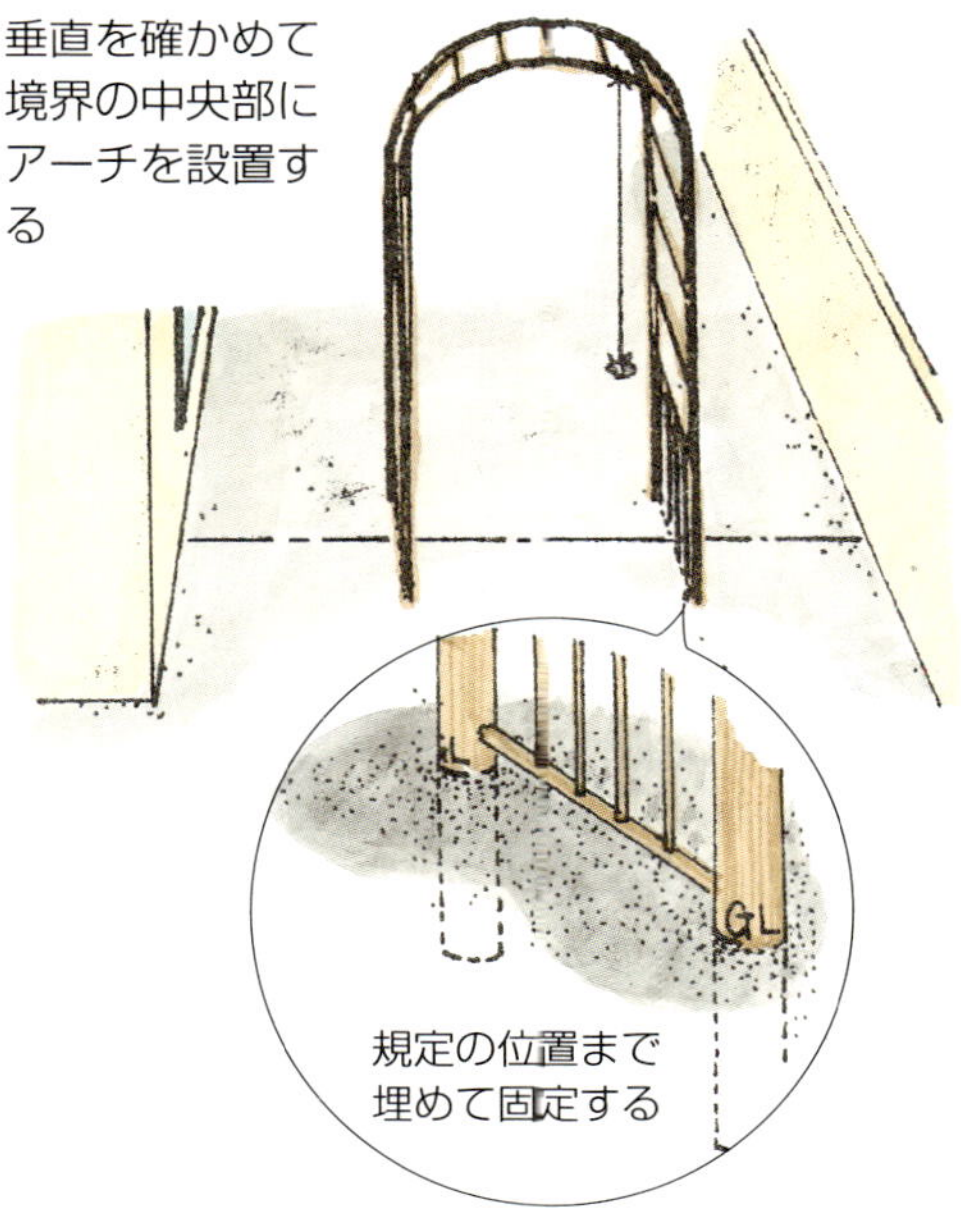
GL
規定の位置まで埋めて固定する

2 アーチの根元にツルバラを植える（1月下旬～3月上旬）

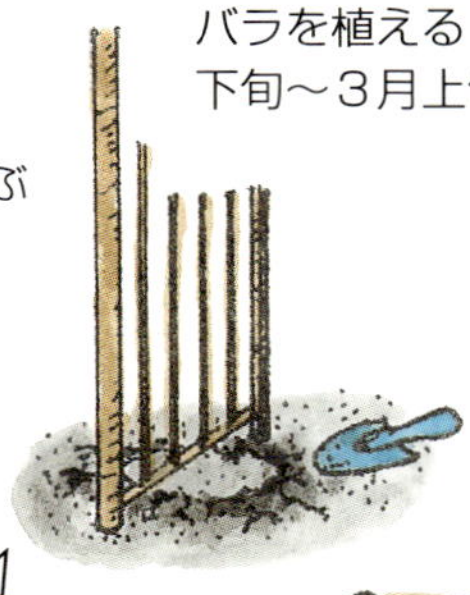

ゆるく結ぶ

3 ドウダンツツジとクチナシを植える
→下枝の密生しにくい部分をリュウノヒゲで補う

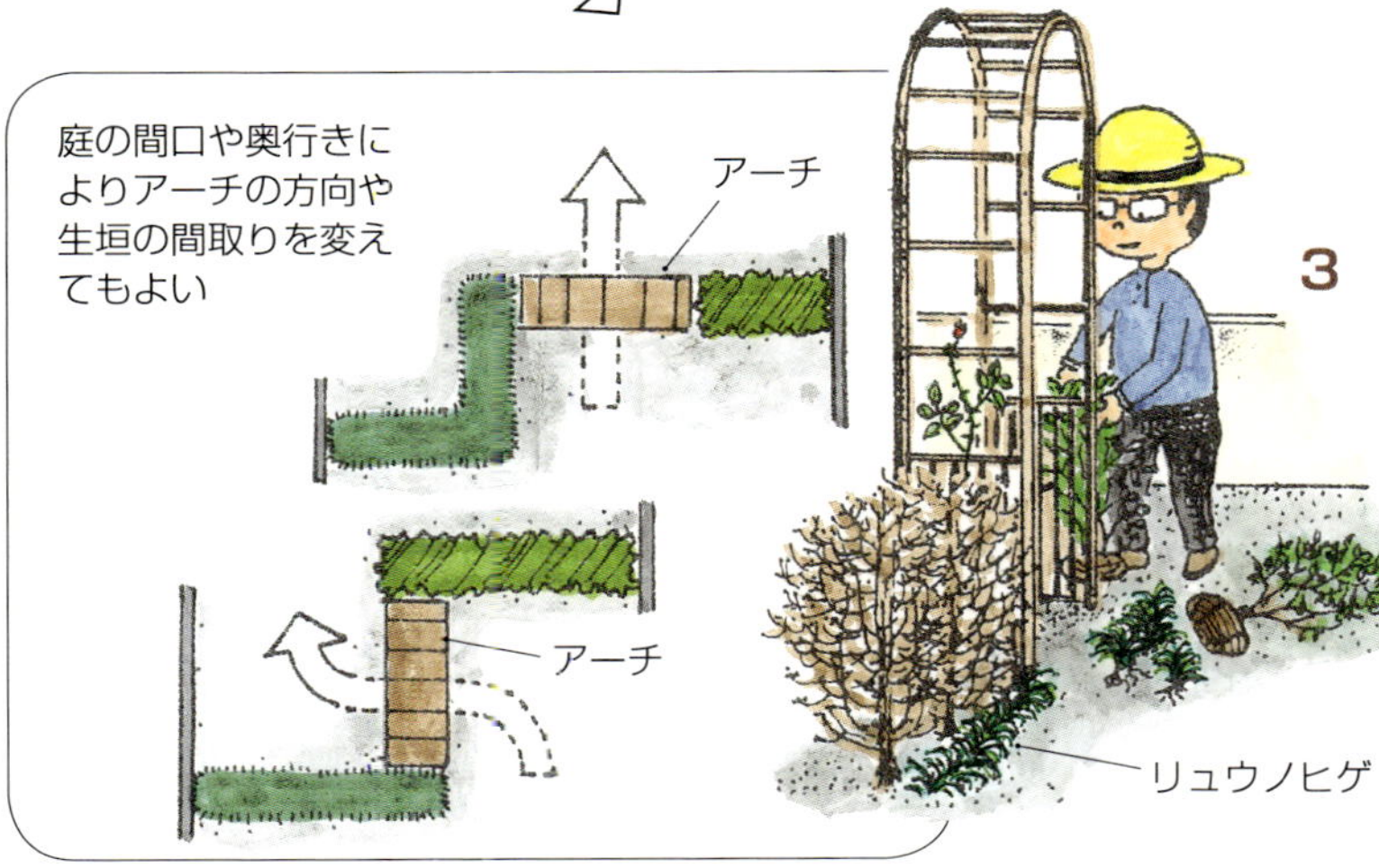
庭の間口や奥行きによりアーチの方向や生垣の間取りを変えてもよい
アーチ
アーチ
リュウノヒゲ

刈り込んで仕立てる（6～7月）

5 草・花を楽しむ

難易度☆☆　日照

カーポートの車体下につくる花壇

車のある家では、駐車場にどうしても多くのスペースをとられてしまいます。駐車場は一般に最も景観を工夫したい玄関先につくられますが、コンクリートを打たれたり、砂利が敷きつめられて味気ない殺風景な場所になっています。

一般に昼間は車が利用され、あいていることが多いので、タイヤに踏みつけられない車体下のスペース（自動車のホイルベースとトレッドを計測する）を使って草丈の低い四季の草花を植え、玄関先を彩ってみましょう。

車体下の余地を利用

作業適期

春植え、秋植えの草花に合わせて作業

最低車体高
20㎝
背丈の低い種類の草花を植える

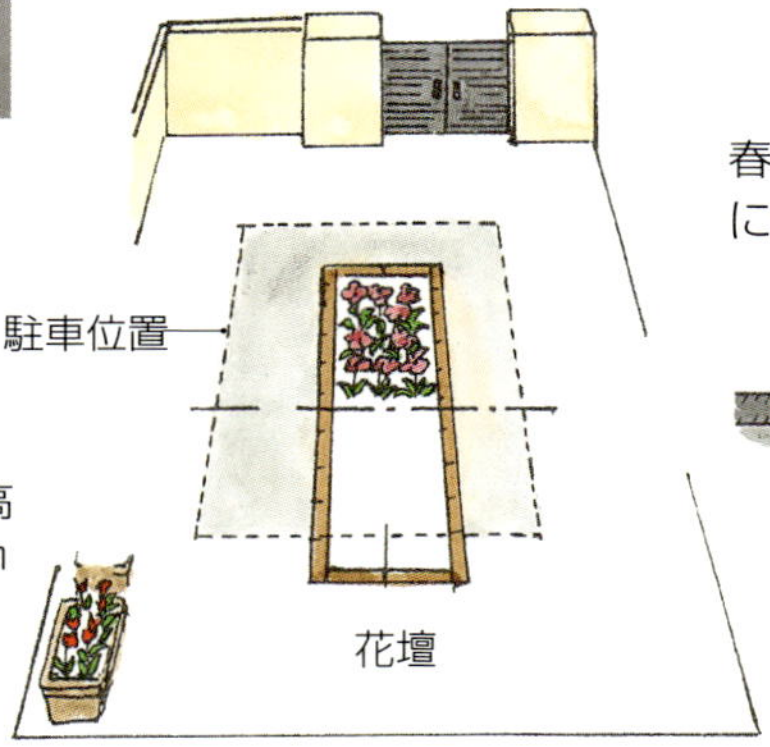
駐車位置
花壇

花壇の土
レンガの縁どり

車体下を縁どりして模様花壇に

車の車輪の位置を確かめて、運転しにくくならないように花壇をつくる位置を決めます。縁どりには、レンガ、コンクリートブロック、丸太瓦、玉石などできれいに水平に据えます。

草花は排水性、保水性を好み、肥えた土を好むので、腐葉土や苦土石灰を混ぜた用土をコンクリート面よりやや高く入れ、周囲に砂利をつめます。車体の一番低い位置は、約20cmなので、草花は10cmくらいの草丈の低いものを選びます。土はねを防ぐタマリュウや芝生などの地被植物を密植してもよいでしょう。

車体下の花壇に向く草花

種類	種子まき	花期
一年草・春まき		
バーベナ	4月	5～6月
ペチュニア	4月	6～10月
マツバボタン	4～5月	7～8月
一年草・秋まき		
パンジー	9月	2～5月
ヒナギク	9月	4～5月
ロベリア	9月	5～6月
宿根草・球根草		
シバザクラ	ポットにはいった苗を植え付ける	4～5月
ベゴニア		6～9月
クロッカス		3月
サフラン		10月

材 料

レンガ

花壇の面積に応じて
30～40個用意する

花壇の土

畑土に肥料を加えてつくるが
園芸用の培養土でも十分

パンジー

ポット苗が作業
しやすい

その他の縁どり材料　欠けやすいものや腐りやすいものの使用は避ける

コンクリート製の擬木　　瓦

ここがポイント

種類は少なく四季の花を植え替える

狭い花壇なので草花の種類は1～2種類にして、一年草の春咲きは秋に、夏～秋咲きは春にタネをまく。宿根草は一度植えておくと毎年咲き、込み合ってきたら花が散ってから株分けする。

四季折々の花をポット苗で買い、植え替えながら年中楽しむのもよい。両側に余裕があればプランターを置いて楽しみたい。

注意点はエンジン下の部分は熱くなるので避けること、排気するマフラー部分が完全に花壇の外に出るように駐車すること。

一年草は花壇になる部分の土づくりをした後、4月または9月にタネをまく

作業手順

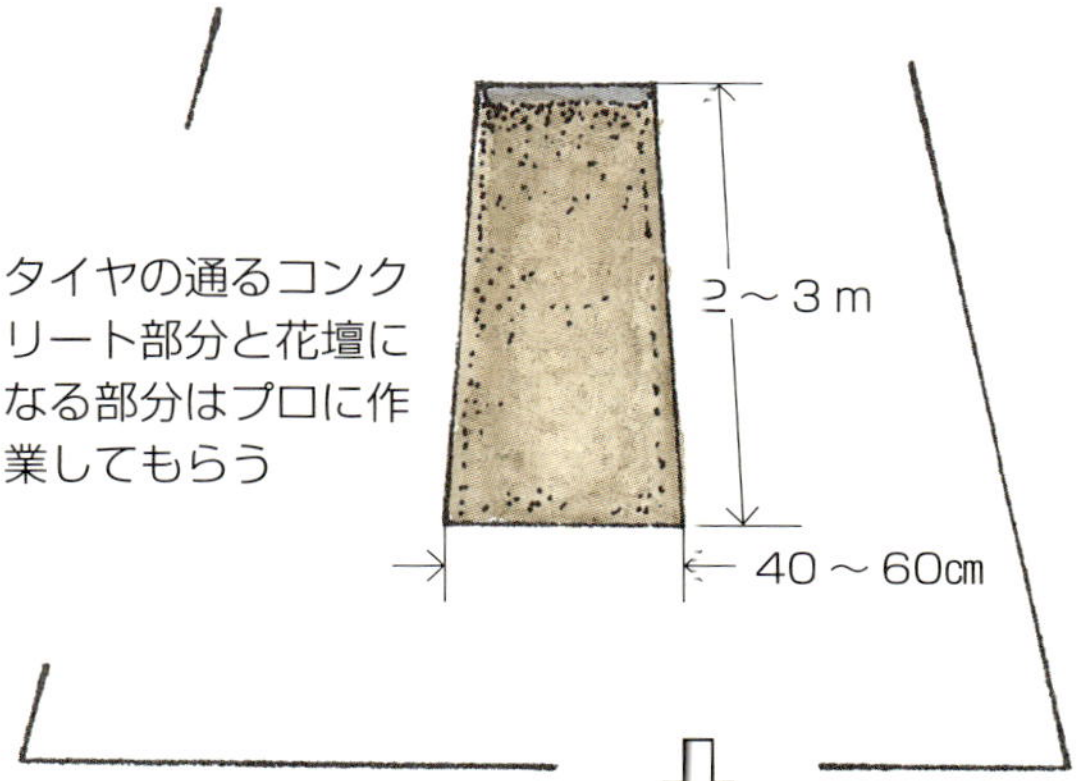
タイヤの通るコンクリート部分と花壇になる部分はプロに作業してもらう
2～3ｍ
40～60㎝

1　水糸を張ってレンガを水平に並べる

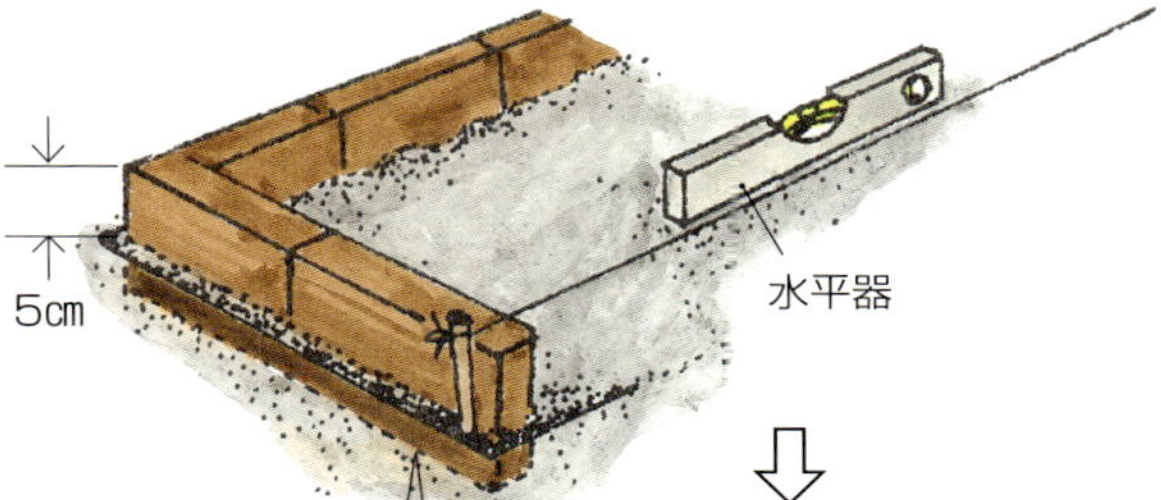
5㎝
水平器

土を突き込んでレンガを安定させる

2　草花に適した用土を花壇に入れる

3　ポットから苗を抜いて植える

パンジー

立体花壇をつくる

5 草・花を楽しむ

難易度☆　日照●～◐

狭いスペースでも鉢やプランターに草花を植え、それを吊り下げたりしゃれた木製台にのせて、庭や玄関のポイントに置けば、四季折々の花が楽しめます。

南向きの塀の近くの日陰になるスペースでは、日照が得られる高さに台をつくり、そこにプランターなどを並べれば、小さな寄せ植え花壇になります。

南側の壁にはフラワーネットをつけて、花色をアレンジして吊り鉢で楽しみましょう。

吊り鉢や飾台にのせたプランターは乾燥しやすいので注意します。

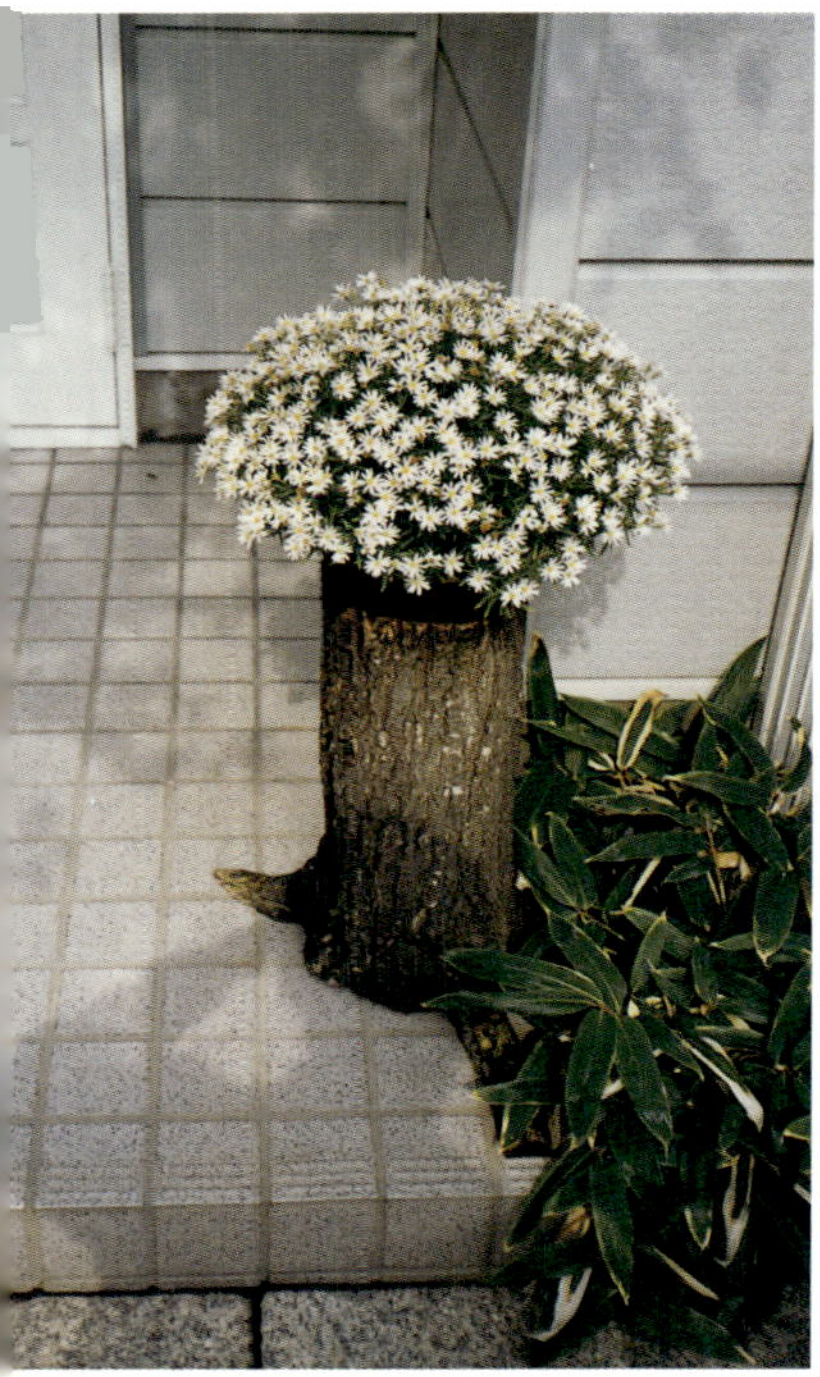

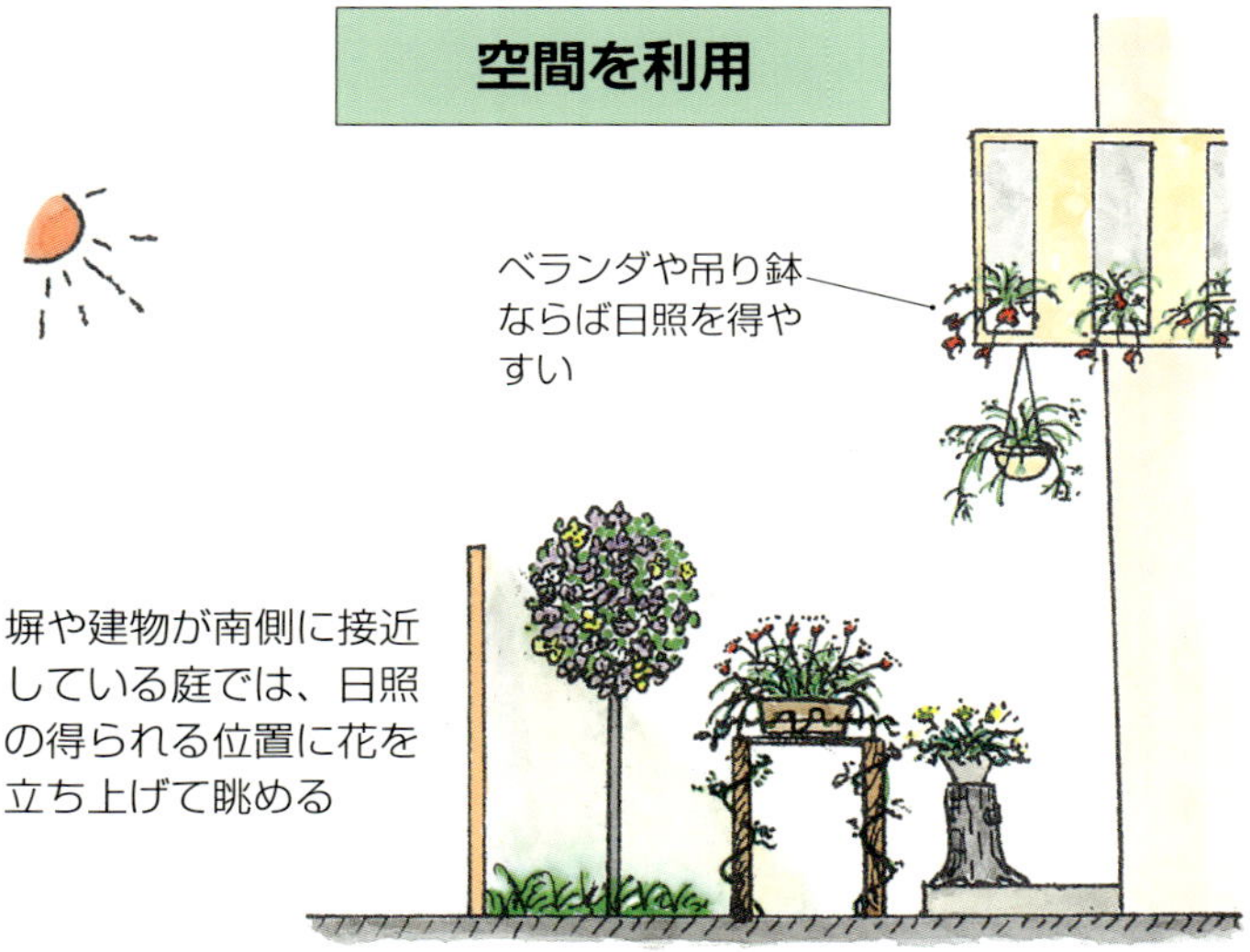
空間を利用
ベランダや吊り鉢ならば日照を得やすい
塀や建物が南側に接近している庭では、日照の得られる位置に花を立ち上げて眺める

作業適期

花を持ち上げるスタンドを製作しておけば、四季の草花をたえず観賞することができる

鉢・プランターを目の高さに置く

狭い庭では草花を鉢・プランター植えにし、飾台に置いたり吊り下げると、場所もとらずどこにでも置けてたいへん便利です。花が目の高さ近くになるので観賞にも適します。

飾台は図のような切り株でも、焼き丸太を立て、上に白いペンキを塗った板を打ちつけるなどしてつくってもよく、また、傘立てなどに植え付けてみるのもおもしろいでしょう。

大きなプランターを4～6個置ける飾台をつくって、プランターの寄せ植え花壇をつくってもよいでしょう。草丈の高い花のプランターを後ろに配置し、立体的に見せるのがコツ。同じ草丈のものなら下にブロックかレンガを置いて、ひな壇のようにするときれいに見えます。

飾台の上は、鉢が風などで倒れて落ちないよう、まわりに釘を打ち針金で囲っておきます。

テイカカズラ（常緑つる性・別名マサキノカズラ）　林内に生え、茎は長く伸び、付着根を出して木や岩に這い上がる。5～6月、枝先に芳香のある花をつける。

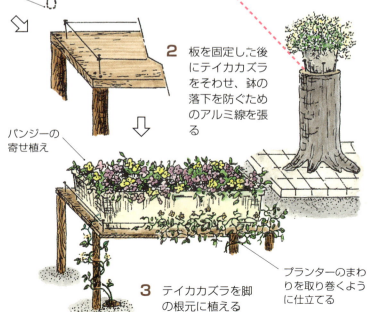

材　料

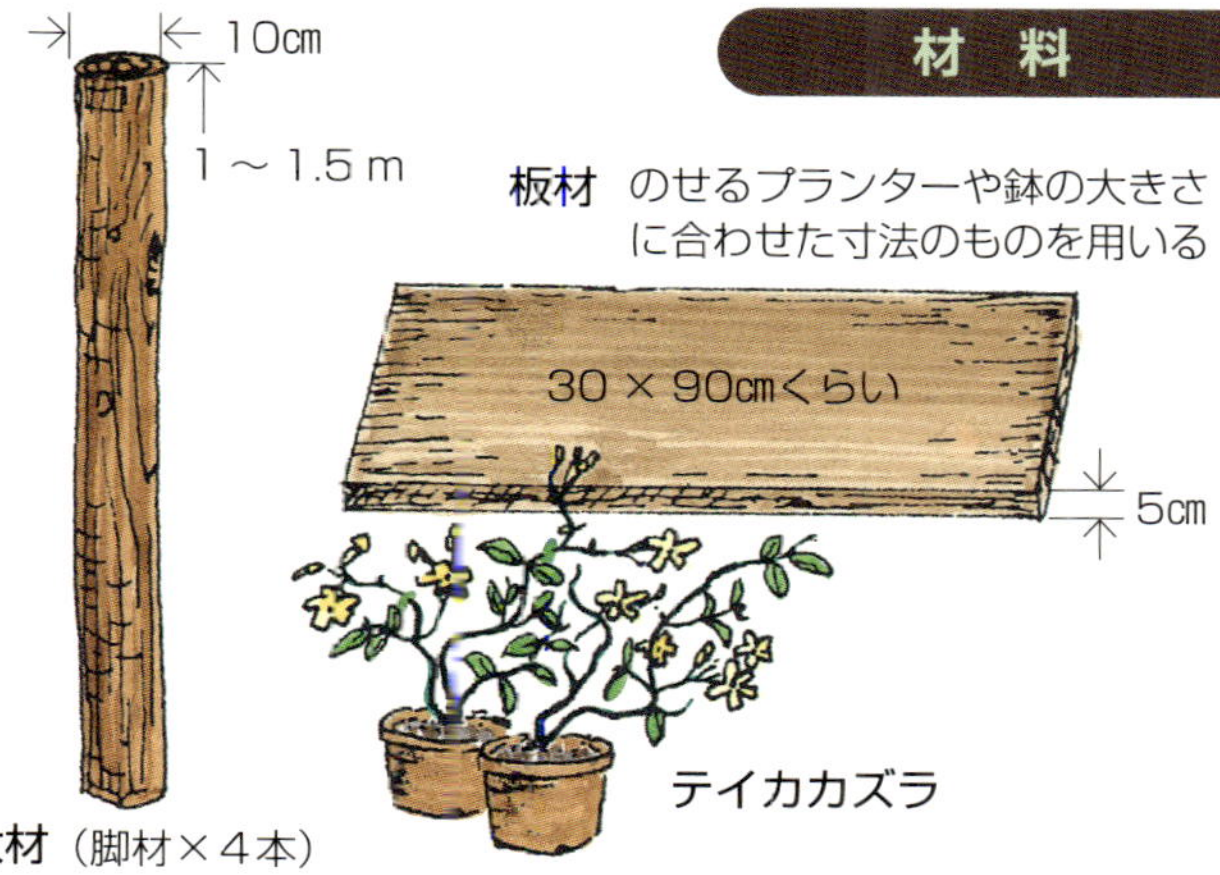

10㎝
1〜1.5ｍ
30×90㎝くらい
5㎝

丸太材（脚材×４本）

板材　のせるプランターや鉢の大きさに合わせた寸法のものを用いる

テイカカズラ

釘、アルミ線

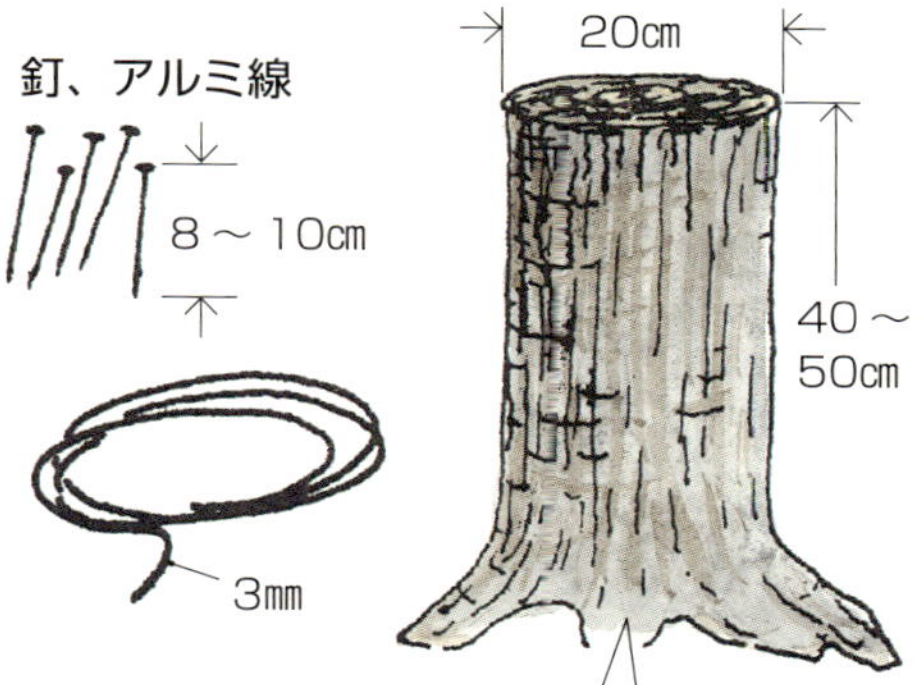

8〜10㎝
3㎜
20㎝
40〜50㎝

切り株の場合

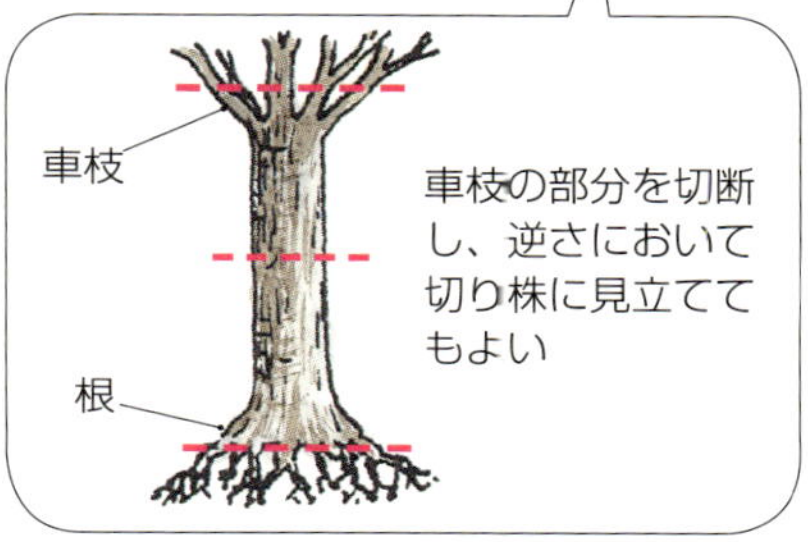

車枝
根

車枝の部分を切断し、逆さにおいて切り株に見立ててもよい

作業手順

1　板材の大きさに合わせて４本の脚を立てる

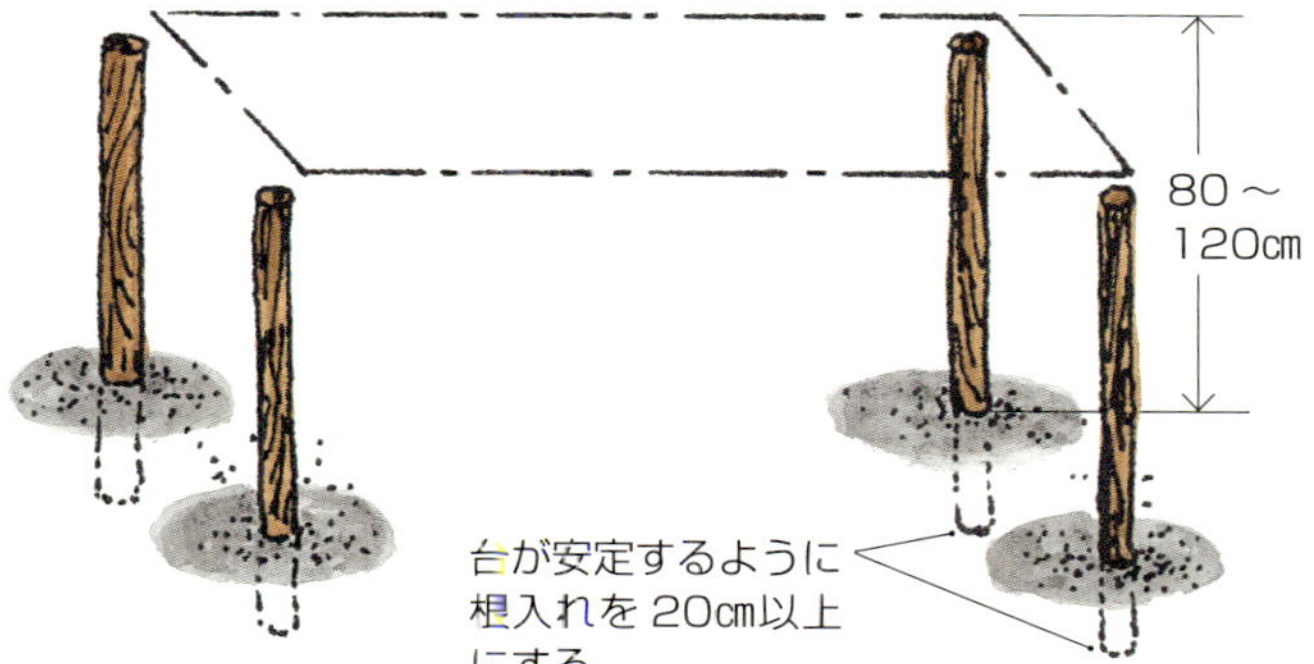

80〜120㎝

台が安定するように根入れを 20㎝以上にする

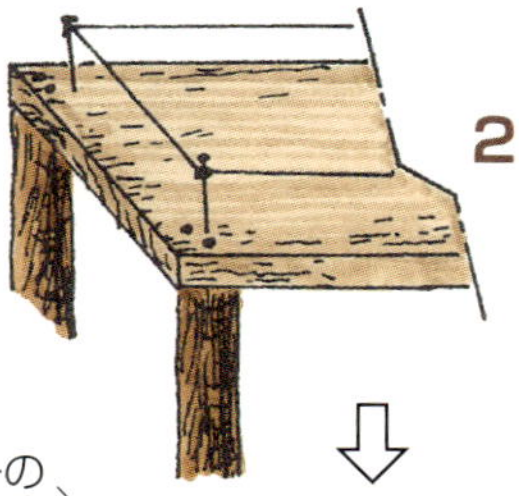

2　板を固定した後にテイカカズラをそわせ、鉢の落下を防ぐためのアルミ線を張る

ここがポイント

鉢の大きさに合わせて３〜４本の釘を打ち、飾台からずれ落ちないようにする。

パンジーの寄せ植え
プランターのまわりを取り巻くように仕立てる

3　テイカカズラを脚の根元に植える

パンジーのスタンド仕立て

鉢・プランターで寄せ植え花壇

5 草・花を楽しむ

難易度☆　日照●～●

同じ大きさのプランターを二つ使って、一方を地に埋め込み、そこに植え込んだプランターをはめ込みます。

これなら持ち運びも自由で、日陰の場所でも、プランターを日なたと日陰に交互に置けば、日照不足も解消しいろいろな花が楽しめます。

二つのプランターを重ねると、緑の部分が地上部に露出して目立ちますから、草丈（10㎝くらい）のある地被植物で緑を目隠ししましょう。

日当たりのよいところで培養した草花を交換すれば日陰地でも花を観賞することができる

作業適期

花を交換する花壇つくりなので、一年草を主体にした作業を開花期に合わせて行なう

同じサイズの鉢を利用

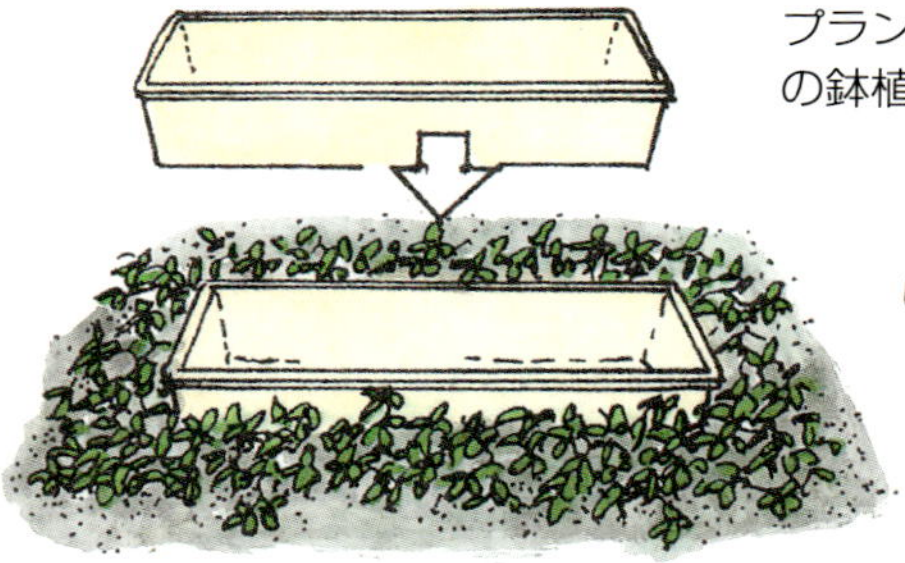

日陰地の場合

大きめの鉢や庭に埋めたプランターに同じサイズの鉢植えを重ねる

ベランダ用の場合

ケースとなるプランターは庭に穴をあけて埋め込む

同じ大きさのプランターを二つ用意し、ケースとなるプランターは底に排水用の大きな穴をあけ、雨水が流入しないよう少し縁を出して埋め込みます。まわりの縁どりにフッキソウやタマリュウを植えたら完成です。

そこに四季折々の草花を植えたプランターを重ねると、まるで地植えしたような寄せ植え花壇になります。花壇を大きくしたいときは、並べてつくればよいのです。

また、ベランダなどでは、大型の丸いプランターに小さなプラスチックの小鉢を埋め込めば、同様に入れ替え自由の寄せ植え花壇になります。

花壇は年に2～3回もの連作になり用土の管理もたいへんですが、これならその心配もなく、植え替えの作業もたいへん楽になります。

フッキソウ（富貴草《ふっきそう》、常緑の亜低木）山地の林内に生え、茎の下部が地を這い、上部は立ち上がって10～20㎝になる。3～5月、茎の先に穂状の花をつける。

材　料

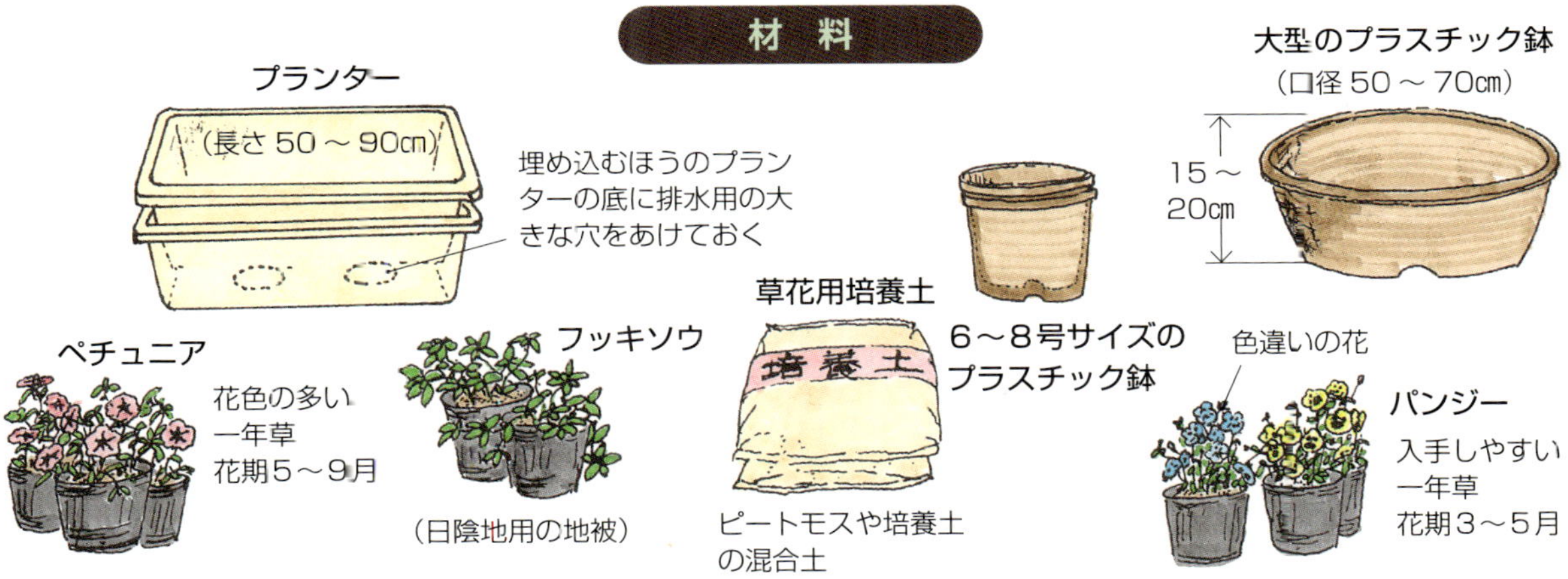
プランター
（長さ 50～90㎝）
埋め込むほうのプランターの底に排水用の大きな穴をあけておく
ペチュニア
花色の多い
一年草
花期5～9月
フッキソウ
（日陰地用の地被）
草花用培養土
培養土
ピートモスや培養土の混合土
6～8号サイズのプラスチック鉢
大型のプラスチック鉢
（口径 50～70㎝）
15～20㎝
色違いの花
パンジー
入手しやすい
一年草
花期3～5月

作業手順

1　観賞したい庭の一部にプランターを埋める

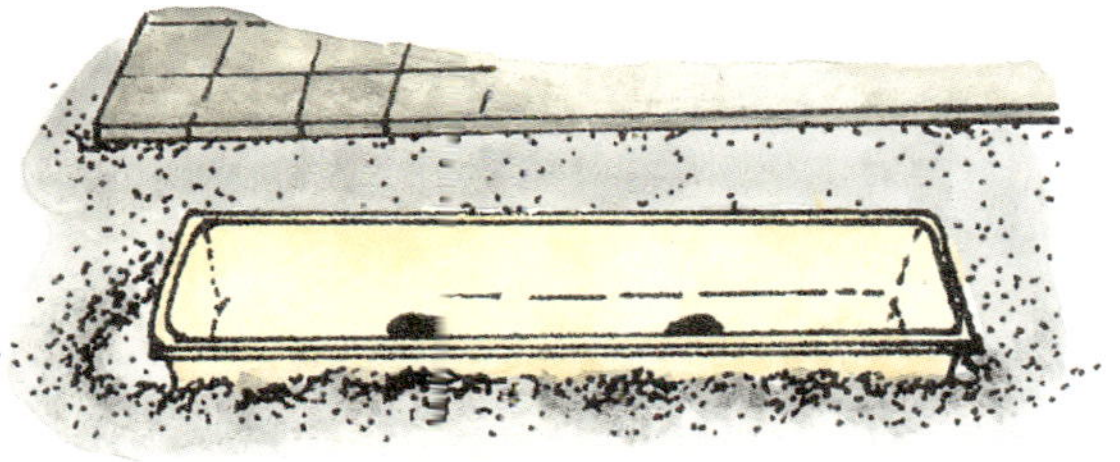

2　埋め込んだプランターのまわりにフッキソウを植える

3　もう一つのプランターにペチュニアを植え、埋設したプランターに重ねる

1　大型のプラスチック鉢に小径のプラスチック鉢を埋め込む

2　小径の鉢のまわりにパンジーを寄せて植える

3　色違いの花を植えた片方の鉢を寄せ植えした中に重ねる

花の咲く方向を変える工夫

盆栽用の回転台に乗せると咲く方向を楽に変えられる

落葉樹の下の山野草庭園

5 草・花を楽しむ

難易度☆　日照●～◐

落葉樹の下の半日陰地には、丈夫で多年草の山野草の花壇をつくりましょう。一度植えておけば、毎年植え替えもほとんど必要なく、毎年時期になると花が咲いてくれます。

地を這うものは縁どりに、草丈の高くなるものは奥へ、四季折々に次から次と咲くようにいろいろな種類を、落葉樹がつくる日陰の位置を考えて組み合わせましょう。

ちょっと庭の一角を盛土し小さな石を添えれば、花が咲き乱れる野山になります。

丈夫な多年草を利用

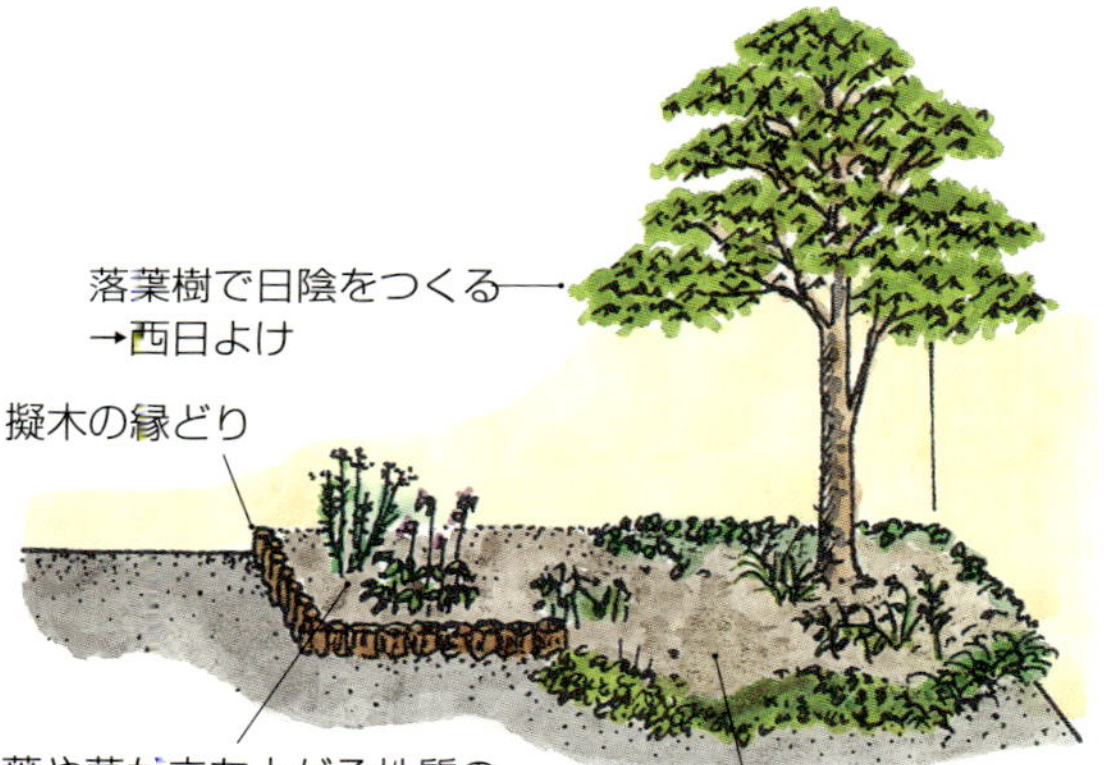
葉や茎が立ち上がる性質の草花を植える
地面を這う性質の草花を植える

作業適期

春分と秋分（3～4月、9～10月）をめやすに作業
鉢植えの苗であれば真夏や厳寒期を除けば作業できる

野山の四季を1坪で表現

野山に生える山野草は宿球根性のものが多く、半日陰にもよく耐えて丈夫です。配置を考えて植え込んでおけば、手間をかけずとも毎年芽が出て花が咲き、四季の訪れを告げてくれます。

少し野山風に盛土すれば排水もよくなります。一年中楽しむには、花期の違うものを組み合わせましょう。

	草丈		
	大	中	小
春	クサソテツ（葉）◐	チゴユリ ◐ シラン ● ヒトリシズカ ◐	ジュウニヒトエ ◐ シュンラン ◐ カタクリ ◐ エビネ ◐ ダイモンジソウ ●
夏	ホタルブクロ ● キキョウ ●	ヤブレガサ ◐ ナルコユリ ◐	
秋	ホトトギス ● フジバカマ ● ノコンギク ● シュウカイドウ ●	リンドウ ●	
冬		ヤブコウジ（実）◐	フクジュソウ ◐

ここがポイント

生育の旺盛なものは鉢ごと埋める

生育の旺盛なフジバカマ、キキョウ、ノコンギク、シラン、シュウカイドウ、ヤバネススキなどは、毎年株分けして間引くか、大きめの鉢ごと植え付け、地下茎があちこちに伸び出さないようにする。放っておくと草丈の高い旺盛なものだけがはびこる。植え付け、株分けは春と秋の彼岸のころ。

材料

フジバカマ

秋の七草の一つ
花期9～11月

キキョウ

日当たりを好む多年草
花期7～9月

落葉樹

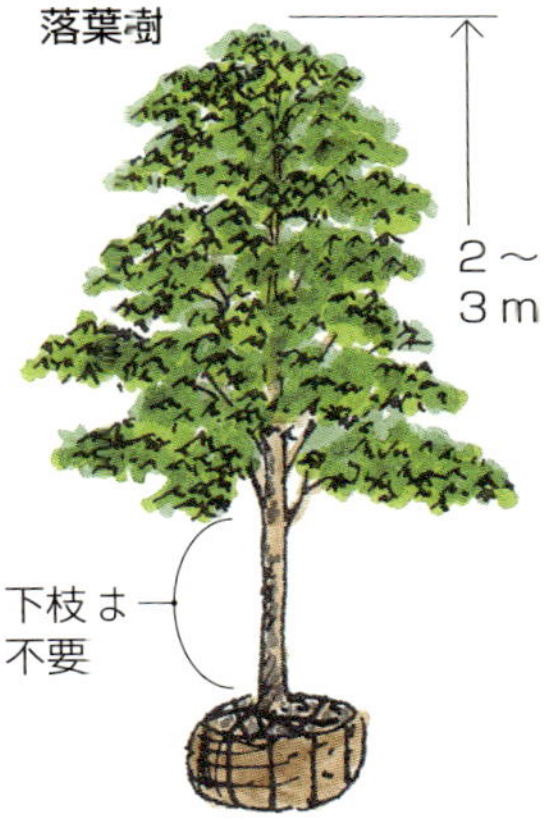

2～3ｍ
下枝は不要

ウメモドキ、ソロ、ナツツバキ、ハウチワカエデ、ヤマボウシなどの比較的生長の遅い種類を選ぶ

ジュウニヒトエ

チゴユリ

シュンラン

ダイモンジソウ

擬木（五連結のもの）

作業手順

小さな石と組み合わせて植えてもよい

1 縁どりを据えて日陰をつくるための落葉樹を植える

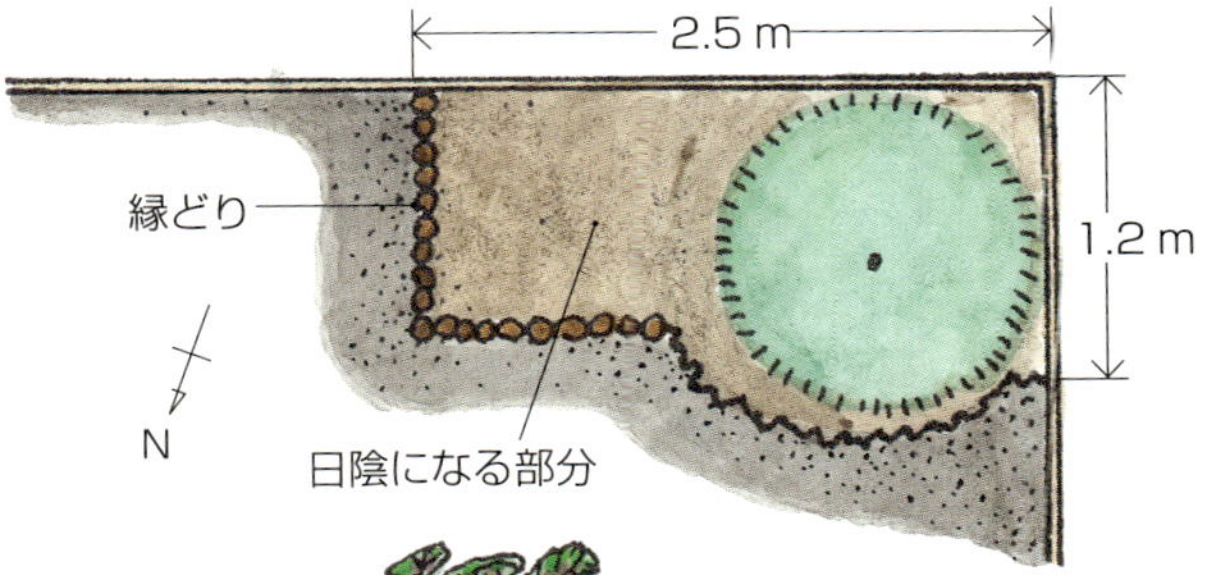

2.5ｍ
1.2ｍ
縁どり
N
日陰になる部分

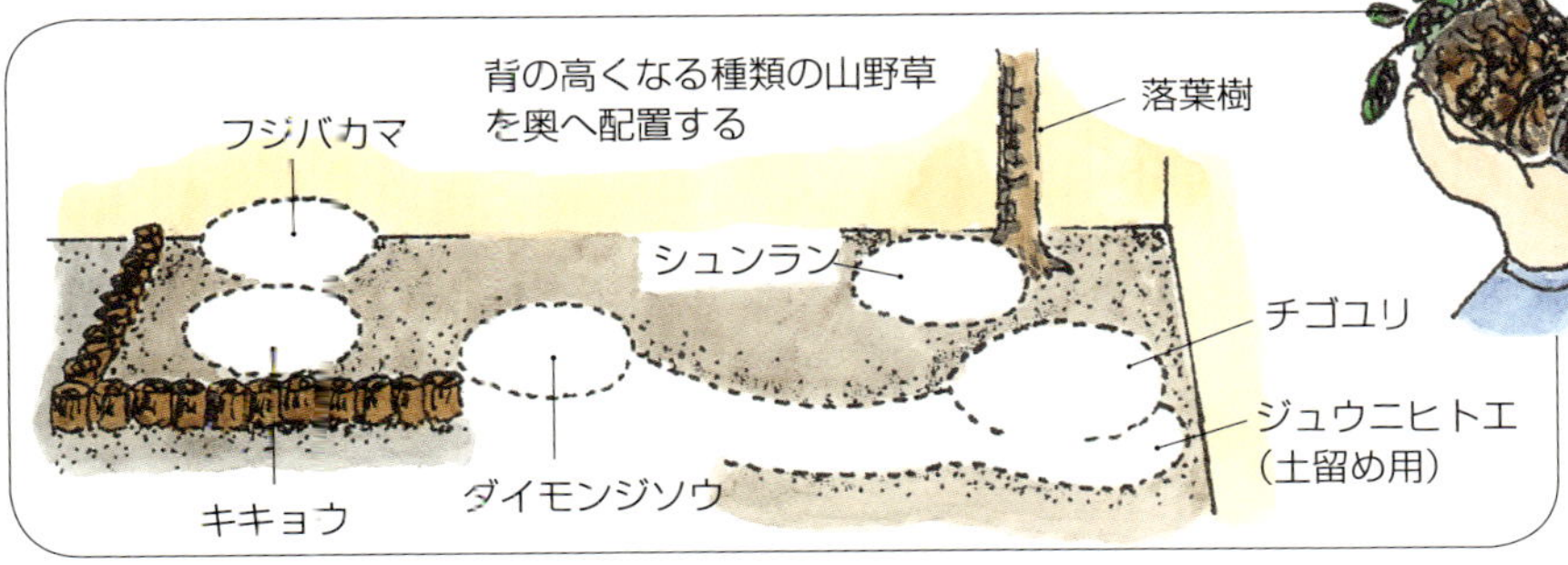

背の高くなる種類の山野草を奥へ配置する
落葉樹
フジバカマ
シュンラン
チゴユリ
ジュウニヒトエ（土留め用）
キキョウ
ダイモンジソウ

2 山野草の苗をポットから抜き、それぞれの位置に植え付ける

日陰につくるコケ庭園

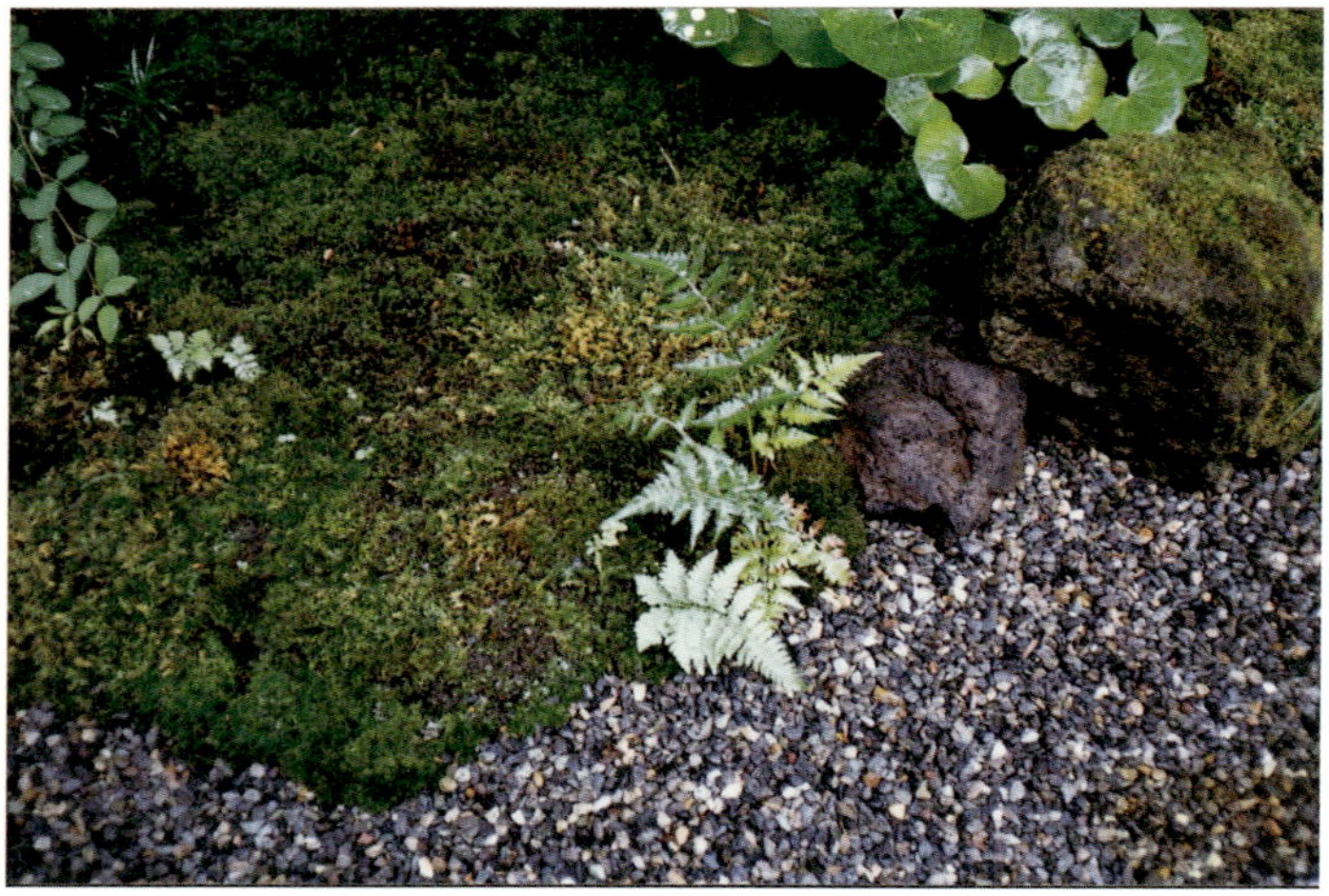

半日陰から日陰で水はけがよく、乾風の当たらない場所はコケ庭園に、直射日光のあたるところでは、下枝の少ない落葉樹を植えたコケ庭園にするとよいでしょう。

コケと小さな景石を配置すれば、深山の静けさが伝わってきます。

作業適期

樹木の芽が動きだす
３～４月に作業

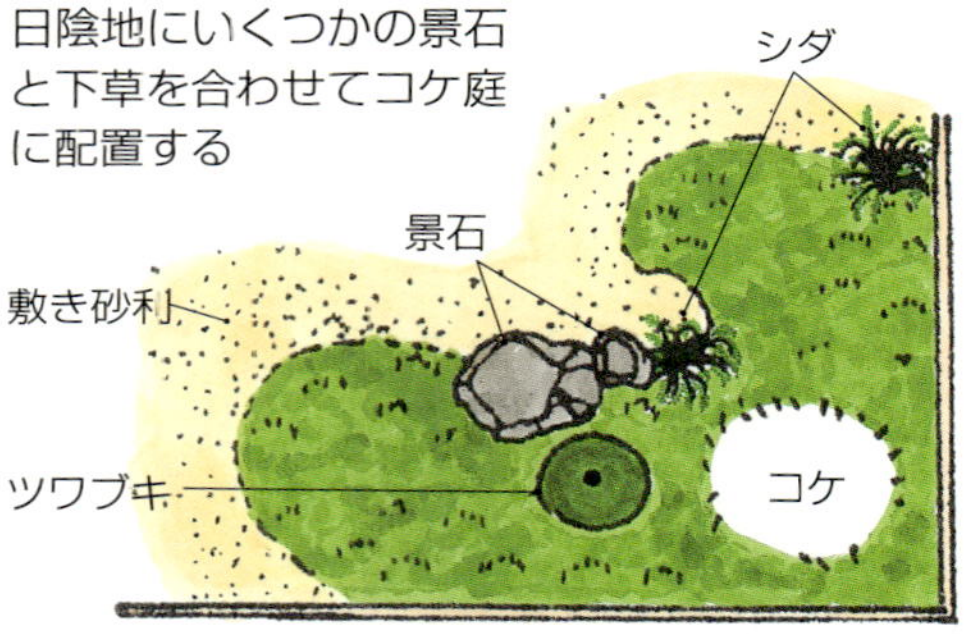

日陰地にいくつかの景石と下草を合わせてコケ庭に配置する
シダ
景石
敷き砂利
ツワブキ
コケ

建物や庭木によってできる日陰を利用
隣家
直射日光を避ける

5 草・花を楽しむ

難易度☆　日照◐～●

空中湿度を好むが、湿地は嫌う

コケは空中湿度を好み、直射日光や乾いた風を嫌います。乾燥するとすぐ消えてしまいます。かといって排水が悪いのもよくありません。

排水の悪い場所では、赤玉土と鹿沼土を混合し、10～20㎝盛土して起伏のある地模様をつくってから植え付けるとよいでしょう。

コケはあまり市販されてないので（最近は屋上緑化などの工事材料として市販されるようになっています）、近くの野山から採取してきて、乾かないうちにバケツの水につけながらすきまがないようベタ張りし、よく押さえつけて張ります。

地模様のまわりには伊勢砂利などを敷き、コケを引き立たせます。景石の脇には日陰を好むシダやツワブキを植えます。

コケは寒さに強いが、寒地で土が凍るようなところでは冬期は寒冷紗やムシロでおおうと安全です。

スギゴケ　オオスギゴケがスギゴケとしてあつかわれ、乾燥に強く。茎は針のように硬い。

ここがポイント

雑草、乾燥、水のやり過ぎに注意

　コケにはスギゴケ、ヒノキゴケ、シノブゴケなどがあり、いずれでもよいが、ゼニゴケは大敵でゼニゴケが生えるとほかのコケが負けてしまう。また、雑草も大敵なので小さいうちに抜き取る。

　夜露がおりない乾燥する日が続くときは、朝、晩にサッと水をかけて湿らせる。汲み置き水を使い、水のやり過ぎには厳重注意。

材　料

スギゴケ

育苗箱などで市販されている

樹木の下で生育しているものを採取してもよい

敷き砂利

伊勢砂利、白川砂利

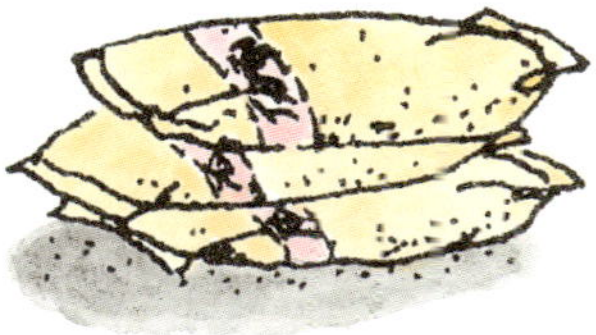

赤玉土と鹿沼土

混合して通気・排水のよい土をつくる

ツワブキ

作業手順

赤玉土と鹿沼土を　：1の割合で客土をつくる
客土 10cm
下地は水はけをよくする

地模様に懐の部分をつくる

1　コケを張るところの下地は掘り起こしてから平らにならす

2　景石を据えてからツワブキ、シダを植え、コケを張りをはじめる

コケを軽く水につけてからすきまなく押しつけて張る

3　まわりに砂利を敷いてからコケに水やりする

伊勢（錆）砂利

半日陰につくるコケ庭

家が西日よけになる角地に、スギゴケと添景物で背景を配置したコケ庭園をつくり、和風庭園の風情を楽しみます。

写真の作例は、高生垣が西日をさえぎる場所に排水性のよい土壌をつくり、光悦寺垣の竹垣、黒ぼく石の景石、落葉樹のクロモジ（株立ち）、ホトトギスとヤブコウジの下草、伊勢砂利の敷き砂利などで1㎡のコケ庭をまとめたものです。

光悦寺垣の背景とスギゴケの地模様に落ち着きがあり映える

1 コケ庭をつくるスペース（1㎡）の敷き砂利を取り除いて、かたい地面の土壌改良と地割りをする

2 光悦寺垣を壁に組みつけ、地割りした地面を掘り起こす
赤玉土と桐生砂を混合して排水性のよい盛り土の層をつくる

3 景石を据えて落葉樹と下草を植え込む。砂をまき、表層の赤玉土と混ぜる

4 盛り土の高い部分からスギゴケをすきまなく張る。よく押さえつけて密着させる

5 赤玉土と砂を混ぜた目土をふるってスギゴケの表面が隠れるくらいまでかける

6 目土をスギゴケの中に流し込むように水をかけながら手で押さえつける

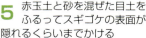

花壇に合う花50種（丈夫で花期が長く色合いの美しいもの）

	花の名称	種まき・植え付け月	開花月	花の高さcm	花の色
一年草	アサガオ	5	7〜9	100〜200	白、赤、桃、紫
	オシロイバナ	4	7〜8	30〜50	白、桃、黄
	カスミソウ	9	4〜5	50	白
	キンギョソウ	9	4〜5	30〜80	白、赤、桃、黄
	キンセンカ	9	4〜5	40	黄、橙
	ケイトウ	3〜5	8〜10	40〜100	赤、橙
	コスモス	3〜5	8〜10	100	白、赤、桃
	サルビア	4	6〜10	50	赤、桃、紫
	スイトピー	9	4〜5	30〜120	白、赤、桃、紫
	デージー	8〜9	3〜5	20	赤、桃、黄
	パンジー	3〜5	3〜5	15	白、赤、紫、青、黄
	ヒナゲシ	9	5〜6	80	白、赤、桃
	ヒャクニチソウ	4	7〜9	40〜60	白、赤、桃、黄
	ペチュニア	4	5〜10	30	白、赤、桃、紫
	ホウセンカ	4	7〜9	40	白、赤、桃、紫
	マツバボタン	4	7〜8	20	白、赤、桃、黄
	ヤグルマソウ	9〜10	4〜6	80	白、赤、桃、紫、青
	ワスレナグサ	9	4〜5	25	白、桃、紫、青
球根草	アネモネ	10	3〜5	30	白、赤、紫
	アマリリス	3〜4	5〜7	40〜50	赤、桃
	カラー	3〜4	6〜7	50	白、桃、黄
	カラジウム	4〜5	6〜9	40	白、赤
	カンナ	3〜4	6〜11	70〜120	赤、桃、黄、橙
	グラジオラス	3〜5	6〜9	50〜90	白、赤、桃、紫、黄
	クロッカス	10	3	15	白、紫、黄
	サフラン	9	10	15	紫
	スイセン	9〜10	2〜5	30〜40	白、黄
	ダリア	3〜4	6〜11	30〜90	白、赤、桃、紫、黄
	チューリップ	10	4〜5	40	白、赤、桃、紫、黄
	ヒヤシンス	10	3〜4	30	白、赤、桃、紫、黄
	フリージア	9〜10	3〜4	40	白、赤、紫、黄
	ユリ	10	5〜8	30〜100	白、赤、桃、黄
宿根草	アヤメ	5〜6	5	30	紫
	オミナエシ	3	8〜9	70	黄
	カーネーション	10	5	40	白、赤、桃、紫、黄
	ガーベラ	3〜4	4〜11	30〜40	白、赤、橙、黄
	キキョウ	3〜4	6〜9	40〜50	白、紫、青
	キリンソウ	10	7〜9	30	黄
	クレマチス	10〜11	5〜6	100〜120	白、赤、紫、青
	シバザクラ	9	4〜5	10	白、赤、桃
	シャクヤク	9	5	60	白、赤、桃、紫
	シュウカイドウ	10	7〜10	30〜40	桃
	スズラン	10〜11	5〜6	20	白
	ベゴニア	5〜6	6〜9	20	白、赤、桃
	ホトトギス	3	9〜10	30〜50	白、紫、黄
	ポリアンナ	9〜10	3〜4	50	白、赤、桃、紫、黄
	マーガレット	9〜10	4〜5	10	白、赤、桃
	マツバギク	10	5〜6	15	桃
	ミヤコワスレ	10	5	20〜40	桃、紫
	リンドウ	10	8〜9	30〜70	白、紫、青

[著者紹介]

岡田 文夫（おかだ　ふみお）

1955 年、群馬県に生まれる。
電子工学を学んだ後、樹木や園芸にひかれ、庭師の父、兄とともに造園業に従事（造園施工管理技師）。学生のころに学んだ精密機械の技術を造園設計に取り入れ、一般家庭の庭づくりに情熱を傾けている。

住所　〒 372 - 0834　群馬県伊勢崎市堀口町 308 - 2
城内園作庭舎

カラー図解　**ミニ庭園つくり**コツのコツ

2016 年 1 月 15 日　　第 1 刷発行

著者　岡田 文夫

発行所　一般社団法人　農山漁村文化協会
〒 107 - 8668　東京都港区赤坂 7 丁目 6 - 1
電話　03（3585）1141（営業）　03（3585）1147（編集）
FAX　03（3585）3668　振替　00120 － 3 － 144478

ISBN 978 - 4 - 540 - 15184 - 2
DTP 製作 / 條 克己
〈検印廃止〉
印刷・製本 / 凸版印刷（株）

定価はカバーに表示